GÜTERSLOHER
VERLAGSHAUS

Gütersloher Verlagshaus. Dem Leben vertrauen

Jörg Zink

Ruf in die Freiheit

Entwurf einer zukunftsfähigen christlichen Ethik

Gütersloher Verlagshaus

Bibliografische Information der Deutschen Nationalbibliothek
Die Deutsche Nationalbibliothek verzeichnet diese Publikation
in der Deutschen Nationalbibliografie; detaillierte bibliografische Daten
sind im Internet über http://dnb.d-nb.de abrufbar.

FSC
Mix
Produktgruppe aus vorbildlich
bewirtschafteten Wäldern und
anderen kontrollierten Herkünften

Zert.-Nr. SGS-COC-1940
www.fsc.org
© 1996 Forest Stewardship Council

Verlagsgruppe Random House FSC-DEU-0100
Das für dieses Buch verwendete FSC-zertifizierte Papier *EOS*
liefert Salzer, St. Pölten.

1. Auflage

Umschlaggestaltung: schwecke.mueller Werbeagentur GmbH, München
Umschlagmotiv: Aquarell »Siehe, ich schaffe Neues, jetzt sprosst es auf«
von Hansruedi Koller, CH-Zürich
Satz: Katja Rediske, Landesbergen
Druck und Einband: GGP Media GmbH, Pößneck
Printed in Germany
ISBN 078-3579-06438-3

www.gtvh.de

Inhalt

I.

Eine kurz gefasste Zeitansage

1 Wollen wir es mit der Zukunft aufnehmen?

Unsere Welt, unsere Erde, unsere Völkergemeinschaft sind in einem kritischen Zustand. Wohin treibt uns, was wir Menschen heute tun? Wohin treibt es die rasende Entwicklung der menschlichen Zivilisation? Gibt es irgendeine gute Zukunft für uns, die Bewohner dieser Erde? Wie müssen wir leben, wenn von uns eine ordnende und steuernde Energie ausgehen soll? Gibt es einen Weg für uns, der sich beschreiben und begehen lässt? Gibt es einen Auftrag, den wir erfüllen sollen und können? Was müssen wir tun, um den Sinn unseres kleinen Lebens in seinen großen Zusammenhängen zu erfüllen? Woher gewinnen wir das Vertrauen und den festen Stand, und woher die Klarheit unserer Gedanken in dem riesigen Gewoge aus Spiel und Kampf im täglichen Geschehen? Und woher die viel besungene Freiheit?

Anders gefragt: Wie soll unser ganzes Leben verstanden, geordnet und gestaltet sein, damit auf unserer Erde von der Menschlichkeit des Menschen geredet werden kann? Von Überwindung der alles blockierenden Angst? Gibt es denn ein Bild des Menschen, der sein Heil nicht mehr von der Durchsetzung seiner Sicherheitsinteressen erwartet, sondern zu einem gemeinsamen Tun bereit ist? Was ist das Maß und die Kraft eines Menschenlebens? Was gilt für uns? Ich möchte genauer sagen: Uns Christen? Uns modernen Menschen, die versuchen, etwas wie Christen zu sein? Uns unsicheren Zeitgenossen, denen das Wort vom christlichen Glauben etwas gibt wie eine Hoffnung? Wie sollen wir leben? Wie denken? Wie entscheiden, wie handeln? Wo soll das Ziel sein, dem wir nachgehen? Und was soll am Ende dabei herausgekommen sein? Wofür wollen wir unsere Kräfte einsetzen? Und wie weit soll unser Wille reichen, mitzuwirken in den öffentlichen und privaten Problemen unseres Landes, wie breit soll er ausgreifen rund um die Erde? Wie tief lassen wir uns berühren vom weltweiten Elend? Wie viel furchtlosen Widerstand gegen Macht und Unrecht, Leichtfertigkeit und Gedankenlosigkeit wollen wir aufbringen? Wie viel sind uns die Geltung des Rechts, die Überwindung von Gegensätzen irgendwo, die Würde von Menschen, die Offenheit einer Zukunft wert?

Ich richte diese Fragen auch an mich selbst

Ich suche also nach einer Aufgabe, die meine Kräfte wert ist, nach einem Sinn, der meinem kleinen Leben mitgegeben sein könnte. Ich spreche von gut und böse, von wahr und falsch, von gerecht und ungerecht.

Ich sage dann: Es ist mir wichtig, ob es etwas wie Gerechtigkeit gibt. Es ist mir wichtig, ob es zwischen den Menschen redlich zugeht. Ob wir miteinander eine Welt schaffen können, in der wir im Frieden leben können. Denn ich wünsche meinen Enkeln und meinen späteren Nachkommen eine Welt, die so lebendig und schön ist, wie sie während meines eigenen Lebens war. Aber was wird die Menschheit in den nächsten dreißig Jahren an Schönheit und Fruchtbarkeit der Erde ruiniert haben? Wie viele Kriege mit welchen Waffen werden bis dahin über die Erde hinweggerast sein? Wie viel neues und schweres Unrecht wird die Schwachen unter den Völkern getroffen haben? Wie und wovon werden die immer zahlreicher werdenden Menschen sich ernähren? Die große Frage wird sein: Wie muss ein Mensch aussehen, wie wird er leben, der heilend wirken kann für die Erde oder befreiend auf diese Welt der Kriege? Der fähig ist, ein wenig Gerechtigkeit zu schaffen dort, wo er lebt? Ich weiß: Gerechtigkeit ist ein Traum, aber es ist einer der wenigen Träume, für deren Verwirklichung sich lohnt zu leben.

Ich denke nach als ein freier Mensch

Was ich in diesem Buch zeigen möchte, ist ein Vorschlag. Seit Jahrtausenden haben die Menschen nach ethischen Regeln gesucht, nach denen sie leben konnten, und auch die Christen haben immer gefragt, was es denn eigentlich sei, das ihnen Gott an Aufgaben stelle. Immer aber hat in der langen Zeit irgendeine Generation nachdenklicher Menschen gefragt, ob eigentlich, was da an Maßstäben gefunden war, für ihre Zeit noch gelten könne, und hat es umgedacht. Heute nun stellen wir fest, dass viel von dem, was der christliche Glaube von früheren Generationen gefordert hat, überholt und vergangen zu sein scheint, und wir fragen sehr neu, wie denn das Leben von Christen heute gelebt werden könne. Wir fragen auch, auf welche Weise und in welchem Maß eine religiöse Ethik für das nicht religiöse Verhalten eines religiösen Menschen und für die weltlichen Macht- und Rechtsverhältnisse zuständig sein könne. Wir fragen, ob und in welchem Sinn sie die weltlichen Verhältnisse zu ändern fähig sei.

Wir stellen diese Frage also nicht von einem festen Punkt aus. Wir glauben vielmehr, unser Glaube habe von unserem heutigen Denken und von der heutigen Weltsituation aus von Tag zu Tag zu entscheiden, wie er sich ins Spiel oder in den Kampf der Kräfte einbringen könne. Das Verhältnis zwischen unserem christlichen Ethos und der Weltgesellschaft von heute ist also kein festes Gefüge, es begibt sich vielmehr als Prozess. Unser Glaube geht davon aus, die Gemeinschaften und Gesellschaften der Menschen seien veränderbar und verbesserlich.

Wenn ich nun den Versuch unternehme, zu sagen, was ich als Christ in meiner heutigen und konkreten Welt zu tun und zu lassen hätte, dann fällt mir auf, dass einige Voraussetzungen einer christlichen Ethik sich heute anders darstellen als noch vor wenigen Jahren. Betrachten wir die Versuche, die heute auf dem Tisch liegen, so fällt uns auf, dass wir sehr Vieles sehr neu zu bedenken haben.

Mir ist vordringlich, was Jesus sagt

Mir fallen vier Stellen auf, an denen es mir in einer normalen christlichen Ethik von heute zu fehlen scheint:

Wenn ich danach suche, was das Besondere an den Weisungen Jesu sei, so fällt mir als Erstes auf, dass in den meisten christlichen Versuchen zur Ethik genau dieses Besondere kaum vorkommt, dass vielmehr das Misstrauen spürbar ist, ob diese Weisungen sich für eine wirksame und auf das heutige Leben anwendbare Ethik eigneten. »Man kann mit der Ethik Jesu, der Ethik etwa der Bergpredigt, keine Politik machen«, sagt man auch unter Christen. Man kann auf Gewalt nicht verzichten. Man kann nicht verlangen, dass ein Politiker »ein Ja spricht, das ein Ja ist, und ein Nein, das ein Nein ist«. Man kann seinen Feind nicht »lieben«. Man braucht für eine praktikable Ethik noch andere Maßstäbe. Man baut also Hilfskonstruktionen in die christliche Ethik ein, die wie ein stützendes Balkengerüst dem Wort Jesu festen Stand geben sollen. Ob das die »Zwei-Reiche-Lehre« der Protestanten ist, wie sie den Fürsten des 16. Jahrhunderts wohl gefiel, oder das Naturrecht der katholischen Theologie, wie es aus dem Weltbild des Mittelalters hervorging, eine populäre Volksmoral, wie sie überall zu sichern vermag, was ist und gilt, eine zeitgemäße revolutionäre Absicht, wie sie in den siebziger Jahren des vergangenen Jahrhunderts vielen zum Maß des Christlichen geworden ist, eine die Verhältnisse stabilisierende Soziallehre, wie man sie heute sucht, eine Hierarchie von Werten oder speziell von »christlichen Werten«, von denen in den oberen Etagen der Bundesrepublik so mancher träumt, oder was es immer sei, das den Anweisungen Jesu zu Stand und Halt helfen soll. Von seinem Wort und seinem Geist bleibt in aller Regel nicht viel übrig. Aber eben das gilt es heute neu zu zeigen: Wie es aussieht, wenn wir ernst nehmen, was er über unser Denken und Entscheiden und Verhalten sagt. Es ist auf alle Fälle der Punkt, auf den es ankommt.

Eine zweite Stelle, an der wir heute neu ansetzen müssen, ist die, dass wir neu ernst nehmen, was die Apostel und die Schreiber des Neuen Testaments uns über Jesus berichten. Meine Generation hat vor fünfzig und mehr Jahren gelernt, über das Leben, über das Werk, über das originale Wort des Mannes aus Nazaret wüssten wir praktisch nichts. Wir hätten nur die Berichte und Interpretationen der zweiten Generation nach ihm in der Hand. Das Evangelium also sei nur die Weise, wie die zweite Generation sich Jesus und seinen Willen nach Ostern erklärt habe. Inzwischen hat in der Wissenschaft eine neue Zuversicht Platz gegriffen, die Person, das Wort, der Weg und die Botschaft Jesu seien durch das Wort der zweiten Generation hindurch sehr wohl erkennbar. Ich mache hier also den Versuch, nicht von einer späteren Jesusdeutung, sondern vom wirklichen Jesus auszugehen in dem Vertrauen, dass es mir gelingen werde, ihn zu verstehen. Und das auch dort, wo es um Gedankenfelder wie die Rechtfertigungslehre oder die Ethik geht.

Eine dritte Stelle: Es scheint mir heute unmöglich zu sein, in einer Weise, wie sie in früheren Zeiten versucht werden konnte, das christliche Leben in ein festes System von Geboten, Ordnungen und Regelungen einzubinden. Dazu müsste ich mir vorstellen, der Mensch sei ein unveränderliches Wesen, und ich müsste mir desgleichen vorstellen, die menschliche Gesellschaft sei unverändert heute dieselbe wie vor tausend oder dreitausend Jahren, und sie werde in den kommenden tausend Jahren unverändert sein, die sie heute ist. Nach dem Evangelium aber kann und muss sich unser Verhalten, unser Sein und Wesen im Sinn der Botschaft Jesu verändern. Danach können und müssen sich die Wechselwirkungen zwischen unserem Glauben und der menschlichen Gesellschaft, und zuletzt der Charakter und das Wesen, die Struktur und Funktionsweise von Staat und Gesellschaft verändern. Alles, was da ist und geschieht, vollzieht sich als Prozess und als lebendige Wechselwirkung. Was wir Christen aber einzubringen haben, ist nicht zuerst eine Ordnung, sondern die Freiheit unseres Glaubens und die Richtung, die er dieser Entwicklung gibt.

Das bedeutet aber als Viertes, dass die Zukunft für uns eine andere Rolle spielen wird. Das Bild, das eine christliche Ethik im herkömmlichen Stil bietet, ist dies, dass die Zukunftsvorstellung Jesu praktisch ausfällt. Es wird selten erkennbar, dass es für Jesus nicht nur um die Reparatur gegenwärtiger Schäden oder um die gegenwärtige Sicherung sozialer Verhältnisse geht, sondern vor allem um die Vision einer Zukunft. In einer Zeit aber, in der die weltlichen, die philosophischen Ethiken mit der im Augenblick geschehenden Entscheidung oder Tat genug haben und die Zukunft ausblenden, scheint es mir an der Zeit zu sein, nachzufragen, was denn eine christliche Ethik über die Zukunft zu sagen habe. Denn die offene Zukunft und ihre Gestaltung waren für Jesus selbstverständlich und für seine Ethik charakteristisch. Auf sie kam ihm alles an. Christliche Ethik ist also ein Ausdruck für den offenen Prozess, der zwischen der Wandlung, die in uns selbst stattfindet, und dem, was in der Zukunft mit unserer Welt geschehen wird, sich abspielt.

Ich vermute, man werde an meinem Versuch viel Unausgeglichenes beanstanden, viel Fehlendes anmahnen und viel Spekulatives kritisieren. Ich denke aber, dieser Versuch müsse gewagt werden, und bin jedermann dankbar, der auf dem Weg weiter nachdenkt, der damit eingeschlagen wird.

Was bringen wir mit?

Es hat immer Religionen gegeben, und es gibt sie bis heute, die sich ihrem irdischen Umkreis zuwandten, und sie haben den Menschen gewiss viel Halt und Orientierung gegeben. Es gab immer auch Religionen, die das Leben auf dieser Erde für zweitrangig und die Beschäftigung mit seiner Alltäglichkeit für herabziehend hielten, die dazu aufriefen, man solle dieser Welt entsagen und auf den Wegen des Verzichts eine andere, höhere Wirklichkeit erreichen. Es war aber von jeher ein Besonderes am christlichen Glauben, dass er beides ergriffen hat: das Hier und das Dort. Das Jetzt und das Künftig. Und auch für unsere Zeit wird es eine der Signaturen des christlichen Glaubens sein, dass er sich ebenso entschieden dem irdischen Elend zuwendet, wie er von der Sehnsucht getrieben ist nach dem Reich der Gerechtigkeit und des Friedens, das über unsere kurze Geschichte auf dieser Erde hinausliegt. Bis zum heutigen Tag liegen in der Sehnsucht und in der Kraft, beides zu verbinden, seine Schönheit und seine Größe. Und seine Wahrheit.

Ich habe darum allerlei Fragen an mich selbst wie an Sie, liebe Leserin, lieber Leser: Regt sich in uns etwas wie die Sehnsucht nach einer Veränderung der Dinge? Haben wir noch Träume, die in die Zukunft ausgreifen? Brennt etwas in uns wie Leidenschaft für das Glück und Heil der Menschen? Hat unsere Seele Flügel, die über den Tag hinaustragen? Mir scheint für Sie wie für mich selbst viel weniger wichtig zu sein, wie viel wir unter den Menschen gelten oder was wir alles schon geleistet haben, ob wir ordentliche Menschen sind oder unordentliche, und viel mehr, ob in uns die Kraft ist, für etwas Großes einzutreten, uns an etwas Wichtiges hinzugeben, an fremdem Leid von Herzen teilzunehmen, über Neues und Überraschendes zu staunen. Mir scheint wichtig, wie viel Leben in uns ist und wie viel Unabhängigkeit. Und endlich: Ob wir Hände haben, die zugreifen können, wo immer Hände nötig sind.

Denn darum wird es gehen: Ob wir ein gemeinsames Ziel sehen für uns selbst und für die Menschheit, ob wir sorgsam genug dem nachdenken, was zu tun ist, und ob es eine Kraft gibt, die uns verbindet und befähigt zu einem gemeinsamen Willen. Jesus sagt: Du siehst die Zeichen der Zeit! Schau hin! Nimm wahr, was kommt! Und greif zu, dort, wo du stehst.

2 Was ist Moral, was Ethik?

Wir pflegen unser Leben nicht nur mit den Mitteln des Rechts, sondern auch mit den Mitteln der »Moral« oder denen einer »Ethik« zu ordnen.

Was ist Moral?

Das Wort Moral kommt von dem lateinischen Wort »mores«. Damit meinte der Römer den überlieferten Bestand an Sitten und Gebräuchen, den ganzen Komplex von ererbten Handlungsmustern und Verhaltensweisen, der das Leben in seinem Volk und Umfeld ordnete. Nach diesen Mustern hatte ein Mensch sich zu richten, wollte er als moralisch einwandfrei gelten. Das Modell freilich, nach dem sein jeweiliges Leben zu gestalten sei, hat damals jedes Volk für gültig gehalten; es galt ihnen von Göttern für alle Zeiten festgelegt, und in der Tat war es für das gemeinsame Leben dienlich und sinnvoll. Bis heute ordnet ein moralisch denkender und handelnder Mensch sein Leben nach dem, was ihm sein Volk, seine Kultur, seine Religion vorschreiben. Er gehorcht dem, was Frühere gesagt haben, oder den Autoritäten seiner Gegenwart. Er hat seinen persönlichen Wert für die Gemeinschaft in dem Maß, in dem er sich einfügt. Er gewinnt seine Ehre und seinen Selbstwert aus dem, was ihm die Umwelt oder die Tradition vorschreiben. Ehe wir aber kritisch zu fragen beginnen, wo denn in einem solchen moralischen Kosmos etwas wie Freiheit Raum finden könne, wo da der Spielraum für individuelle Lebensentwürfe bleibe, müssen wir sehen, dass eine solche moralische Ordnung nicht gering einzuschätzen ist. Sie ist zum Leben hilfreich. Eine Gesellschaft ohne einen gewissen moralischen Konsens und ohne eine Autorität, die über ihm wacht, ist nicht lebensfähig. Ein

Rechtssystem ohne moralische Fundierung kann und darf nicht gelten.

Ethik ist mehr. Sie hat sich in den letzten dreitausend Jahren allmählich gegen die bloße Moral durchgesetzt. Seitdem begann der Einzelne sich aus seinem Gruppenzwang zu lösen. Er fand Freiheit, fand die Würde seiner Person. Er suchte nach einer »Ethik«. Er trat heraus aus der ordnenden Gemeinsamkeit und begann zu fragen: Was kann mir vorgeschrieben werden? Was entscheide ich selbst? Wie weit trägt meine Freiheit? Im Lauf der Jahrhunderte vor unserer Zeitrechnung wurde die Frage immer genauer: Wer ist denn der Mensch überhaupt, dass er die Freiheit eigener Entscheidungen fordern kann? Der Einzelne trat, seit den ältesten Stücken der Bibel, seit dem Beginn des griechischen Nachdenkens, seit dem Aufkommen der großen Religionen der Erde, immer freier in den Vordergrund. Das Haus eines gemeinsamen Lebens in einer Stadt oder einem Land entstand mehr und mehr durch eine Verbindung zwischen gemeinsamen Interessen und der freien Initiative Einzelner. Das Gemeinsame wurde stärker durch die Kraft des Einzelnen.

Was ist Ethik?

Das Wort Ethos kommt aus dem Griechischen. Dort bezeichnet es die erkennbare Gestalt eines selbstständigen Menschen. Es bezeichnet eine Haltung, ein Verhalten, die an einem freien Menschen erkennbar werden. Eine Sinnesart. Eine Gesinnung. Eine Denkweise. Es beschreibt die Handlungsweise eines Menschen, der aufgrund eigener Entschlüsse eine Lebensform sucht, die seiner Gestalt ein genaues, ein »ethisches« Profil gibt.

Das Wort »Ethos« bedeutet auch, wenn ich es ein wenig anders schreibe, so viel wie Haus. Wohnbereich. Verbinde ich nun die beiden Bedeutungen, die vom »Haus« und die von der »Sinnesart« miteinander, so will »Ethik« heißen: Da ist ein selbstständiger Mensch. Der macht sich an die Arbeit, das Haus seiner eigenen Person zu bauen, das Haus seines Lebens, aber auch das Haus der Gemeinschaft, in der er lebt. Dieses Haus bleibt nicht grundsätzlich, was es immer gewesen war. Es will ausgestattet, verändert, renoviert werden, vielleicht einmal ganz abgerissen und neu geplant und neu gebaut. Ethos also ist nichts für alle Zeit Feststehendes, sondern ein bewohnbares Haus für eine bestimmte Zeit und für bestimmte Menschen, das in freier Phantasie, mit Erfahrung und Sachkenntnis immer wieder neu entworfen werden muss. Ein Haus, in dem gut ist zu wohnen. Freiheit des ethisch handelnden Menschen gründet also keineswegs auf der Beliebigkeit, mit der einer tut, was er will, sie meint vielmehr die freie Fähigkeit, das gemeinsame Haus so zu bauen, dass ein gemeinsames Leben und Wohnen möglich ist.

Damit aber, dass Ethik von der Gesamtgestalt eines Menschen spricht, und nicht nur von seinem moralischen Gehorsam, umfasst sie über das bloße gute oder böse Handeln hinaus eine lange Reihe von persönlichen Fragen. Zum Beispiel: Wie eins bin ich mit mir selbst? Stimmen mein Nachdenken, mein Verhalten, meine Erscheinung zusammen? Was geht von mir aus außer meiner Korrektheit? Wie viel Freundlichkeit? Fairness? Klarheit? Toleranz? Wie viele Einfälle, wie viel Kompromissbereitschaft? Wie viel Bescheidung? Wie viel Selbstkontrolle? Wie viel Einfühlung? Wie viel Verstehen? Wie viel Glaubwürdigkeit? Wie viel Mut gewinnen die Menschen durch mich? Wie viel Zuversicht? Und dabei werde ich immer mitbedenken, dass von mir ausgeht nicht nur, was ich will, sondern auch alles, was mir unbewusst ist. Ethik umfasst alles, was in mir ist und in mir wirkt. Was hin und her geht zwischen mir und meiner Welt. Ich werde zu einem glaubwürdigen Menschen nicht nur durch das, was ich tue, ich muss vielmehr ein stimmiger Mensch sein, um glaubwürdig und frei handeln zu können.

In der ethischen Praxis zeigt sich, dass der eine rasch und wie selbstverständlich weiß, was er zu tun hat, der andere es auch weiß, es aber nicht tun kann, der dritte es nicht weiß und auch nicht findet, und der vierte es nicht weiß und erst durch langes Prüfen, durch Gespräche, durch viel Unklarheit und Angst hindurch zu seiner Entscheidung kommt. Denn es geht in dem ganzen Bereich, den wir die »Ethik« nennen, um das ganze Leben, es geht um praktische Entscheidungen, die nur zum Teil moralisch zu nennen sind. Das Moralische aber ist ein Aspekt neben vielen anderen Aspekten.

Es geht nicht nur darum, ob eine Tat »gut« ist oder »böse«, sondern auch darum, ob sie von Vertrauen getragen ist oder aus der Angst kommt, ob ein Mensch sich mit ihr etwas vormacht, ob sie durchgehalten werden kann, oder ob der Mensch an ihr scheitern muss, ob sie Mut macht oder Mut aufzehrt.

Das »Gute« ist dann auch das, was einen Menschen seiner selbst gewisser macht, was ihm auch auf anderen Gebieten mehr Klarheit gibt, was seine Sorge um ihn selbst abbaut, was ihm Freiheit gibt, ohne ihn ins Beliebige zu entlassen, was Ausdruck seines Glaubens ist und ihn bereit macht, bei einer nächsten Entscheidung wieder seine Überzeugung und nicht etwas anderes auszudrücken. Es geht ja nicht um den jetzigen Augenblick allein, sondern um eine ganze Lebensgeschichte, die ihm voranging, und um eine Lebensgeschichte, die ihm folgt.

Moral ist leichter zu erreichen als Ethik

Auch in heutiger Zeit stehen wir, was das Bemühen um eine wirkliche Ethik freier Menschen angeht, noch immer in den Anfängen. Es wurde nie in der Weltgeschichte so laut und deutlich nach Gerechtigkeit gerufen, wie es heute weltweit geschieht. Aber kaum jemand kann sagen, was denn Gerechtigkeit sei und wie sie zustande kommen solle. Nie wurde so energisch nach Frieden verlangt, aber der Friede ist nicht zu gewinnen. Nie wurde so klar gesagt, was geschehen müsse, damit unsere Erde biologisch am Leben bleibe, aber nie standen diesem klaren Wissen die Interessen der Völker, der Staaten und der Wirtschaftsmächte so massiv entgegen. Es wäre dringend, dass der wissenschaftlichen Forschung oder der wirtschaftlichen Macht Grenzen gesetzt würden, aber kaum etwas ist gegen moralische oder ethische Vorstellungen so resistent wie sie. Wir ahnen vielleicht gerade noch, dass wir eine Verantwortung hätten für das Leben kommender Generationen, aber wir ziehen kaum Konsequenzen. Ob es eine Rechtsgemeinschaft der gesamten Natur einschließlich der unbelebten geben müsse, das ist keine Frage, die in einer herkömmlichen Moral gestellt werden könnte, wohl aber eine, um die eine heutige Ethik nicht herumkommt. In den reichen Ländern werden die Ernten vernichtet; aber viel zu wenige können sagen, wie man sie zu den Hungernden dieser Erde bringt. Das Streben der Mächtigen nach mehr Macht hat ein Vernichtungspotenzial entwickelt, das die gesamte Menschheit vielfach auszurotten vermag. Jeder kann den Irrsinn feststellen, aber nur wenige wissen, wie ihm abzuhelfen sei. Niemand auch weiß, wie eine heutige Weltpolitik glaubwürdig werden könnte. Aber die Weltpolitik ist der Spiegel unserer eigenen Seele, und sobald ich über mich selbst nachdenke, entdecke ich, dass ich selbst ein politisches Wesen bin, und dass die allgemeine Ratlosigkeit meine eigene Ratlosigkeit ist.

Es geht um mehr

Solange ich moralisch denke, gilt die Reihenfolge, dass ich das Vorgeschriebene tun muss, um zu einem guten Menschen zu werden. Mein gutes Tun macht mich zu einem nützlichen Glied der Gesellschaft. Denke ich hingegen ethisch, so werde ich entdecken, dass ich ein guter Mensch sein muss, um gut handeln zu können. Dass eine Wandlung in mir vorgegangen sein muss, damit ein verändertes Tun aus mir hervorgehen kann. Dass etwas in mir anders geworden sein muss, soll mein Tun sich von dem eines Herdenwesens unterscheiden, das dem Trieb aller oder auch nur etwa seinen eigenen Bedürfnissen folgt. Wie aber soll dieser veränderte Mensch zustande kommen? Das ist die Grundfrage, von der eine ernsthaft auf die Zukunft der Menschheit hin entworfene Ethik auszugehen hat. Anders wird sie in weltfernen Träumen oder abstrakten Zumutungen enden.

Wenn ich so frage, bin ich mir bewusst, dass eine solche Richtung unserer Gedanken weit hinausgeht über irgendeine bisherige Moral, aber auch weit mehr einbegreift als eine bisherige Ethik, und dass es eines beträchtlichen Mutes bedarf, um ein Leben so groß zu entwerfen. Der christliche Glaube aber ging, wo er wirklich zum Zug kam, nie in einer Moral auf, und er wird künftig auch in keiner noch so freiheitlichen Ethik aufgehen. Er wird das Bild eines Menschen zeigen, der über alles bisher Gültige, Bewährte und Anerkannte hinaus einer offenen Zukunft zugewandt ist und der über alle Wirrnis der Gedanken und der Ereignisse auf dieser Erde hinaus von einem Ziel weiß, das seinem gewagten Sein und Tun den Sinn gibt.

3 Was erwartet von uns die Welt von morgen?

Sie erwartet eine ungeheure, eine kaum noch vorstellbare ethische Anstrengung. Eine Anstrengung, die Verhältnisse auf unserem Globus grundstürzend zu verändern. Unsere kulturellen oder nationalen Einzelgesellschaften völlig neu durchzugestalten. Und das Muster, nach dem dies geschehen kann, durchzuzeichnen auf unsere kleinen Gemeinschaften und auf unser privatestes Leben. Nur sehr wenig wird bleiben können, wie es heute ist. Wir haben hinter uns das Reich Hitlers. Das können wir nicht vergessen. Wir haben um uns das wilde Gewoge der politischen und wirtschaftlichen Mächte. Wir haben uns gegenüber und um uns her die Folgen unseres heutigen Tuns. Wir haben vor uns eine mögliche Zukunft, vor der uns, wenn wir sie nicht ausblenden, nur grauen kann. Der Christ der Vergangenheit war in aller Regel dem Staat gehorsam und der Kirche treu. Er beschränkte seine Freiheit aus freien Stücken auf sein privates Umfeld. Das ist gründlich und endgültig vorbei. Ich stehe meinem Staat frei gegenüber und verantwortlich. Und ich gehe meinen Weg durch die heutige Weltlandschaft, ob die Kirche hinter mir zurückbleibt oder ob sie mir voraus ist. Ich füge mich ihr ein, so lange mir scheinen will, sie sei auf der Höhe der Zeit und sie sage ihr Wort nicht für Menschen des vorigen Jahrhunderts.

In den vergangenen achtzig Jahren war zu lernen, dass ein christliches Ethos seine Kraft durchaus in der privaten Sphäre zu erweisen hat, dass aber der Raum, in dem es sich zu bewegen hat, weit über das Private hinausgeht, dass es das öffentliche Leben, die öffentliche Ordnung, die öffentliche Wohlfahrt, das politische Nachdenken und Entscheiden, die Kontrolle derer, die Macht ausüben, Gerechtigkeit zwischen den Völkern, Krieg und Frieden, Umgang mit der Erde und

Verantwortung für künftige Generationen mit einschließt. Die Aufgaben, die eine christliche Ethik heute anzeigt, reichen so weit wie der Planet, auf dem wir leben, und greifen über den heutigen Tag weit hinaus in die Zukunft.

Schauen wir unsere Aufgaben an,
rasch und ungenau und unvollständig:

Da ist das Thema Armut. Hunger. Krankheit. Wir sehen heute ganze Völker im Elend versinken. Auch die Gründe sind klar zu sehen. Sie liegen in der Machtverteilung zwischen den Wirtschaftsmächten und den ihnen ausgelieferten Völkern und in der Verbrauchermentalität der wohlhabenden Teile der Erde. Geht das alles uns Christen nichts an? Mit Wohltätigkeit allein werden wir an den Verhältnissen nichts ändern.

Da ist das Thema Arbeit. Wir stehen in einer rasend schnellen Entwicklung der Produktionstechnik. Die Arbeit, die gestern tausend leisteten, leisten heute an vielen Stellen deren hundert, in dreißig Jahren vielleicht noch zehn. Mit der heutigen Arbeitsbeschaffungsrhetorik ist dem nicht beizukommen. Finden wir keine Lösung für die Neuverteilung der noch bezahlbaren Arbeit, so werden wir in fünfzig Jahren in unserem Land dreißig Millionen Arbeitslose haben. Und weltweit ein Heer von mit Hungerlöhnen bezahlten Kulis.

Da ist das Thema Frieden. Frieden war für das nationale Bewusstsein früherer Zeiten die Frucht gewonnener Kriege. Heute wissen wir, dass jeder Krieg eine Folge politischen Versagens ist. Dass er nicht Leben bringt, sondern Leben auslöscht und danach Leben behindert. Krieg löst keine Probleme. Er schafft sie. Basis des Friedens ist nicht die Macht, sondern die Gerechtigkeit. Können wir an unseren Erfahrungen vorbeileben?

Da ist das Thema, wie Frieden zu gewinnen ist. Das Thema des Verzichts auf Gewalt. Wie sollen Auseinandersetzung, Einflussnahme oder Machtausübung im täglichen Kleinkrieg zwischen Menschen, Gruppen, Ideologien oder Meinungen ausgetragen werden? Wie sieht ein gewaltloses Arbeitsprinzip für Pädagogik, Ehealltag, politische Auseinandersetzung, Interessenkampf zwischen Völkern aus? Alternativen gibt es nicht.

Das Thema Terrorismus. Die Vorstellung eines mit Massenvernichtungswaffen ausgerüsteten Terrorismus ist ein Albtraum. Er kann schnell Wirklichkeit werden. Aber nützt es, ihn mit Waffen zu bekämpfen, solange über seine Ursachen nicht nachgedacht wird? Terrorismus kommt auf, wenn ein politisches, ein militärisches oder ökonomisches Unterdrückungssystem unerträglich geworden ist für ein Volk, das sich militärisch nicht zu wehren vermag. Was tun wir angesichts der weltweiten Weigerung, über die Ursachen nachzudenken?

Da ist das Thema Umwelt. Wir können heute wissen, wie bedroht die Biosphäre der Erde ist. Es gilt, dem Anspruch zu widerstehen, alle geschaffenen Dinge dienten ausschließlich den Interessen des Menschen. Ein weltweites Ethos muss auch die Würde von Stoffen und Kräften, Tieren und Pflanzen und ihr Lebensrecht einbeziehen, wollen wir selbst überleben. Es gilt, mehr Achtung vor dem Lebendigen aufzubringen. Mehr Nachdenklichkeit. Mehr Bereitschaft zum Verzicht auf Verbrauch. Sollte hier nicht für Christen eine elementare ethische Aufgabe liegen? Die Erdcharta der Vereinten Nationen hat gute und genaue Vorschläge dazu.

Da ist das Thema Gleichrangigkeit aller Menschen. Es gilt heute, die Menschenrechte ausgebeuteter und unterdrückter ethnischer Gruppen, Rassen und Urvölker auf gleicher Höhe zu respektieren wie die entwickelter Völker. Ihre kulturelle Identität zu achten, ihnen den gleichberechtigten Zugang zur

Macht, zu Bildung und zum Wohlstand zu eröffnen. Dass Mann und Frau die gleiche Würde und das gleiche Recht eignet, ist kaum mehr einer Erwähnung wert. Es muss selbstverständlich sein.

Da ist das Thema Ausübung von Macht. Wir werden heute von jedem Staat der Erde fordern müssen, dass er sich hinsichtlich der Weise, wie er Macht ausübt, vor einer ihm übergeordneten Instanz verantwortet, sei es das Völkerrecht, sei es die Menschenwürde, sei es die Gerechtigkeit, sei es, wenn wir religiöse Menschen sind, Gott. Machtausübung muss transparent geschehen und unterliegt der Rechenschaftspflicht.

Da ist umgekehrt das Thema Schutz der staatlichen Machtausübung. Die Macht auf unserer Erde wird heute fast schon mehr von Wirtschafts- und Geldmächten ausgeübt als von Staaten. Es ist aber unabdingbar, das Monopol der Macht zu schützen, das dem Staat zukommt, wenn denn irgendwo und irgendwie noch von einem Rest von Gerechtigkeit die Rede sein soll.

Da ist das Thema Wahrheit der Information. Wir werden wachen müssen darüber, dass Information in allem Reden frei bleibt von staatlicher oder ökonomischer Einflussnahme, und zwar weltweit. Wir werden festhalten müssen, dass der Zugang zur freien Information ein Grundrecht des Menschen ist.

Da ist das Thema öffentliche Mitrede. Die Gesellschaft von morgen wird lebensfähig sein nur, wenn sehr viele ihren Willen in die öffentlichen Entscheidungen einbringen. Es wird an dieser Stelle einer Menge Phantasie und Einsatzwillen bedürfen.

Da ist das Thema Vorausdenken. Das öffentliche Reden begrenzt sich selbst in aller Regel auf wenige Jahre oder auf kurze Wahlperioden. Wer denkt schon darüber nach, mit welchen

Mitteln künftige Generationen die Schulden bezahlen, die wir anhäufen, oder wie sie die zerstörte Erde einigermaßen restaurieren, oder wie sie mit unseren radioaktiven Abfällen umgehen sollen? Wer sollte den Mut finden, ohne Scheuklappen fünfzig Jahre vorauszudenken, wenn nicht die Wachen in unserer gegenwärtigen Generation, und unter ihnen in erster Linie auch die Christen?

Da ist endlich das Thema Weltethos. Es könnte für uns gelten, die Maßstäbe und Werte unseres christlichen oder unseres humanistisch-abendländischen Ethos auf ihre Kommunizierbarkeit mit den ethischen Vorstellungen anderer Kulturen zu überprüfen und gegebenenfalls zu ändern. Denn das Überleben der Menschheit könnte daran hängen, ob wir zu einem Völkerrecht finden, das von allen Kulturen und Religionen bejaht werden kann. Christliche Ethik exportieren zu wollen, nützt nichts. Wir werden die Grundrechte und Grundpflichten der Menschen überall auf der Erde gleich oder ähnlich gewahrt sehen müssen. Die höllische Möglichkeit, die Arnold Gehlen zeichnet, der gewärmte, große Kulturstall, in dem die Raubtiere einander umkreisen, ethische Formeln flüsternd, kann nicht die einzige Perspektive sein, die uns bleibt.

Bedenken wir aber nun, dass ein gleicher oder ähnlicher Katalog höchster ethischer Anforderungen sich durchzeichnet in unseren kleinen Lebensumkreis und unser privates Lebensinteresse, so kann uns die Müdigkeit ergreifen oder die Resignation. Die Angst. Denn wie soll ein Mensch wie du und ich seinen Alltag bestehen und dazu und darüber hinaus die Kraft aufbringen, all dies aufs Herz zu nehmen? Ich kann niemanden verurteilen, dem dies alles zu groß und zu viel ist, der sich in sein kleines Umfeld zurückzieht und sich gegen solche Überforderung abschließt. Aber weniger als all dies erwartet die Welt von morgen von uns weder im Großen noch im Kleinen.

4 Die Hindernisse sind hoch

Warum zähle ich das alles auf? Weil kein Zweifel darüber bestehen sollte, dass eine Ethik, vor hundert Jahren erstellt, uns keinerlei Hilfe geben wird. Dass eine Ethik nie ewigen Bestand haben wird, sondern immer nur den Versuch darstellt, eine für ein Volk oder eine Zeit geboten erscheinende Gestalt ihres Lebens aufzuzeigen. Und weil zum Zweiten deutlich sein muss, dass die Menschheit ihren Weg durch ihre jeweilige Gegenwart nur so finden konnte und kann, dass sie die Maßstäbe, die für ihre Voreltern gegolten hatten, geändert hat. Alles fließt. Und es ist gut, dass alles fließt. Es ist ein Gesetz der Geschichte, in der wir alle miteinander stehen, dass alles fließen darf und kann und muss. Ich lege großen Wert darauf, dass ich nicht in der Zeit meiner Urgroßeltern lebe, sondern in der meinen. Und ich will als ein Mensch dieser Zeit fragen, was denn für einen wie mich, der sich bemüht, ein Christ zu sein, gelten könne.

Die ethischen Ansprüche von heute sind riesenhaft, die Kräfte gering

Die Ansprüche bestehen in Forderungen, die völlig neu sind und so hoch, dass unsere ethische Leistungsfähigkeit größer und unser Gewissen unabhängiger sein müssten, als es je von der Menschheit gefordert war. Allein durch eine Aufzählung der Aufgabenfelder wird klar, dass heute eine ethische Sensibilität aufblühen müsste, weltweit, wie die Menschheit sie nie aufgebracht hat.

In einer fatalen Gegenläufigkeit zu diesen wachsenden Ansprüchen scheinen die Fähigkeit und der Wille, irgendeiner ethischen Forderung zu entsprechen, in den Menschen dahinzuschwinden. Jürgen Habermas äußerte unlängst, was wir beobachteten, sei ein Verdorren aller normativen Sensibilitäten. Heute verändere sich die Konstellation zwischen Religion und Aufklärung. Es gehe nicht mehr um das kritische Hinterfragen alter Normvorstellungen, sondern darum, dass wir lernten, dass auch unser Staat lernte, behutsamer als je mit allen Ressourcen umzugehen, aus denen sich die moralische Sensibilität seiner Bürger speise. Das Wort kommt einem vorsichtigen Griff gleich in Zeiten, die unserer westlichen Aufklärung vorausliegen. Es fragt nach den uralten Weisen, wie Menschen jemals zu ihren ethischen Aufstellungen gekommen sind. Wie aber öffnet man Menschen, die einer Ethik nicht zu bedürfen meinen, den Zugang zu den Ressourcen moralischer Sensibilität? Es ist eine Aufgabe, von der ich im Augenblick nicht sehe, wie sie erfüllt werden soll. Die Aufgaben wachsen, der Wille und die Kraft, sie zu bewältigen, nehmen ab.

Die Orientierung geht verloren

Die Erfolge der Naturwissenschaft haben zu einer gründlichen Entmythologisierung des Lebens geführt. Dabei entstand eine seltsame Leere. Alles wissenschaftlich nicht Nachweisbare geriet in den Verdacht, Ideologie oder Illusion zu sein. Was uns orientieren könnte, was uns trösten könnte, schwand dahin. Und dabei haben wir alle die Fähigkeiten verkümmern lassen, die einen Sinn finden oder Werte setzen könnten.

Die Verhältnisse sind anders

In der guten alten Zeit unserer Urgroßeltern war gewiss nicht alles besser, aber es war einfacher. Wenn damals jemand sagen wollte, was ein Mensch zu tun und zu lassen habe, so holte er seine Maßstäbe aus dem reichen Schatz Jahrtausende alter Vorräte an bewährten Moralvorstellungen. Wenn ich heute dasselbe tun soll, wenn ich also sagen soll, was in einer Welt wie der heutigen gut sei oder böse, gerecht oder ungerecht, so werde ich nach ein paar allgemeinen Sätzen am Ende sein. Weiß ich es denn? Weiß es irgendjemand?

Ich müsste mich in dieser komplizierten Welt auskennen, wie sich keiner auskennt, wollte ich sagen können, was ein Geschäftsmann oder Arzt, eine allein stehende Frau oder der Manager eines großen Geldinstituts zu tun und zu lassen hätten. Ich würde rasch sehen, dass ich keinen Rat habe, einfach deshalb, weil ich zu wenig weiß. Ich müsste im einen Fall ein Fachmann für Mikrobiologie, im anderen ein Experte in Wirtschaftsfragen und in einem dritten für Journalismus oder internationales Recht sein. Denn was eine Ethik sagt, muss ja für alle Menschen gleich oder ähnlich lauten. Ich kann sie auch nicht aufgliedern in eine ärztliche Ethik, eine feministische, eine politische, eine Umweltethik. Auch nicht in eine individuelle oder soziale. Nicht in eine Prinzipienlehre, die sagt, was allen gilt, und eine angewandte, die von Lebensumkreis zu Lebensumkreis verschieden lautet. Denn alles wird sich verwirren, wenn die eine Regel und zugleich die andere im selben Menschen Raum finden sollen. Für eine allgemeine Ethik aber werde ich nur eine kleine Anzahl von einfachen, gemeinsamen Regeln finden können, die die konkreten Einzelfragen nur sehr im Ungefähren beantworten können.

Dabei wird es sich aber so verhalten, dass nicht einmal ein Fachmann eines bestimmten Gebiets die vollständige Übersicht über sein Fach besitzen kann, die ihn instand setzte, für seine Fachkollegen konkrete Handlungsmuster zu entwerfen.

Die Welt ändert sich

Dazu kommt, dass die Welt, in der wir uns ethisch bewähren sollen, sich so rasch wandelt, dass ethische Regeln kaum noch von einer Generation auf die nächste vererbt werden können. Das Denken eines Christen bedürfte also einer Offenheit, einer Beweglichkeit und Erneuerungsfähigkeit, die es nie besessen hat. Wenig kann mehr überliefert, kaum etwas noch einfach gefordert werden. Das ethische Gespräch wird wichtiger, als es je war. Aber vom ethischen Gespräch zu einem gesellschaftlichen Konsens ist ein unendlich weiter Weg. Wir Christen werden von Generation zu Generation klären müssen, was denn eigentlich das Evangelium sei, das uns diese Richtung anzeigt, und wir werden immer wieder einen Schritt zurücktreten, um zu sehen, was uns anvertraut ist, ehe uns ein Schritt in eine neue Richtung gelingen kann.

Nichts ist einfach gut oder böse

Was ist eigentlich gut? Was ist böse? Ich werde immer wieder bemerken – was immer schon so war –, dass, was unter den einen Bedingungen erlaubt, unter anderen verboten ist. Zur einen Zeit erlaubt, zur anderen untersagt. Was für den einen Zeitgenossen bindend, für den anderen unwichtig ist. Und dazu kommt, dass kaum etwas, das wir »Gutes« tun, nur gut sein wird. Nichts, was wir Böses tun, nur böse. Alles wird sich mischen. Aus guter Absicht vielleicht und einem falschen Zeitpunkt. Aus einem bösen Zwang und einem doch immer noch guten Ergebnis. Ich fürchte, wenn es uns gelänge, irgendeine konkrete Ethik aufzustellen, wie immer sie angelegt sein mag, wir würden einen ethischen Konsens unter den Menschen nicht erreichen. Nein, eine Ethik, die für alle und jeden gleich verbindlich wäre, zu entwerfen, habe ich nicht die Weisheit. Niemand hat sie. Die sie am genauesten vorschreiben, führen uns am direktesten auf den Irrweg.

Verantwortung erfordert die Antwort auf eine Anrede

Nach Hans Jonas wird für eine heutige Ethik der Begriff »Verantwortung« der Maß gebende sein. Dieses Wort war im Lauf der Neuzeit aus dem ethischen Diskurs fast vollständig verschwunden. Das war konsequent. Wer den Menschen für das Maß seines eigenen Tuns hält, wird von Verantwortung kaum noch reden können. Denn »Verantwortung« heißt ja, es sei jemand da, der eine Frage stellt und dem eine Antwort zu geben ist. Sehe ich von Gott ab, so hat niemand mehr das Recht, mir eine Frage nach meinem ethischen oder unethischen Tun zu stellen. Ein irdischer Richter hat allenfalls das Recht, einer Strafbarkeit meines Tuns nachzugehen. Aber das ist dann kein ethischer Sachverhalt mehr, sondern ein rechtlicher. Da aus dem Sprachschatz und dem Vorrat an Vorstellungen bei unendlich vielen Zeitgenossen das Wort »Gott« praktisch verschwunden ist, kann eine Ethik, die für eine ganze Bevölkerung gelten soll, sich unmöglich darauf berufen, sie sei von Gott vorgeschrieben, und die Tat oder die Gesinnung seien vor Gott zu »verantworten«. Sie muss sich mit unreligiösen oder vorreligiösen Argumenten als gültig erweisen, sie muss auf der Grundlage von allgemein zugänglichem Erfahrungswissen auch einem unreligiösen Menschen einleuchten.

Ein heutiger Mensch muss selbst nachdenken

Ein Achtes: Ein heutiger Mensch wird in seiner jeweils besonderen Lage, mit seinen besonderen Fähigkeiten und Grenzen, mit seinen Aufgaben und mit der Lebensphase, in der er steht, mehr als früher vor der Zumutung stehen, selbst finden zu müssen, nach welchen Maßstäben oder Werten oder Zielvorstellungen er sein Tun zu ordnen habe. Allgemeine, für alle gültige Regeln werden nicht genug sein. Was ihm dabei fehlen könnte, das wäre die Fähigkeit, eigene Maßstäbe zu finden, die für ihn gültig und für seine Umgebung verständlich wären, oder auch nur das Wissen, wie solche Maßstäbe zu finden seien.

Wer heute zur Ethik redet, muss also dem Einzelnen helfen, seine eigenen Maßstäbe und Handlungsmuster zu entwickeln. Ethik wird zunächst immer darin bestehen, dass sie dem Einzelnen hilft, herauszufinden, was in seinem Umfeld, im Wechsel seiner Lebensphasen, unter seinen Voraussetzungen gut und böse, richtig und falsch, zielsicher oder verfehlt genannt werden kann. Und hier, so scheint mir, könnte die Aufgabe einer Kirche liegen, die von der Meinung Abschied genommen hat, sie wisse, was heute allgemein zu gelten habe, und die sich auf den ethischen Dialog einlässt. Der Dialog aber wird das Ende aller moralischen Rechthaberei sein. Er wird Freiheit voraussetzen, Freiheit eröffnen und damit dann und wann zu gemeinsamen Vorstellungen führen, die vielleicht in Einzelfragen zu überzeugenden Lösungen helfen.

Eine solche, sozusagen propädeutische Ethik wird freilich ihre Vorläufigkeit bedenken. Sie wird zwar eine wache ethische Aufmerksamkeit fordern, wie sie früher nicht gefordert war, als die Kirche zu wissen vorgab, was zu tun sei. Sie wird aber nicht von Perfektion träumen, vom ewigen Wert, vom reinen Gewissen, von der idealen Gesellschaft oder von einem Mustermenschen, der alles recht macht, und noch weniger von einem Heiligen.

Vielen fehlt dazu der Spielraum

Ein Letztes: Das ethische Problem wird nicht einfacher, wenn wir die tatsächlichen Lebensverhältnisse auf dieser Erde ins Auge fassen. Dabei sehen wir einige Milliarden Menschen, die unter dem Existenzminimum leben und täglich um ihr Überleben kämpfen. Was sollen sie mit ethischen Maßstäben anfangen? »Erst kommt das Fressen, dann kommt die Moral«, sagt Bertolt Brecht. Wer kann bereit sein, sich nach einer Moral zu richten, der nicht weiß, wie er seine Familie ernähren soll? Wer soll an seine Freiheit glauben, dem seine soziale Situation keinen Spielraum lässt? Wer soll sich zu einer eigenen Gestalt aufrichten, der seiner Verlassenheit nur dadurch entrinnt, dass er sich den Meinungen anpasst, die um ihn her gelten? Wer kann seinem Leben eine freie Gestalt geben, der in den Fesseln einer Krankheit oder in einer gesellschaftlichen Nische zu leben hat? Wer, der keine Chance hat, einer ständigen Bevormundung zu entgehen, oder dem schon beim ersten Versuch, sich aufzurichten, das Rückgrat gebrochen wurde? Wer kann sich für etwas Gemeinsames interessieren, den die Menschen um ihn her, mit denen er leben muss, immer in erster Linie ausbeuten? Wer soll an einen offenen Weg glauben, der, sobald er an seine Zukunft denkt, feststellt, dass durch frühere Entscheidungen alles festgelegt und verbaut ist?

Und was will ich mit den anderen tun, den Leistungsschwachen, den Neurotikern, den Psychopathen, den Süchtigen, den Straffälligen, den Suizidgefährdeten, und ihnen gegenüber mit den Selbstgerechten und ihrer Unbarmherzigkeit? Von ihnen allen soll ich ethisches Verhalten erwarten. Dabei sehe ich das Unglück. Ich sehe hinter dem Unglück in vielen Fällen Schuld. Hinter der Schuld oft genug ein Leiden, eine Kränkung, eine Verletzung. Und ich sehe auch das Unglück, hinter dem keine Schuld steht, das aber einem Menschen den Weg verbaut. Ich sehe also, wie zerstört diese Welt ist, und arbeite auf eine Welt hin, in der ich als Mensch mit ihnen allen leben kann.

Sicher scheint mir dabei: Wenn ich von einem Menschen etwas fordern will, so muss ich genau wissen, was ihm dafür an Spielräumen und Kräften bleibt, und muss dafür sorgen, dass er in einen Stand und in eine Situation kommt, in der er seine Flügel ein wenig ausbreiten kann. Mit bloßen Richtlinien und Forderungen ist nichts auszurichten.

Endet die ethische Zumutung irgendwann?

Auf welche Zielstrecke soll eine Ethik denn nun angelegt sein? Oder, anders gefragt: Wie weit reicht die Spanne eines Menschenlebens? Wenn ein Leben durch den Tod beendet wird, dann hat der Tod in einer Ethik weder Sinn noch Raum. Dann endet die Bedeutung einer Ethik mit dem Leben. Wenn ein Mensch glaubt oder für wahrscheinlich hält, dass das Leben nach dem Tod eine Fortsetzung finden wird, dann rückt der Tod aus seiner Randlage ins Zentrum. Dann ist er sozusagen die Lebensmitte, das heißt die Mitte zwischen diesem und dem künftigen Leben. Dann wird, was ein Mensch jetzt tut und verantwortet, so angelegt sein müssen, dass es dem Gelingen nicht nur dieses, sondern auch des künftigen Lebens dient. Dann werden Spuren, die sein Handeln in seiner eigenen Seele gezogen hat, für das künftige Leben ihre Bedeutung weiter behalten. Dann aber können die Maßstäbe und Regeln, die Geltung beanspruchen sollen, nicht vom Menschen selbst und für dieses Leben »gemacht« werden. Sie gelten über seine Lebenszeit hinaus und sind zugleich seiner Verfügung, auch seiner kritischen Prüfung, entzogen.

Das entscheidende Hindernis ist die Angst

Nach meiner Erfahrung steht hinter dem meisten, was an unethischem Verhalten in Erscheinung tritt, irgendeine Angst.

Wenn das so sein sollte, dann wird eine Ethik nur dann funktionsfähig sein, wenn sie die Kraft hat, Angst zu mindern. Zumindest darf sie nicht Angst schaffen. Da aber Angst aus realen Bedrohungen irgendwelcher Art hervorgeht, ist die entscheidende Frage an jede Ethik die, ob es ihr gelingt, das Leben eines Menschen als im Kern unbedroht zu erweisen. Das heißt, sie wird zeigen müssen, dass und wie das Leben die Chance hat, zu gelingen, das heißt zu irgendeinem Glück, zu irgendeiner Erfüllung zu gelangen und dabei sicher zu sein. Anders wird sie, so genau und so sachgemäß sie sprechen wird, über gesetzliche Strenge oder rigorose Forderungen nicht hinauskommen, das heißt, sie wird als Ethik scheitern. Sie wird sich selbst überfordern. Christlich gesprochen: Dem Gebot geht das Evangelium von der Liebe Gottes voraus, das Evangelium ist nicht die Belohnung für die Erfüllung des Gebots, sondern seine Bedingung. Aber davon später mehr.

5 Die Hoffnung hat ihr Recht

Woher also nehmen wir den Mut, uns dem anzuvertrauen und auszusetzen, was uns aus der Zukunft entgegenkommt? Woher die kühne Hoffnung, wir würden bewältigen können, was sie uns aufträgt? Gibt es Anzeichen für ein Gelingen? Es gibt sie durchaus.

Unsere Menschenwelt kann besser werden

Dass unsere Menschenwelt durchaus nicht nur bedroht ist, dass sie verändert werden kann, dass sie verbesserlich ist, das zeigt sich an der Entwicklung der letzten einhundertfünfzig Jahre, der letzten fünfzig und der letzten zwanzig. Vor einhundert Jahren gab es keine Verfassung auf diesem Globus, in der zu lesen war, die Würde des Menschen sei unantastbar. Das Rote Kreuz, eine Erfindung des 19. Jahrhunderts, war noch ein einsamer Vorläufer der heute weltweit arbeitenden Hilfsorganisationen, die sich um die Leiden der Menschen in den Kriegsgebieten bemühen. Albert Schweitzer war ein Einzelgänger mit seinem Urwaldkrankenhaus. Heute wirken große Verbände von Ärzten, wo immer Elend, Hunger und Krankheit herrschen. Vor siebzig Jahren noch waren die Kriege unkontrollierbar. Sie waren das Normale. Sie waren der vorherrschende Inhalt der Geschichtsbücher, und der Kriegsheld war das umschwärmte Ideal des Mannes. In Krisengebieten stehen seit 1960 zum ersten Mal neutrale, von den Vereinten Nationen ausgesandte Truppen, die Blauhelme, um den Frieden zu sichern und die Einhaltung von Regeln zu überwachen. Dag Hammarskjöld war ihr Erfinder. Das ungeheure Verbrechen des Vietnamkriegs wurde weltweit das zum ersten Mal voll ins Bewusstsein der Menschen dringende Fanal gegen den Krieg. Beim Tsunami im Indischen Meer stand zu aller Überraschung fast die ganze Menschheit zusammen, um zu helfen. Nichtregierungsorganisationen – wann hätte es derlei jemals gegeben? – wie amnesty international, die Friedensbewegung, Greenpeace, Attac, die Bewegung gegen die Atomkraft und viele andere demonstrieren weltweit, was getan werden muss. Demonstrationen sind noch vor einhundertfünfzig Jahren zusammengeschossen worden. Heute sind sie in weiten Teilen der Völkergemeinschaft fast schon selbstverständliches Recht. Die Rechte der Frauen setzen sich durch. Das Völkerrecht beginnt die Willkür von Staaten und Regierungen zu steuern. Zum ersten Mal gibt es seit wenigen Jahren Internationale Gerichtshöfe. Kaum noch eine Macht oder Behörde kann sich dem Druck einer öffentlichen Meinung entziehen.

Immer selbstverständlicher wird uns, dass Informationen auch aus den dunklen Winkeln des Geschehens in Stunden rund um die Welt gehen, dass in früher unkontrollierbare Machenschaften Licht fällt, dass ein Geheimdienst sich für rechtswidrige Maßnahmen verantworten muss. Dass jeder Bürger das Recht und die technische Möglichkeit hat, über das Internet seine Beobachtungen, seine Klagen und Vorschläge weltweit zur Diskussion zu stellen. Und viel, sehr viel anderes kommt hinzu. Es ist durchaus nicht so, dass der Pessimismus allein die Realität auf seiner Seite hätte. Es bewegt sich etwas. Und vieles bewegt sich erstaunlich schnell. Was sind schon einhundert Jahre?

Was sich zum zweiten rasch verändert, das ist die Art, wie sich von vorgestern über gestern bis heute die Weise verändert, in der die Menschen die Wirklichkeit ihrer Welt wahrnehmen. Der Horizont wird, allein schon durch die Massenmedien, weiter, er beginnt die Menschenwelt zu umfassen. Neue Strömungen werden sichtbar. Neue Bewegungen tauchen auf, teils mit ethischen Vorschlägen, teils ohne sie. Statische Ordnungen oder Hierarchien verlieren ihre Glaubwürdigkeit. Entscheidungen bilden sich durch den Konsens vieler. Minderheiten werden zunehmend gewürdigt und integriert. Jeder muss zum Dialog bereit sein. Der soziale Ausgleich wird zur ethischen Forderung. Man beginnt, den Frieden konkret zu suchen und ihn auch in kleinen Gemeinschaften einzuüben und auszuleben. Das menschliche Handeln lässt sich weniger und weniger von ideologischen Vorgaben leiten. Spiritualität im nicht-religiösen wie im religiösen Sinn sucht sich ihre eigenen Wege. Eine Vielfalt von Meinungen und Überzeugungen darf miteinander koexistieren. Der multikulturelle Kontext, der Schutz von Menschenrechten und Menschenwürde, die Kritik an der konfessionellen Spaltung der Kirchen, die Befreiungstheologie, der Feminismus schaffen Wertvorstellungen, die neu sind und auf Weiterentwicklung drängen, auf stärkere Wahrnehmung von Wirklichkeiten und auf wachere Sensibilität des Einzelnen. Das Eintreten für Gerechtigkeit gewinnt globale Dimensionen und wird mehr und mehr zur allgemeinen Menschenpflicht. Frieden wird als die Überlebensfrage der Menschheit erkannt. Schonsamkeit mit dem Klima, vor vierzig Jahren ein Anlass zu allgemeinem Kopfschütteln, Eintreten für den Schutz von Pflanzen- und Tierarten, sparsamerer Umgang mit Ressourcen, all das wird außer einem lebenbewahrenden Programm zu ethischen Kategorien. Es will so scheinen, als gingen der Menschheit in erstaunlich kurzer Zeit an vielen Stellen die Augen auf und als bahne sich eine rasche und unumkehrbare Entwicklung an, die vielleicht – nämlich, wenn sie fortgeht – rettend wirken kann. Sehen wir das aber in seinem großen Zusammenhang, so wird uns rasch klar, dass mit dieser Öffnung des wahrnehmenden Bewusstseins sich auch eine Öffnung, eine grundlegende Wandlung des ethischen Nachdenkens, auch des christlichen, vollziehen muss.

All dies in das einzelne Bewusstsein einzulassen, erfordert sehr viel Mut. Und dieser Mut wird noch lange gegen die Kräfte der Beharrung und der Resignation ankämpfen. Aber es gibt keine Alternative, es sei denn, wir wollten die Katastrophe. Wollen wir denn mit unserer ganzen abendländischen Kultur und der ganzen übrigen Menschheit umkommen vor unseren überfüllten Vorratslagern und Kühlhäusern, an Überfüllung und Unterkühlung? Depressiv vor lauter positivem Denken, überinformiert und ahnungslos, sprachunfähig und geschwätzig? Eingeklemmt zwischen Lebensversicherung und Todesangst? Frei und haltlos? Hochintelligent und borniert zugleich. Festgenagelt auf ein paar primitive Auskünfte, wozu wir denn leben sollten?

Und was soll anders unser Christentum? Soll es abmagern auf eine politische Moral, links oder rechts festgebunden? Soll es in kurzatmigen Revolutionen verrauschen oder im Interesse bürgerlicher Sicherheit erstarren? Soll es verkümmern zur Seelen erwärmenden Innenschau oder zur gedankentrockenen Existenzdeutung? Wenn wir nicht erkennen, dass es eine das ganze Dasein mitreißende Kraft ist, wenn uns kein Ziel vor Augen steht, auf das es hindrängt, sind wir, sagt Paulus, die Betrogensten unter allen Menschen. Das setzen wir doch voraus: Dass diese ganze Entwicklung nicht durch Zufall läuft, wie sie läuft, und nicht aus einem Naturzwang, sondern weil Gott etwas mit ihr vorhat. Da ist doch eine Dynamik, die die Dynamik Gottes ist! Da ist eine Linie in der kosmischen Geschichte, die die Linie Gottes ist. Ziele, die die Ziele Gottes sind. Und das glauben wir doch: dass nichts nur zugrunde geht, sondern überall schaffende, verändernde Kraft ist, die in die Wirklichkeit hereindrängt.

Der Mensch selbst entwickelt sich weiter

Am Ende hören wir noch die Stimmen derer, die sich mit der Evolution des menschlichen Bewusstseins beschäftigen, ihre Deutungen und Prognosen. Unter ihnen scheint sich die ungefähre Vorstellung durchzusetzen, die Menschheit habe einen Wandel ihres Bewusstseins unmittelbar vor sich. Das ist weder Träumerei noch Esoterik, sondern eine fundierte Prognose, die ernst zu nehmen an der Zeit ist. Dem entspricht die Ahnung, die in vielen Menschen wach wird, wir stünden in einer Zeit fundamentalen Wandels nicht nur der Verhältnisse auf diesem Erdball, sondern auch eines tiefgreifenden und weit in die Zukunft weisenden Wandels unseres Nachdenkens. Immer mehr Menschen bezeugen, es komme etwas sehr Neues herauf, und viel von dem, was uns heute bedrängt, trete zurück. Es sei nicht nur der viel besprochene Paradigmenwechsel, den wir schon durchlaufen haben, aus der Epoche der Aufklärung in die zweite Moderne, sondern vor allem der aus der bewegten und vieldeutigen Bewusstseinslage des 20. Jahrhunderts in etwas aktuell Neues, das im Denken und Empfinden heutiger Menschen Platz greife. Sollte dies zutreffen – und ich selbst habe Gründe, es für unsere augenblickliche menschheitliche Hauptaufgabe zu halten, uns dafür zu öffnen –, so wären für eine künftige Ethik entsprechende neue Werte zu suchen, neue Strukturen der Gesellschaft und neue praktische Lebensanweisungen, Ziele und Sinngebungen. Zuerst und zuvor aber wären dem Pessimismus und den Untergangsweissagungen der Abschied zu geben und einer neuen Zuversicht in unserem Denken Raum zu schaffen.

Es gibt Anzeichen dafür

Nun ist mein Aufgabengebiet nicht die Bewusstseinsforschung, und ich werde mich hüten, eine künftige Entwicklung des menschlichen Nachdenkens und Wahrnehmens zu beschreiben. Dennoch möchte ich in ungenauen Strichen meine Vorstellung von dieser Entwicklung andeuten. Dabei hat jedermann das Recht, diesen Versuch für verfehlt zu halten. Dennoch: Was deutet sich an? Was zeigt sich einem Laien in der faktischen Entwicklung der letzten einhundert Jahre, und was zeigt sich an der Veränderung der Wahrnehmung von Wirklichkeit in den letzten dreißig Jahren? Ich sehe Folgendes:

Der Horizont, in dem der einzelne Mensch von heute die Welt erfährt, weitet sich. So könnte sich ein Mensch andeuten, der fähiger sein wird als der heutige Zeitgenosse, in großen Räumen und Zusammenhängen zu denken, menschheitsgerecht, tatsachengerecht, zukunftsgerecht.

Es könnte sich ein Mensch andeuten, der mehr daran interessiert wäre, mit seinem Nachbarn zusammenzuleben, statt über ihn zu dominieren. Der also friedensfähiger wäre, als es die Generation unserer Großeltern war und als es die unsere ist. Dem auch selbstverständlich wäre, dass Frieden auf allen privaten und öffentlichen Ebenen unteilbar ist.

Es könnte sich ein Mensch andeuten, der fähiger wäre als wir Heutigen, frei zu sein und mit allen, auch fremden Menschen und Kulturen, im Gespräch zu stehen.

Vielleicht könnte er auch fähiger sein, Abschied zu nehmen von allen Zweiteilungen der Wirklichkeit in die Guten und die Bösen, die Freunde und die Feinde, die Lichthelden und die Schurken. Fähiger, nicht von oben herab zu urteilen. Fähiger, Meinungen jeder Art zu achten, eben weil es Meinungen von Menschen sind.

Vielleicht wird ihm auch manches, das im Hintergrund der Dinge in der geistigen Welt geschieht, zugänglicher sein. Vielleicht wird er weniger an seinen einsamen Verstand glauben und seine geistigen Sinne verfeinern, sodass sich ihm, was uns heute noch weitgehend unzugänglich ist, aus den verborgenen Wirklichkeiten das eine oder andere zu erschließen beginnt. Denn dass unsere Wirklichkeit reicher und vielfältiger ist und geheimnisvoller, als unser Verstand sie erschließt, wird immer deutlicher.

Vielleicht wird er fähiger werden, sich Nachrichten zusprechen zu lassen aus dem transpersonalen kosmischen Bewusstsein, das für viele heute eine konkrete Wirklichkeit ist. Die Welt scheint uns heute mehr Geist zu haben und mehr Geist zu sein, als unserem aufgeklärten Denken bis gestern erschienen war. Vielleicht ist sie überhaupt ein geistiges Wesen, hören wir doch aus dem Munde von Biologen heute, die Materie sei »geistig«. Sie sei »schöpferisch«. Sie sei »intelligent«.

Vielleicht wird er auch ein Mensch sein, der sich dichter zusammensieht mit Pflanze und Tier und verwandt mit allem, was den Kosmos füllt. Vielleicht wird er sehen, dass diese Erde ein Organismus ist, in dem jedes Organ seinen Beitrag leistet zum Leben des Ganzen. Und dass die Menschheit als ganze ein solches Organ ist. Die Frage ist doch schon heute, ob wir so leben, wie es einem Organ in einem Organismus zukommt. Achtsamkeit ist dazu nötig, weiträumiges, auf lange Zeiträume abgestimmtes Denken.

Vielleicht wird es ihm auch selbstverständlicher sein, als es uns heute ist, sich der Entwicklungsstufen seiner eigenen Lebensgeschichte und der Entwicklungsstufen des Lebens auf dieser Erde in ihren Ähnlichkeiten unmittelbarer zu erinnern, und, das wäre der Sinn solcher Erinnerung, die Reste älterer Entwicklungsphasen, die in ihm selbst anzutreffen sind, abzustreifen.

Es kündigt sich durchaus eine Zukunft an

Ich sehe durchaus Wege, zu einer Ethik zu kommen, die dieser Zukunft gerecht wird, die aber zugleich viel Früheres, viel alte Wahrheit einbezieht. Nichts ist verloren, und alles scheint mir, und heute mehr als vor wenigen Jahrzehnten, voll Hoffnung zu sein.

II.

Wie lässt sich eine christliche Ethik begründen?

6 Die Zehn Gebote sind Urkunden einer frühen Zeit

Wenn ich einen beliebigen Menschen dieses Landes frage, wo denn geschrieben stehe, was ein Christ zu tun und zu lassen habe, wird er, wie selbstverständlich, sagen: »In den Zehn Geboten«. So haben wir es gelernt. So lehren wir es unsere Kinder. Wir schicken sie in einen Katechismusunterricht, weil sie dort lernen sollen, das nicht zu tun, was die meisten Erwachsenen tun: nämlich ehebrechen, lügen und andere um ihr Hab und Gut bringen.

Wir setzen also voraus, die Zehn Gebote könnten einem Menschen von heute sagen, was er zu tun habe. Das ist kühn, denn es sind Regeln für Menschen, die vor dreitausend oder vor zweitausend Jahren gelebt haben, und es ist unwahrscheinlich, dass, was sie damaligen Bewohnern eines Landes im Nahen Osten gesagt haben, für uns in unserer Situation am Beginn einer neuen Ära unserer abendländischen und globalen Geschichte gelten könne.

Sie stehen nicht allein

Zunächst muss klar sein: Die Zehn Gebote stehen nicht isoliert. Sie sind Teil eines sittlichen und rechtlichen Systems, das Anweisungen an uns heranträgt, die für uns nach Jesus Christus kaum noch Sinn haben können. Wer sich vornimmt, in der Bibel nach Weisungen zu suchen, die ihm sein Leben ordnen, wird diesem rechtlichen System begegnen, sobald er die Bibel irgendwo in ihren ersten fünf Büchern aufschlägt.

In 3. Mose 25,44 wird er lesen, er habe das Recht, leibeigene Sklaven zu halten. Im 3. Mose 29,27 liest er, es sei ihm verboten, Haar und Bart zu scheren. In 3. Mose 21,30, wer irgendeine körperliche Behinderung habe, dürfe nicht Priester werden. In Sirach 30,12 liest er die Erziehungsregel, er habe seinem Kind den Rücken zu bläuen, solange es klein sei. In 3. Mose 24,10–16, wer flucht, sei zu steinigen. An verschiedenen Stellen werden für die Hinrichtung von Verbrechern die grauenhaftesten Todesarten vorgeschrieben. Er liest, es sei ihm erlaubt – so 2. Mose 21,7 –, wenn er in finanzielle Schwierigkeiten gerate, zwecks Sanierung seiner Geldverhältnisse seine heranwachsende Tochter auf einem Sklavenmarkt zu verkaufen. Vielleicht hört er von Christen seiner Umgebung, was immer geschrieben stehe, sei Gottes Wort und Wille. Und er wundert sich vielleicht, dass es in christlichen Ländern immer noch keine Preisliste für den Verkauf junger Mädchen gibt. In 1. Samuel 15 begegnet ihm Gottes Gebot, ein besiegtes Volk sei mit Mann und Maus, mit Frauen und Kindern schlicht auszurotten, und ein König, der sich weigere, dies zu tun, sei von Gott verflucht. Und er wird die Bibel zuschlagen.

Alles, was die Bibel sagt, steht in einer Geschichte

Das Alte Testament, aber selbst das Neue, sind mit unübersehbarer Deutlichkeit in einer Geschichte beheimatet, in der vieles noch selbstverständlich oder möglich war, das seinen Sinn und seine Geltung für uns inzwischen völlig verloren hat. Was aber von dem, was dort angewiesen wird, ist nun wirklich für uns gültig und was nicht? Und wer will diese Trennung vollziehen? Wir haben etwa die moralischen Anweisungen in den Briefen der Apostel. Zum Beispiel, eine Frau dürfe sich keine Zöpfe flechten, oder sie habe in der Gemeinde zu schweigen. Nun zweifelt kaum ein Theologe oder Bibelausleger daran, dass eine Frau von heute sich die Frisur zulegen darf, die ihr steht. Das Gebot gilt also nicht mehr. Aber wer erklärt uns, warum das andere, das mit dem Schweigen, heute noch gelten solle?

Die Bibel ist ein Buch, das in einer bestimmten Zeit, in einer bestimmten Region dieser Erde, in einer bestimmten Kultur entstand. Wer überträgt die Opfervorschriften, die kultischen Regeln, die Lebensverhältnisse und die Rechtsvorschriften in unsere Zeit und Kultur? Oder dürfen wir einfach auswählen, was uns übertragbar scheinen will? Dann bedürften wir aber eines sehr genauen leitenden und scheidenden Prinzips, wenn daraus nicht reine Willkür werden sollte. Und wer gibt uns dieses leitende Prinzip an die Hand? Die Bibel selbst tut es ganz offensichtlich nicht. Wir müssen also uns selbst unsere Gedanken machen.

Man kann, ich sage das in vollem Ernst, schon sehr unter der Fremdheit leiden, mit der dieses uns von Gott gegebene Dokument »Bibel« in unserer Welt steht. Aber wir müssen nun einmal leben im Zusammenhang einer Geschichte. Auch der Glaube kommt zu uns auf den Wegen der Geschichte und trägt alle Züge einer geschichtlichen Erscheinung. Von Epoche zu Epoche, von Kultur zu Kultur will er neu gefunden und gedeutet werden. Wir kommen an die Wahrheit nur, wenn wir übersetzen, übertragen, erklären, aussondern, beurteilen, hervorheben und scheiden zwischen dem, was uns angeht und was nicht. Die Umstände ändern sich, die Erfahrungen. Die Sprache wird fremd. Sie wandelt sich heute sogar so schnell, dass der Großvater die Redeweise seines Enkels fast als Fremdsprache hört. Gibt es also überhaupt etwas, das nicht einbricht, wenn man darauf tritt? Gibt es Ideale? Einsichten? Werte? Wie steht es denn mit dem, was nach allgemeiner Meinung aus den Weisungen der Bibel am festesten steht, mit den Zehn Geboten?

Die Zehn Gebote haben eine reiche Wirkungsgeschichte

Die Bibel erzählt, Gott habe das »Zehnwort« dem Mose von dem umwölkten Berg Sinai her, auf Steinplatten geschrieben, mitgegeben. Es soll also für die Ewigkeit gelten. Und wirklich ist es von breiter und lang dauernder Wirkung gewesen. Unzählige Staaten haben ihre Rechtssysteme nach ihm angelegt, und heute will es scheinen, als habe sich in ihm eine Art anerkannter Rest von Religion erhalten auch bei Menschen, die im übrigen meinen, über alles, was Religion heiße, hinauszusein. Und in der Tat: Das hohe Alter und die lange Geltung dieser Gebote sind ein Grund, sorgsam mit ihnen umzugehen. Wenn wir heute nicht bewahren und in Ehren halten, was so lange Zeit gegolten hat, wird uns alles aus der Hand gleiten, was uns noch als Maß und Weisung dienen könnte. In dieser Zeit, in der die Jahrtausende alten Überlieferungen der Menschheit zerbröseln, wird es mehr denn je darauf ankommen, vor dem Untergang zu schützen, was unterzugehen droht, oder es vielleicht mit Sorgfalt in neue Formen zu fassen. Es gibt gute Gründe, gerade eine so alte Formel wie das Zehnwort dem Eintagegeist und seinem Schwimmen in der Beliebigkeit bewusst entgegenzusetzen.

Für eine christliche Ethik reichen sie nicht aus

Aber unsere eigenen Erfahrungen können uns sagen, dass die Zehn Gebote als Grundlage einer christlichen Ethik mindestens nicht ausreichen. Sie sagen uns, die elementarsten ethischen Probleme dieser Zeit ließen sich nur sehr zum Teil mit Hilfe der Zehn Gebote lösen. Als ich Soldat war, sagte uns die Kirche, diese Art zu töten sei in den Zehn Geboten nicht gemeint. Also haben wir getötet. Es ging kurz nach dem Krieg weiter mit der Diskussion über die Gültigkeit eines Eides auf

Adolf Hitler. Die Zehn Gebote sagten: Du sollst nicht falsch schwören und sollst zu deinem Eid stehen. Jesus sagte: Ihr sollt überhaupt nicht schwören. Aber eben: Über den Widerstand gegen einen Unrechtsstaat und über die bindende Kraft eines Eides sagen die Zehn Gebote nichts. Als man reich wurde in unserem Land, zeigte sich, dass es nicht genügt, das Eigentum derer, die es besitzen, vor Neid und Diebstahl zu schützen, wie das siebte, neunte und zehnte Gebot fordern, dass nach Jesus vielmehr entscheidend wichtig ist, wohin das Eigentum durch den Einsatz von Gerechtigkeit und Liebe geleitet wird. Als wir anfingen, die Zerstörung der Schöpfung wahrzunehmen, fanden wir, es gebe zwar bedenkenswerte Worte über das Bewahren der Schöpfung in der Bibel, aber nicht in den Zehn Geboten. In der Zeit der Friedensbewegung fanden wir, es komme nicht nur darauf an, nicht zu töten, sondern darauf, der Gewalt gewaltlos zu begegnen und damit Frieden zu schaffen. Als die Flüchtlingswelle kam, fanden wir zwar im Alten Testament gute Weisungen über den Umgang mit Fremden, aber nicht in den Zehn Geboten. Als über Abtreibung diskutiert wurde, stellte sich bei der historischen Nachprüfung heraus, dass das Gebot »Du sollst nicht töten« diese Art von Tötung wiederum gar nicht meinte.

Was also haben die Zehn Gebote damals den Menschen gesagt? Sie beginnen: »Ich bin dein Gott. Du sollst andere Götter neben mir nicht verehren.«

Das Wort stammt aus einer Zeit, in der es noch keinen Monotheismus gab, in der die Menschen glaubten, es gebe viele Götter. Es war nur eben verboten, an den Kulten der anderen Götter teilzunehmen. Erst im 6. und 5. Jahrhundert vor Christus begann Israel davon zu sprechen, es sei nur ein Gott. Wir müssen dieses Gebot also für unser heutiges Bewusstsein umdenken.

Das zweite: »Du sollst dir von Gott kein Bildnis machen.« Ein Bild – das war damals eine kleine Götterstatue, die man in seinem Haus aufstellte, in einer Nische in der Wand. Aber dieses Gebot ließ Luther aus seinem Katechismus heraus. Es passte nicht in die Zeit der Renaissance mit ihren unzähligen Gottesbildern in allen Kirchen, und gegen den unkontrollierten Bildersturm galt es, Wertvolles zu schützen.

Das dritte nach jüdischer Zählung, das zweite nach der Zählung Luthers: »Du sollst den Namen Gottes nicht missbrauchen.«

Der Name des Gottes, den Mose verkündigt hatte, lautete »Jahwe«. Um ihn nicht zu missbrauchen, bürgerte sich in Israel die Sitte ein, statt diesen Namen zu nennen, »unser Herr« zu sagen. Darüber hinaus aber meint das Gebot das Zaubern mit Hilfe des Namens »Jahwe«, die Verfluchung eines Menschen mit seiner Hilfe, falsche Prophetie, die sich auf den Namen Jahwe beruft, falsche Eide, die »bei Gott« geschahen. Wörtlich heißt es: »Du sollst den Namen Gottes nicht ›zum Schaden‹ gebrauchen, zu einem Betrug, zu einer Bosheit, zu einer Falschheit und dazu, irgendeinem Menschen Schaden zuzufügen.«

Das vierte: »Ehre deinen Vater und deine Mutter.« Dieses Gebot wird bei uns so verstanden, als richte es sich an die Kinder, sie sollten ihren Eltern gehorchen. Es wendet sich aber an erwachsene Männer wie alle Zehn Gebote und meint: Du sollst deine alten Eltern nicht verkommen lassen. Und es wandte sich an die Männer, denn die Töchter verließen bei ihrer Heirat in aller Regel das Haus. Von ihnen hatte man also im Alter keine Hilfe zu erwarten. Die Söhne blieben in der Großfamilie, und auf sie war man im Alter angewiesen. Das Gebot meint die angemessene Versorgung der alten Eltern mit Wohnung, Kleidung und Nahrung und die würdige Bestattung durch die Söhne.

Das fünfte: »Du sollst nicht morden.« Gemeint ist der Mord an einem freien Mann. Abtreibung ist nicht gemeint, nicht der Krieg, auch nicht Euthanasie, auch nicht die Hinrichtung eines Verbrechers, nicht die Tötung von Gefangenen, von Frauen und Sklaven. Ein freier Mann konnte jederzeit sein Eigentum aus der Welt schaffen. Frauen und Sklaven waren sein Eigentum. Bei ihnen lohnte es sich nicht, von Mord zu sprechen. Aber ist es nicht genau das, was wir zu überwinden haben? Dass wir nämlich sagen: Du darfst diesen Menschen töten, jenen aber nicht?

Das sechste: »Du sollst nicht ehebrechen.« Aber die Ehe war damals etwas grundlegend Anderes als bei uns. Die Ehe war ein Eigentumsverhältnis. Die Frau war Eigentum des Mannes wie ein Haus oder ein Stück Vieh. Wer eine verheiratete Frau verführte, beging also ein Eigentumsdelikt. Wenn ein verheirateter Mann es mit einer unverheirateten Frau trieb, beging er keinen Ehebruch, denn er tastete kein fremdes Eigentum an. Wenn eine Frau ihre Ehe brach, war sie des Todes. Wenn ein Mann seine eigene Ehe brach, spielte das keine Rolle, außer wenn der Ehemann der beteiligten Frau Rache nahm. Dazu aber war er berechtigt bis zum Totschlag, denn so heilig war das Eigentum. Wollen wir also das sechste Gebot unseren Kindern nahe bringen, so müssen wir ihm heute einen gänzlich anderen Sinn geben, als den es damals hatte.

Das siebte Gebot stellen wir einen Augenblick zurück.

Das achte: »Du sollst gegen deinen Nächsten nicht als Lügenzeuge auftreten.« Hier geht es nicht um die normale tägliche Lüge. Nicht einmal um die private Verleumdung. Vielmehr ist der Hintergrund das Prozessverfahren der damaligen Zeit. Einer der freien Männer rief die Männer des Dorfes im Tor zusammen, weil dort als einzigem offenen Platz Schutz vor Sonne und Regen bestand. Dann trat der auf, der die Versammlung einberufen hatte, und klagte an: »Der und der hat das und das getan.« Das war der Zeuge. Er war zugleich der Ankläger. Er musste nun, was er vorbrachte, durch einen Eid sichern. Das damalige Rechtswesen mit seiner gewiss sehr geringen Aufklärungsquote bei einem Totschlag irgendwo in der Steppe war auf solche Eide angewiesen. Das konnte aber auch für Unschuldige lebensgefährlich werden. Darum wurde später die eidliche Aussage zweier Zeugen oder Ankläger gefordert. Es ging also um die falsche Aussage vor Gericht, durch die ein Mensch in Gefahr, vielleicht in Lebensgefahr, geriet. Heute, da der falsche Eid unter Strafe steht, brauchen wir für diesen Fall kaum mehr eine ethische Forderung.

Das siebte, das neunte und das zehnte: »Du sollst nicht stehlen.« Und: »Du sollst nicht an dich nehmen, was deinem Nächsten gehört.« Was Luther mit »lassen gelüsten« übersetzt, heißt eigentlich »an dich nehmen«. Gemeint ist Diebstahl und Raub, auch der Raub eines Menschen. Drei Gebote schützen das Eigentum. Ist es das, was uns Not tut? Ist es nicht zugleich genau konträr dem, was wir zu lernen haben?

Was also meinen die Zehn Gebote? Sie meinen nicht eine zeitlose Ethik oder eine allgemein verbindliche Sittlichkeit. Sie spiegeln die Rechtsverhältnisse einer bestimmten Zeit und in einem bestimmten Land. Zudem reden sie nur die Männer an, und zwar die freien, die grundbesitzenden und rechtsfähigen. Sie schützen deren Leben, Freiheit und Eigentum. Frauen oder Sklaven waren nicht mitgemeint. Und an dieser Stelle wird das Ganze nun sehr schwierig. Es wird fast unmöglich, aus ihnen eine ethische Unterweisung für heutige Kinder zu machen, wie es in unseren Katechismen geschieht.

Denn so sicher ist mir nicht, dass die Zehn Gebote den Willen Gottes, wie er im Alten Testament dargestellt ist, wirklich vollständig repräsentieren. Es gibt eine Menge ethischer Regeln, die hier, in den Zehn Geboten, fehlen. Über das Verhältnis eines Menschen zu seinem Staat sagen sie so wenig wie über die Rechte und Pflichten des Menschen in der Wirtschaft, über soziale Fragen, über den Umgang mit Menschen minderen Rechts, Asylanten, Flüchtlingen, oder mit Randgruppen und Andersdenkenden, mit Armen, mit Witwen und Waisen, die damals oft am Rande des Verhungerns lebten, oder mit sonstigen Sozialfällen. Im Grunde kann man die Zehn Gebote aus dem Gesamtzusammenhang der jüdischen Lebensordnungen, die wir die Tora nennen, nicht herausnehmen und sie isoliert als Willen Gottes deklarieren.

Was also tun wir mit ihnen? Ich denke, es gibt im Grunde keine andere Möglichkeit als die, sie zu achten als ein Zeugnis jener Zeit und des sozialgeschichtlichen Zusammenhangs, in dem sie ihre Geltung hatten. Sie sind für diese frühe Zeit noch lange ein wichtiges Dokument menschlicher Lebensordnung, aber für den Katechismusunterricht der Kirche reichen sie wohl nicht aus.

Sie sind ein Gesetz für eine alte Gesellschaft

Das hat schon Luther erstaunlich genau gesehen, als er sagte, die Zehn Gebote seien der »Sachsenspiegel der Juden«. Der Sachsenspiegel war ja das im 13. Jahrhundert abgefasste niederdeutsche Landrecht, das später an vielen Stellen in Deutschland Geltung hatte, das aber schon zu Luthers Zeiten praktisch überholt war. Luther will sagen, die Zehn Gebote hätten ihren Sinn gehabt im alten Israel, in jenem Land und in jener Zeit, aber sie gingen die Christen im Grunde nicht an. Und er sagt auch, eigentlich müsse jeder Christ in der Lage sein, andere Zehn Gebote an ihre Stelle zu setzen. Wohl gemerkt, das sagt nicht irgendein böser moderner Theologe, das sagt Martin Luther. Er äußert auch einmal, die Zehn Gebote gehörten auf das Rathaus und nicht auf die Kanzel. Das heißt: Man könne mit ihnen das weltliche Leben in einer Gesellschaft ordnen, aber sie seien nicht der Weg, den Christen zu gehen hätten.

Leider hat den Reformator in dieser Sache alsbald der Mut verlassen. Er hätte wie kein anderer sagen können, was denn nun der besondere Weg der Christen sei, aber er schrieb seine Erklärungen zum Katechismus in einer Zeit, in der das bürgerliche Leben im Chaos versunken war, kurz nach dem Bauernkrieg, und musste den Menschen erst einmal wieder das Einfachste, die Zehn Gebote, nahe bringen. Und so hat er praktisch aus dieser Situation heraus seiner Kirche die Zehn Gebote des Alten Testaments als Mittel des Unterrichts an den Kindern weiterempfohlen. Vielleicht sollten wir aber heute, beinahe fünfhundert Jahre später, endlich fähig sein, wie Luther gefordert hat, »andere Zehn Gebote« zu schreiben oder besser: die Zehn Gebote anders zu schreiben, und also auf unsere Weise sagen, was für Christen zu gelten habe, so schwierig das sein mag angesichts der Tatsache, dass auch andere Maßstäbe für ein gemeinsames Leben bei uns im Chaos versinken.

Wer jedenfalls heute noch Kinder auf eine christliche Ethik hin erzieht, die in den Zehn Geboten besteht, macht sich mitschuldig an der Ratlosigkeit des späteren Erwachsenen, der erkennt, dass mit den Zehn Geboten die meisten ethischen Fragen nicht zu beantworten sind, und an der Gleichgültigkeit, mit der der Erwachsene solchen ethischen Anspruch von sich abstreift.

Was tun wir mit ihnen?

Nun können wir die Zehn Gebote durchaus festhalten und als Maßstäbe einsetzen, aber wir müssen dann hinzufügen, dass wir sie anders verstehen als das Volk des Alten Testaments, dass aber diese Neuinterpretation nicht von Gott auf dem Sinai vorgenommen wurde, sondern von der heutigen Kirche durch die Verabredung heutiger Christen.

7 Sie geben einer großen Hoffnung Ausdruck

Haben wir damit die Zehn Gebote abgelegt? Haben sie uns nichts mehr zu sagen? Ich fürchte, wir haben mit all dem weniger als die Hälfte ihrer Bedeutung getroffen. Machen wir uns deutlich: Sie wurden einem Volk auf seiner Wanderung durch die Wüste vor Augen gestellt. Diese Menschen waren eben einer jahrhundertelangen Sklaverei entronnen. Sie suchten die Heimat ihrer Väter. Das Land der Freiheit. Das Land des ungefährdeten Lebens. Und sie waren unterwegs und wussten nicht, wann sie es erreichen würden.

Nun stellen wir etwas Erstaunliches fest. Die Zehn Gebote sind in hebräischer Sprache überliefert. Für das deutsche Wort »Nicht!« gibt es in ihr aber zwei Entsprechungen, zwei verschiedene »Nicht«. Die hebräische Sprache sagt, wenn das »nicht« ein Verbot meint, »Al!«, wenn sie sagen will, es sei etwas nicht so oder so, oder es werde nicht so sein, sagt sie: »Lo«. Wenn sie sagt: »Du sollst nicht töten«, so muss sie eigentlich sagen: »Al!«. Wenn sie sagen will, in der Zukunft werde es nicht mehr nötig sein zu töten, lautet das »Nicht« Lo. Und merkwürdig, in den acht Geboten, die etwas zu verbieten scheinen, steht jedes Mal »Lo!«, also »Du wirst nicht töten«. Sie sprechen allesamt von einer Zukunft, in der das nicht mehr geschehen werde.

Die Zehn Gebote sagen den ausgezehrten früheren Sklaven, den Wüstenwanderern, die sehen mussten, wie sie überlebten: Schaut voraus! Denkt an euer Ziel! Es ist das gute und schöne Land, das euch Gott zugesagt hat. Ihr werdet dort fruchtbare Felder haben und Häuser und Vieh. Ihr werdet in Frieden leben. Ihr werdet es nicht mehr nötig haben, so weiterzuleben wie jetzt und hier. Ihr werdet nicht mehr töten müssen oder euren Partner betrügen oder dem anderen wegnehmen, was er hat, euch mit Lügen durchschlagen oder eurem Nächsten irgendeine andere Gemeinheit antun. Ihr werdet Gott zugewandt leben, eure Feste feiern, ihr werdet eure alten Eltern nicht mehr in der Wüste aussetzen müssen, sondern sie versorgen können.

Das ethische Verhalten ist hier nicht eine Forderung, sondern eine Hoffnung: Gott wird es uns möglich machen, als Menschen zu leben. Das dominierende Ich, das, von seiner Angst getrieben, sich mit allen unethischen Mitteln durchzusetzen gezwungen ist, wird sich wandeln können in ein achtsames, aufmerksames, in eines, das sein Maß kennt und das zu lieben fähig ist. Darum auch fasst das Alte Testament den Sinn der Zehn Gebote zusammen in dem Wort:

> *»Du wirst lieben Gott, deinen Herrn,*
> *von ganzem Herzen,*
> *von ganzer Seele und mit allen Kräften,*
> *und deinen Nächsten wie dich selbst.«*
>
> 5. Mose 6,4.5

Damit, dass du zur Liebe fähig wirst, wirst du fähig sein zum Frieden mit deinem Nächsten und fähig zur Erfüllung ethischer Forderungen. Auch der Zehn Gebote.

Es gibt eine offene, heilvolle Zukunft

Diese Zusammenfassung der Zehn Gebote nimmt Jesus in seine Weisungen auf (Markus 12,28–34) und gibt sie als Bild einer Hoffnung seinen Hörern mit auf den Weg. Dem Schriftgelehrten aber, der dieses Wort bejaht, bestätigt er: »Du bist nicht weit vom Reich Gottes«, du lebst also auf eine heilvolle Zukunft zu. Jesus legt dieses zusammengefasste Zehngebot aus für die Zukunft, die er den Menschen vor die Seele stellt: Liebe überhaupt! Alle. Auch deine Konkurrenten, auch deine Neider, auch deine Gegner. Du lebst im Reich Gottes in dem Maß, in dem Liebe von dir ausgeht. Jesus steht also insofern in der Tradition der Zehn Gebote, als sein Wort uns eine Zukunft, eine menschenwürdige, aufreißt.

Sind die Zehn Gebote so gemeint? Es scheint so zu sein. Sprechen sie also nicht von den kriminellen Verhältnissen einer Gegenwart, sondern von der freien Selbstverständlichkeit eines künftigen Lebens, so hätten wir allen Grund, ihnen Schritt für Schritt zu folgen. Und dann hätte es Sinn, sie Kindern nahezubringen als Zeichen einer sinnvollen Hoffnung auf ein Leben, das vor ihnen liegt, schon in dieser Welt, aber deutlicher noch über dieses Leben hinaus. Dann sagen die Zehn Gebote: Deine Zukunft ist offen. Sie ist frei. Sie wird das Leben von Menschen bringen, die menschenwürdig zu leben vermögen.

So sagt Paulus über diese Zukunft, die in ihm begonnen hat: »Ich lebe, doch nun nicht ich, sondern Christus lebt in mir.« Und er meint damit: Es ist alles gut. Ich bedarf keiner Gebote mehr, weder der Gebote vom Sinai noch eines Gesetzes, das mir Jesus Christus auferlegt. Ich muss nicht mehr fragen: Was tut man? Was muss man tun? Und was darf man nicht tun? Christus lebt in mir, und was er in mir tut, das macht mich zu einem Menschen, der aus der Liebe lebt. »Liebe! Und tu, was du willst«, sagt Augustin. Das ist die Erfüllung des Gesetzes, die Erfüllung der Zehn Gebote.

8 Alle Welt ruft nach Werten, aber was sollen sie nützen?

Es hat sich in unserem Land eingebürgert, mit erhobener Stimme und beschwörender Geste nach »Werten« zu rufen, die uns fehlen und die uns retten sollen. Ist nicht darum die Lage auf unseren Arbeitsmärkten so hoffnungslos, weil in China oder Indien so viel fleißiger studiert, so viel pflichtbewusster gearbeitet und so viel bescheidener gelebt wird und wir mit unseren Ansprüchen auf Freiheit, Lohn und Wohlstand ihrer Konkurrenz notwendig unterliegen? Also her mit den alten Werten! In den Medien, in den Verbänden, Akademien und Schulen redet man davon, wir bedürften einer neuen Wertordnung und insbesondere, wenn schon die Älteren sich nicht an Werte gebunden wissen, einer neuen Werteerziehung.

Im 19. Jahrhundert war Deutschland mit Hilfe eines straffen Wertebewusstseins in den Kreis der großen Industrienationen vorgestoßen. Arbeit galt als Sinn des Lebens, und entsprechend schmal waren der Lohn und die Freizeit. Mit Hilfe der alten Werteordnung gelang der Wiederaufbau unseres Landes nach dem Zweiten Weltkrieg. Als der Wohlstand stieg, konnte man nach Spaß, Freizeit und individueller Lebensgestaltung rufen. Heute beginnt der Wohlstand dahinzuschwinden, und auf's Neue ergeht der Ruf nach Sorgfalt, Bescheidenheit, Fleiß, Respekt, Ehrlichkeit, Opfersinn, Rücksicht und Dienstbereitschaft. Obenhin redet man verblasen von »christlichen Werten«, von »abendländischen« oder gar von »Grundwerten«, unter denen sich aber die Mehrheit in unserem Land nichts vorzustellen vermag. Was ist es um diese viel beschworenen Retter unseres Wohlstands und unserer Kultur? Was sind Werte?

Was sind Werte?

Werte stellen eine Gesamtheit der überwiegenden Wünsche, Ansprüche, Ideale einer Gesellschaft dar, wie sie in einer bestimmten geschichtlichen Stunde gelten oder gelten sollen. Sie sind Ausdruck einer bestimmten gesellschaftlichen Situation. So haben in den vergangenen einhundert Jahren für jede Generation neue Komplexe oder gar Hierarchien von Werten gegolten, und in jeder Zeit war die Trauer groß über die plötzlich verlorenen Leitlinien, den verlorenen Stil, die verlorenen Tugenden der jeweils vorhergehenden Phase. Die reiche Bürgergesellschaft der Zeit vor dem Ersten Weltkrieg war um eine Welt getrennt von den »goldenen« Zwanzigern, auch von der Jugendbewegung; das Dritte Reich Hitlers gehorchte gänzlich anderen Maßstäben, das Wirtschaftswunder der Nachkriegszeit wieder anderen. Und seit jener Zeit stellte sich die Studentenrevolte ein und nach ihr die Friedens-, Ökologie- und Dritte Welt-Bewegung mit je ganz verschiedenen Wertvorstellungen. Wer ist an dem Durcheinander Schuld? Kann es sein, dass die Werte nur eben der Ausdruck eines Lebensgefühls, einer Zeitströmung und vielleicht einer Sinnsuche sind, und keineswegs die Korrektur, die dem menschlichen Handeln eine gültige Richtung geben könnte?

Angesichts der gegenwärtigen Debatte über Werte liegt zudem die Versuchung nahe, zu befürchten, Werte würden traktiert zum Trost für das schlechte Gewissen einer Gesellschaft, die weiß, dass sich in ihr sehr viel ändern müsste, dass sich aber auf keinen Fall etwas ändern darf. So spricht man von Gerechtigkeit mit Vorliebe in einem Land, in dem alles auf den größeren Reichtum der Reichen und auf die schwerere Armut der Armen hinausläuft. Aber andererseits: Man scheint zu wissen, dass kein Gemeinwesen lebensfähig sein wird, das sich nicht an Werten irgendwelcher Art orientiert, die das gemeinsame Leben nach einem gemeinsamen Willen steuern sollten.

Woher kommen sie?

Die »Werte« haben eine lange Geschichte. Diese begann in der frühen Zeit zum Beispiel des alten Griechenland. Auf dem Olymp residierten die Götter, Zeus und Apollo, Artemis und Athene und die vielen anderen, und was die Menschen tun und wie sie leben sollten, maß sich an ihrer souveränen Macht und Autorität. Diese Selbstverständlichkeit endete in der ersten Hälfte des ersten Jahrtausends vor Christus. Die Götter gingen verloren. Der Himmel wurde leer.

Damals schuf Platon Ersatz. Er suchte nach einer Autorität, die ebenso unbestritten gelten sollte wie die Götter der frühen Zeit, und fand seine »Ideen«. Die setzte er an den Himmel, gültig für alle Zeit, für alle Menschen, ihrer Kritik entzogen, unveränderbar und ewig. Die Vernunft war den Menschen gegeben, damit sie diese Ideen schauen, verstehen und anwenden konnten. Wo die Ideen praktische Gestalt im Menschenleben annahmen, sprach er von »Tugenden«. Und diese Vorstellung von den Ideen, die von uns nicht gemacht oder erfunden oder konstruiert werden müssen, die wie Sterne am Himmel stehen, ist von Theologen und Philosophen in der christlichen Geschichte auf vielfältige Weise übernommen worden.

Als die Ideen verblassten – das war schon vor unserer Zeitrechnung –, blieben die Tugenden allein übrig. Sie waren nun das Maß, das für die Menschen und ihr Tun gelten konnte. Und diese Rolle spielten sie durch das ganze Mittelalter und die ganze Neuzeit. Als sie von dem wissenschaftlichen Fortschritt an den Rand gedrängt wurden, am Ende der Aufklärung, mussten sie ersetzt werden.

Im Anfang des 19. Jahrhunderts führte darum der deutsche Philosoph Rudolf Lotze an Stelle des Begriffs »Tugend« den Begriff »Wert« ein. Er brauchte einen Garanten des unverrückbaren, ewig gültigen, wissenschaftlich begründeten Lebenssinnes, der zugleich das Maß gab für eine ethisch gestaltete Lebensform.

Wir können also den »Wert« als einen Sohn der Tugend ansehen, als einen Enkel der platonischen Idee und als einen Urenkel des alten Zeus. Und mit der Würde dieser Herkunft spielt er im 19. und 20. Jahrhundert seine immer stärkere Rolle. So stellten Max Scheler und andere angesichts des Niedergangs der bürgerlichen Kultur in der Zeit vor und nach dem Ersten Weltkrieg als erste eine in sich konsequente, neuartige »Wert-Ethik« auf, die freilich ihr Schicksal rasch mit dem Schicksal des alten Zeus teilte, nämlich hoch und verehrungswürdig, aber für die Praxis nicht zuständig zu sein.

Als es schick wurde, die Tugenden zu verachten, erfand man die Werte. Das hatte Sinn. Tugenden haben das Unbequeme an sich, dass sie kontrollierbar sind, dass man an der Lebensweise eines Menschen ablesen kann, ob sein Tun tugendhaft ist. Der Wert hat den Vorteil, dass er noch immer wie der archaische Ideenhimmel Platons hoch über dem Geist des Menschen schwebt. Man kann ihn hochschätzen und anpreisen ohne die Verpflichtung, ihm zu entsprechen. Man kann ihn für sich ausbeuten, ohne bei sich selbst irgendetwas verändern zu müssen. Wen will es wundern in einer Zeit, in der die Werte Hochkonjunktur haben, in der keine Rede eines Bundespräsidenten und kein Wahlprogramm ohne die Beschwörung von Werten denkbar sind, dass diese verbreitete Entfaltung von Werten völlig ohne Folgen bleibt? Dass nichts das Bewusstsein der Menschen und die Gleichgültigkeit Werten gegenüber zu verändern vermag?

Die Werte bilden eine Hierarchie

Will man aber diese »Werte« ernst nehmen, so ist es eine Ermessensfrage, welche und wie viele jemand aufzählen will. Aber wichtig, so Scheler, ist, dass wir unterscheiden können zwischen wichtigen und unwichtigen Werten, zwischen Werten, die eine erstrangige Geltung haben, und Werten zweiten Ranges. Er baute darum eine Pyramide von Werten nach Art einer babylonischen Zikkurat. Auf deren unterster Plattform treffen wir Werte an, die das Angenehme darstellen: die Sicherheit des Besitzes zum Beispiel, das Wohlergehen, die Unbescholtenheit, die motorisierte Bewegungsfähigkeit, das gute Essen usw. Auf der zweiten höheren Plattform finden wir die Werte des Vitalen: etwa die Gesundheit, die körperliche Leistungsfähigkeit, die Sehkraft der Augen, die sexuelle Kraft usw. Auf einer dritten, noch höheren, liegen die Werte des Edlen: das Schöne oder das künstlerische Maß, die Vornehmheit einer Erscheinung, die Kultur. Auf einer vierten treffen wir dem Recht dienende Werte wie die Unabhängigkeit eines Gerichts oder die Gerechtigkeit oder die Unantastbarkeit der Menschenwürde, die strikte Geltung des Eides usw. Auf einer fünften stehen die Werte von Treue, Liebe, Barmherzigkeit. Und ganz oben in der Spitze stehen die Werte des Heiligen, die Hoffnung oder der Glaube. Die von ihm beschriebene Schichtung der Werte aber, so Scheler, gelte unabhängig von dem Menschen, der Werte für sich wählt. Sie seien sozusagen präexistent von aller Ewigkeit her.

Nun wird man ihm entgegenhalten können, das Ganze sei schön, aber unbrauchbar. Denn was will er tun, wenn für den einen das Eigentum der höchste Wert ist und für einen anderen die Barmherzigkeit, für einen dritten die künstlerische Freiheit und für einen vierten, etwa einen SS-Mann des Hitlerstaates, die Treue zum Führer, die ihn verpflichtet, jedes Verbrechen zu begehen, das ihm befohlen wird?

Das Gerede von den »christlichen Werten«

Nun wird vor allem auf der Ebene des politischen Lebens oft von so genannten »christlichen Werten« gesprochen. Ich nenne sie hier nur als Beispiel für die Fahrlässigkeit, mit der heute politisch mit dem Christentum und seinem ethischen Gebrauch hantiert wird. Es rührt mich immer, wenn in den oberen Etagen der Bundesrepublik jemand von christlichen Werten schwärmt und dabei vielleicht die soziale Gerechtigkeit meint oder den Frieden, die Freiheit, die Menschenwürde oder die demokratische Staatsform. Denn keiner dieser Werte kam zu seiner Geltung durch die christlichen Kirchen. Das muss einmal in aller Härte gesagt werden. Die christlichen Kirchen haben in den vergangenen zweitausend Jahren selten zu den Kräften gehört, die daran interessiert waren, solche Werte praktisch durchzusetzen.

Der Friede? Die Christen haben ihre Kriege mit der gleichen Selbstverständlichkeit und Brutalität geführt wie andere Leute. Von den Kreuzzügen an bis zum Kampf gegen den Terrorismus. Die Freiheit des Denkens, des Gewissens, der Lebensgestaltung? Sie wurde vom Humanismus gefordert und von der Aufklärung durchgesetzt, und zwar im Wesentlichen gegen den Widerstand der Kirchen. Auch der evangelischen. Die Unantastbarkeit der Menschenwürde war in der christlichen Geschichte so gefährdet und so missachtet wie in der ganzen Kulturgeschichte sonst. Die soziale Gerechtigkeit? Sie musste gegen den versammelten Widerstand der christlichen Bürger- und Feudalkultur des 19. Jahrhunderts von der Arbeiterbewegung erkämpft werden. Die Gleichheit der Menschen vor dem Gesetz? Während der ganzen Rechtsgeschichte des Abendlandes galt für Fürsten und Kleriker, für Mächtige und Reiche immer ein anderes Recht als für Bürger, Knechte oder Leibeigene. Der Rechtsstaat und die Teilung der Gewalten? Er hatte unter den christlichen Fürsten und Königen keine Chance, auch als die Aufklärung diesen Gedanken längst vorgedacht hatte. Der einzige christliche Staat, der Vatikan, kennt bis heute keine Gewaltenteilung. Er ist nach wie vor ein totalitärer Staat. Auch die Idee des Wohlfahrtsstaates ist kein ursprünglicher Gedanke des Christentums. Sie stammt von dem englischen Ethiker Jeremy Bentham. Auf alle Fälle sollten wir, wo einer von den »christlichen Werten« spricht, Auskunft darüber verlangen, was er denn eigentlich damit bezeichne.

So erscheinen in der politischen Sprache auch die so genannten »Grundwerte«. Sie drücken die Tatsache aus, dass der Aufbau einer konsensfähigen politischen Ordnung ohne eine sittliche und rechtliche Fundierung nicht gelingen kann. Sie sind weder, wie gesagt, christlich, noch sind sie alt. Sie wurden erst nach dem Ersten Weltkrieg ernsthaft bedacht und erst nach dem Zweiten in Verfassungen aufgenommen. 1948 wurden sie von der UNO verkündigt. Alt ist nichts an ihnen.

Wandeln sich die Werte?

Wir sprechen davon, Werte könnten sich wandeln, sie könnten sich mischen, sie könnten verdrängt und wiedergefunden werden. Ein Wandel von Werten oder ein Wechsel oder Austausch in der Wertehierarchie stellt sich in der Entwicklung von Gesellschaften ganz natürlich immer wieder ein. Herrschaftsverhältnisse ändern sich, Revolutionen bringen ganze Wertzusammenhänge ins Gleiten und neue treten an ihre Stelle. So hat man in den siebziger Jahren zum ersten Mal den Begriff des »Wertewandels« verwendet, um die Vorgänge in der Studentenrevolte zu deuten. Innerhalb des Wertbewusstseins, das auf die Verwirklichung humaner oder sozialer Grundwerte wie Menschenwürde, Solidarität, Freiheit, Gerechtigkeit, Lebensglück ausgerichtet war, habe sich der Komplex Disziplin, Gehorsam, Pflichtbewusstsein, Treue und

Unterordnung gewandelt in den Komplex Selbstentfaltung, Emanzipation, Partizipation, Individualismus und Autonomie. Wertdominanzen der bürgerlichen Leistungsgesellschaft seien beiseite gewischt, Lebensformen sichtbar geworden, die sozial gerecht, Frieden stiftend und ökologisch achtsam sein wollten. Damit geschah nichts Ungewöhnliches, denn Werte sind nicht feste metaphysische Ordnungen, sondern Elemente der Geschichte und damit dem Wandel und dem Wechsel unterworfen.

Dazu kommt aber, dass Soziologen die These vertreten, es handle sich heute über den normalen Austausch von Werten hinaus um eine Veränderung des Verhältnisses des Menschen zu den Werten überhaupt. Werte gingen überhaupt und schlicht verloren. Aber das scheint mir zu täuschen. Viele werden in unserer Zeit unsichtbar. Sie werden eines Tages mit Sicherheit, vielleicht in veränderter Konstellation, wiederentdeckt werden.

Was aber uns als Einzelne, die nach einer christlichen Ethik suchen, angeht, so ist uns angeraten, uns hin und wieder auf die Werte und Wertordnungen zu besinnen, die uns bewusst oder weniger bewusst tatsächlich bestimmen. Im Verlauf unseres Älterwerdens erweisen sich Werte, die wir überkommen oder selbst aufgesucht haben, als stabilisierende Kräfte, andererseits macht ihre Umgewichtung oder Ablösung durch andere Werte von Phase zu Phase unter Umständen den Weg frei für ein verändertes Verhalten oder einen neuen Anfang, und das solange, bis die freundliche Ablehnung jeder Herrschaft von Werten als Altersweisheit von uns Besitz ergreift.

Sie sind charakteristisch für eine Zeit, für eine Epoche oder für einen Epochenwandel. Werte ermöglichen das gemeinsame Leben. Sie sind lebensdienlich und werden je nach ihrer Nützlichkeit ausgewählt und festgestellt. Das bedeutet zugleich: Wenn Werte dem Leben in seinen vielen Gestalten dienlich sein sollen, müssen sie geändert oder überwunden werden, und zwar je in der geschichtlichen Stunde, die dies vorschreibt.

»Werteverfall« wird von konkreten Untersuchungen heute nicht bestätigt. Werte können nicht abgeschafft werden, man kann sie aber zu Zeiten übergehen oder durch andere ersetzen, oder auch einer nicht zeitgemäß denkenden Minorität überlassen. Sie werden irgendwann wiederkehren, sobald ein größerer Teil unter den Menschen eines Volkes oder einer Kultur sie wiedersehen möchte. Werte, die verloren scheinen, können wiederkehren, und zwar in der Geltungshöhe, die eine bestimmte Phase der Geschichte ihnen zuerkennt. Sie sind, gerade in ihrem Wechsel, die Grundlage eines gemeinsamen Lebens, wie es die Menschen einer bestimmten Zeit wollen. Aber sie sind weder die Basis noch die Merkmale einer ewigen oder auch einer christlichen Ethik.

III.

Wir entscheiden uns anders

9 Für Christen steht an allem Anfang Jesus Christus

Wie also kommen wir zu dem, was wir eine »christliche Ethik« nennen? Wenn ich mich frage, was denn das Einzigartige am christlichen Glauben sei, das Besondere, so werde ich entdecken, dass es nicht ein Dogma ist, nicht eine Lehre, nicht eine Institution, nicht eine Moral, nicht eine Ethik, nicht irgendwelche Rituale, und seien sie noch so schön und groß. Nein, das Innerste und allein Wichtige an ihm ist die einsame, schmale Gestalt des Mannes aus Nazaret. Zentral und kennzeichnend ist allein, was er den einfachen Menschen in seiner galiläischen Heimat gesagt und gezeigt hat. Das Besondere des christlichen Glaubens und das Zeichen seiner Wahrheit ist die Weise, wie er ihnen begegnet ist. Er sah die Überforderten und die Ausgenützten und sagte ihnen: Kommt! Ich will euch eure Last abnehmen. Er sah die Ausgebeuteten in den Dörfern seiner Heimat und sagte ihnen: Richtet euch auf! Fasst Mut. Ich will euch dabei helfen. Dieser Mann, der die Verachteten, die Leidenden, die Armen an seinen Tisch einlud und sich mit allen in seinem Land geltenden Autoritäten überwarf, ist selbst der Anfang und das Wesen alles dessen, was wir berechtigt sind, christlich zu nennen.

Wir schauen nach dem Anfangspunkt

Jesus sah die Menschen, und sie taten ihm leid, denn sie waren verlassen und zerstreut, heruntergekommen und hungrig »wie Schafe, die keinen Hirten haben«. Er sah sie krank. Er sagte nicht: Die Krankheit muss sein, sondern er heilte die Krankheit. Er war ein »Heiler«. Er sah die Dunkelheit in ihren Seelen und führte sie ins Licht. Er sah sie mit sich selbst zerfallen, in Verfehlungen verstrickt, unfähig zum Frieden mit sich selbst und anderen. Er nahm ihnen die Angst vor dem, was war, und die Angst vor dem, was kommen könnte, die Angst vor irdischen Richtern und die Angst vor Gott. Er sah die vielen Aufgegebenen, von denen die Gerechten und Geordneten nichts erwarteten, und sprach von der Neugeburt schon erledigter Menschen aus der schöpferischen Güte Gottes. Wer zu ihm kam, brauchte nicht nachzuweisen, dass er sich geändert habe. Er empfing die Kraft, sich zu ändern, und wenn er ging, wurde er mit dem Wort entlassen: Geh in den Frieden! Beende nun allen Unfrieden zwischen dir und den anderen und auch den Unfrieden in dir selbst. Du darfst wissen: Auch wenn du nichts von dem leistest, was du tun sollst, wenn du alles falsch machst, wenn du auf jedem Gebiet als Versager dastehst, die Liebe Gottes verlierst du nicht.

Er sagt: Sei glücklich. Lass deine Sorgen hinter dir. Glück ist die Sorglosigkeit, die dort entsteht, wo du deine Sorge Gott anheim gibst. Es ist die Gelassenheit, die dort einkehrt, wo der Wille Gottes an die Stelle getreten ist, an der sonst dein Wille sich durchsetzt. Glück ist das Vertrauen, dass das Leben keine Falle ist und kein Verhängnis und auch keine Strafkolonie, dass es vielmehr an ein gutes Ende führen wird.

Er sagt: Schau voraus! Dein Weg führt weder ins Dunkle noch ins Unbekannte. Er führt weder ins Auswegslose noch in den ewigen Kreislauf. Er führt durch alle Wandlungen hindurch in die Helle und in die Freiheit. Er führt dich nach Hause.

Jesus sagt: Du bist gesehen. Gott nimmt dich wahr. Und er schaut nicht wie ein neugieriger Mensch, wie ein Aufseher oder ein Kriminalbeamter. Ganz anders. Gott sieht dich wie einer, der dich liebt. Die Liebe Gottes ist unbestechliches Wissen, das doch nicht verachtet, nicht richtet, nicht verstößt, nicht erniedrigt, nicht beschämt. Weil Gott groß ist und weil sein Größe Liebe ist, darum hat es Sinn, dass er alles weiß.

Gott, der die Liebe ist, sagt: Ich kenne die Stellen, an denen du unsicher bist. Darum will ich dort stehen und dich halten. Er sagt: Ich weiß, was die Menschen an dir aussetzen. Ich kenne alle deine Fehler. Darum will ich dort, wo deine Fehler sind, bei dir sein.

Und Jesus sagt mit alledem: Gott ist größer als dein Herz. Er ist die wissende Liebe. Das ist der Anfang des Friedens in dir, und der Anfang des Friedens überall, wo Menschen wohnen, wo sie leiden und entbehren, wo sie ihr Leben als sinnlos oder als allzu schwer empfinden. Und dafür, dass das wahr ist, stehe ich ein. Bis in den Tod hinein.

Was Jesus wollte, war neu

Auch in seinem eigenen Volk. Es passte nicht in die Welt. Autoritäten fühlten sich entmachtet. Traditionen sollten nicht mehr gelten. Ordnungen waren aufgehoben. Also rächten sich die Herrschenden.

Ich könnte sagen: Jesus musste sterben, weil er nicht verstanden wurde. Oder auch: Er musste sterben, weil er verstanden wurde. Oder: Er musste sterben, weil die Welt so ist, wie sie ist. Weil das Menschenherz so ist, wie es ist. Weil die Macht des Bösen so ist, wie sie ist.

Aber Jesus suchte aus seiner Nähe zu Gott die Nähe zu den Menschen und stand zu ihnen. Als es gefährlich wurde, entzog er sich nicht, sondern stand zu dem, was er gesagt und getan hatte. Mit seinem Tod besiegelte er: Was ich euch gesagt habe, gilt. Was ich getan habe, gilt. Ihr braucht euren Hass gegen Gott nicht festzuhalten. Ihr könnt euch mit Gott versöhnen. Dass das gilt: dass Gott euch liebt, dafür sterbe ich.

Und am Ende sagte Jesus noch: Ich lebe, und ihr sollt auch leben. Nichts wird zu Ende sein nach diesem eurem Leben auf dieser Erde. Nichts wird umsonst gewesen sein. Ihr werdet ins Leben treten wie ich selbst. Ihr werdet im Tode Gott begegnen in einer neuen Klarheit. Ihr werdet in ihm und in seiner Liebe leben.

Mit alledem wirkte Jesus nicht als bewahrende, nicht als konservative Kraft. Er schuf kein staatliches oder kirchliches Gesellschaftssystem, in dem die Menschen wohnen und bleiben konnten, das sie schützte und umgab. Er stand gleichsam auf einer offenen Straße und zeigte ein Ziel, das auf den Wegen des Menschenlebens am Ende zu erreichen möglich sei.

Den Armen von Galiläa gab er ethische Weisungen. Die galten zunächst nicht für die Menschheit, sondern für die Wenigen, die ihm Vertrauten. Reden wir also davon, etwas sei christlich, etwa ein Ethos, so tun wir gut daran, von unserer weiten und großen Welt zunächst einmal in die unscheinbare Szene zu gehen, die nichts zeigt als einen einsamen Wanderprediger und ein leidendes, des Trostes und der Hilfe bedürftiges Volk in einem armen und von einer fremden Macht besetzten Land. Mit diesem schmalen Blickwinkel könnte es uns gelingen, ihm gerecht zu werden. Wir könnten vielleicht gar verstehen, was für ein Ethos es denn sei, das wir von ihm lernen könnten, ob es überhaupt Sinn habe, bei Jesus von einem »Ethos« zu reden. Wir könnten verstehen, was für Werte es denn seien, die aus seinen Worten sich am Ende herauskristallisierten, und ob es überhaupt Sinn habe, in einer christlichen Ethik von »Werten« zu reden. Die Zeichnung der Gestalt eines Menschen, die an Jesus abgenommen ist und nach seinen Worten lebt und handelt, das Bild eines christlichen Menschen hat keinen anderen Ausgangspunkt als eben diesen Jesus von Nazaret.

10 Jesus liegt etwas anderes am Herzen als Moral oder Ethik

Suchen wir nun nach Maßstäben, die uns aus dem Wort, dem Weg und der Gestalt des Jesus von Nazaret für den Aufbau einer Ethik dienlich sein könnten, so entdecken wir etwas Seltsames. Jesus gibt durchaus Weisungen für viele Ebenen menschlichen Verhaltens. Er sagt durchaus, was wir tun könnten und sollten. Aber er baut dabei alles ab, was uns zu einer Moral oder einer Ethik helfen könnte, alles, was eine Ethik zur Ordnung und Gestaltung unseres Lebens beizutragen pflegt, alles, was sie praktisch anwendbar macht.

Jede sittliche oder rechtliche Ordnung unter Menschen kennt den Unterschied zwischen Gut und Böse. In jeder Ethik ist klar, was von einem Menschen zu halten sei, der sich nicht an ihre Bestimmungen hält. Sie lehrt beurteilen, ob ein Tun toleriert werden könne oder nicht. Sie fordert Sanktionen für den, der ihr zuwider handelt. Sie fordert eine Strafe und ihren Vollzug. Sie fordert Sühne oder Ausgleich für unethisches Tun. Sie fordert vom Täter ein Bewusstsein von Schuld. Sie bezieht den, der das Richtige tut, in ihre Gemeinschaft ein und grenzt den aus, der ihr zuwiderhandelt. Sie fordert Autoritäten oder Instanzen, die über ihre Einhaltung wachen. Sie legt die Rechte von Eltern ihren Kindern gegenüber fest. Sie stellt bestimmte Werte auf und erklärt sie für unantastbar. Das kann alles sehr verschieden geschehen, aber im Ganzen wird jede Ethik in einem Volk, einer Kultur, einer Gruppe nach diesen und ähnlichen Maßstäben geordnet sein. Eben diese Maßstäbe aber sind es, die sie praktisch wirksam und handhabbar machen und nützlich für die Gemeinschaft.

Nun beobachten wir aber, wie Jesus diese Merkmale einer Ethik Stück um Stück abbaut, als wäre er an der praktischen

Brauchbarkeit einer Ethik nicht interessiert, jedenfalls nicht an einer Moral oder Ethik, wie wir sie zu verstehen pflegen.

Als Erstes baut Jesus alle christliche Autorität ab

Er beseitigt für die Gemeinschaft, die er gründet, alles, was sich an Autoritäten oder Instanzen rund um eine Ethik kontrollierend etablieren könnte. Er sagt: Was ihr tun sollt, das sagt euch Gott. Niemand sonst. Und dafür, dass es Gott ist, der das sagt, stehe ich ein. Niemand sonst. Es gibt niemanden, der euer Verhalten zu normieren hätte, es zu kontrollieren, zu beurteilen oder mit Sanktionen zu belegen, keinen, der euch als Übeltäter kenntlich zu machen oder über euch zu richten hätte. Er sagt:

> *»Lasst euch nicht Meister nennen.*
> *Einer ist euer Meister. Ihr aber seid alle Geschwister.*
> *Nennt niemand auf dieser Erde einen Vater,*
> *denn einer ist euer Vater, der Herr der Welt.*
> *Lasst euch nicht als Lehrer bezeichnen,*
> *ihr habt nur einen Lehrer, den Christus.*
> *Wer unter euch größer sein will als andere,*
> *der soll euer aller Knecht sein.«*
>
> Matthäus 23,8–11

Wer nun heute die himmelhohen Abstufungen von Würden, Ehrentiteln und Autoritäten in den Kirchen vor sich sieht, kann nur belustigt oder auch zornig davorstehen. Es ist schwer, in dieser Sache nicht zu spotten. Es ist doch wohl nicht zu verkennen, dass man sich »Papa« nur nennen kann, wenn man missachtet, was Jesus klar gesagt hat. Er wollte unter den Seinen keine »Väter«. Er wollte keine Fügsamkeit gegenüber Menschen. Er wollte keine menschliche Herrschaft über die Gewissen und keine Vorschriften in Sachen des Glaubens. Wenn ihr Klarheit sucht darüber, was ihr tun sollt, so höre ich Jesus sagen, dann bittet euren Vater im Himmel. Er wird sie euch geben. Klopft bei ihm selbst an, und er wird euch die Tür auftun. Ihr seid unmittelbar zu Gott. Wie aber kann nun eine gemeinsame Ethik in irgendeiner menschlichen Gemeinschaft funktionieren, wenn jeder sein Maß unmittelbar in seinem Gegenüber zu Gott finden soll?

Wir haben nicht das Recht, Menschen gut oder böse zu nennen

Jede Ethik, wenn sie denn ernst gemeint ist, ist dazu angetreten, die Menschen zu einem Urteil zu befähigen, ob, was einer tut, gut sei oder böse. Nun sagt Jesus: »Urteilt nicht über Menschen« (Matthäus 7,1). Wenn aber verboten wird, gut und böse beim Namen zu nennen, Untat als Untat, den Täter als Täter zu kennzeichnen, kann keine Ethik ihren Sinn erfüllen. Darf ich zu einem Verbrecher nicht sagen: Was du getan hast, ist ein Verbrechen? Offenbar nicht. Aber was bleibt dann von der Klarheit einer Ethik?

Wir haben kein Recht, nach unseren Maßstäben Strafen zu verhängen

Jede öffentlich geltende Ethik und jedes ethisch begründete Rechtssystem sieht Sanktionen vor für den, der das Verbotene tut. Jede Moral, wenn sie denn ihre Geltung durchsetzen will, muss den Übeltäter bestrafen. Als Jesus aber von den Rechtsgelehrten am Tempel gefragt wird: »Meister, diese Frau hier ist auf frischer Tat beim Ehebruch ergriffen worden. Mose hat geboten, sie sei zu steinigen. Was sagst du?« (Johannes 8,4–5), da antwortet Jesus: »Wer unter euch nie eine Sünde begangen hat, werfe den ersten Stein.« Er macht also die Geltung des Rechts und die Vollmacht eines Gerichts davon abhängig, ob seine Vertreter fehlerlose Menschen seien. Nach einem solchen Maß aber kann kein Staat seine Rechtsprechung organisieren, kann kein Recht sich durchsetzen und kein Ethos gelten. Am Ende schickt Jesus die Frau gegen die ausdrückliche Bestimmung des geltenden Rechts nach Hause mit der Ermahnung, sie solle nicht mehr tun, was sie getan habe. Gehen auf solche Weise nicht alle, auch die einfachsten sittlichen Regeln verloren?

Wir sollen keinen Eid leisten

Ein Gericht muss das Recht haben, einen Eid zu fordern, wenn bei einem bestimmten Stand der Verhandlungen anders ein Sachverhalt nicht aufgeklärt werden kann. Nun sagt aber Jesus: »Ihr sollt überhaupt keinen Eid leisten. Sagt ein Ja, das ein Ja ist, und ein Nein, das ein Nein ist. Alle zusätzliche Versicherung ist vom Übel« (Matthäus 5,17). Macht er nicht, wenn dies auch vor Gericht gelten soll – und es soll! –, die ganze Rechtsprechung wehrlos? Nimmt er damit nicht einem Gericht ein unentbehrliches Mittel, einen Sachverhalt aufzuklären?

Ein Mensch bleibt in allen Fällen ein Mensch

Jede Ethik kennt die Unterscheidung zwischen dem, was sie »Licht« und was sie »Finsternis« nennt. Ein Feind der geltenden Ordnung, auch ein Feind, der das Leben des Landes bedroht, der als Angreifer an den Grenzen erscheint, wird immer die Merkmale der Finsternis an sich tragen. Die Grenze aber ist zu schützen, damit das Licht Licht bleibt und die Finsternis Finsternis. Damit das Leben weitergehen kann. Aber Jesus sagt: »Liebt eure Feinde! Tut denen wohl, die euch hassen. Segnet, die euch verfluchen, bittet Gott um seine Freundlichkeit für die, die euch beleidigen« (Lukas 8,17). Dahinter steht: Der Feind ist keineswegs der Vertreter der Finsternis gegenüber dem Licht, das ihr selbst darstellt, sondern ein Mensch. Einen Menschen kann man, will man ihm gerecht werden, nur lieben. Ihr kämpft nicht gegen die Finsternis, wenn ihr gegen eure Feinde auszieht, denn die Finsternis ist ebenso in euch selbst. Gott aber gibt seinen Regen und seinen Sonnenschein jedem Guten und jedem Bösen. Tut ebenso. Wenn aber solche Unterscheidung zwischen Licht und Finsternis nicht mehr gelten soll, also kein Recht zur Abwehr besteht, wie soll ein Staat, wie soll ein Rechtssystem, wie eine Ethik glaubwürdig sein?

Jesus respektiert keine natürlichen Ordnungen

Jede für die Praxis taugliche Ethik wird auf Grundordnungen wie Sippe oder Familie aufbauen. Und es scheint mir durchaus berechtigt, heute die Familie unter die christlichen Grundwerte zu zählen. Nicht so bei Jesus. Er sagt:

> *»Ihr sollt nicht meinen, ich sei gekommen,*
> *um auf dieser Erde Frieden zu stiften.*
> *Ich bin gekommen,*
> *den Mann zu entzweien mit seinem Vater*
> *und die Tochter mit ihrer Mutter …«*
>
> Matthäus 10,35

Als seine eigene Familie mit dem Anspruch, er habe zu ihr zurückzukehren, auf ihn zukommt, verweist er auf die Menschen, die zufällig um ihn sind. »Dies ist meine Familie! Wer Gottes Willen nachkommt, ist mir Bruder, Schwester und Mutter!« (Matthäus 12,46–50)

Er verlangt etwa auch, dass Jakobus und Johannes ihren Vater sofort verlassen und ihn ohne Hilfe im Boot zurücklassen, als er sie ruft (Matthäus 4,22). Der Generationenvertrag ist zerrissen. Zur Grundordnung gehört für einen Juden die Trauerzeit für verstorbene Mütter oder Väter. Die kann bis zu vierzig Tagen dauern, und nichts festigt den Generationenvertrag so verlässlich wie die Einhaltung dieser Trauerzeit. Als einer eine Berufung durch Jesus abwehrt mit der Begründung, er müsse seinen Vater begraben, das heißt die Trauerzeit einhalten, antwortet Jesus: »Lass die, die selbst tot sind, um ihre Toten trauern« (Lukas 9,60).

Der Tötungswunsch und die Tötung liegen auf derselben Ebene

Will eine Ethik die Ehe sichern, was immer Sinn haben wird, so wird sie von Ehebruch sprechen und ein bestimmtes, oft genau kontrollierbares Verhalten damit bezeichnen. Und sie wird dem Ehebruch ihren Willen entgegensetzen. Aber was ist ein Ehebruch? Jesus sagt: Ehebruch kann äußerlich feststellbar geschehen, aber er beginnt im Herzen, und es ist dabei kein Unterschied in der Schwere der Tat. »Wer eine Frau mit begehrlichem Blick anschaut, hat schon die Ehe gebrochen« (Matthäus 5,28). Wenn aber die Schwere der Tat gleich ist, ob sie vollzogen wird oder nicht, wer kann dann einen äußerlich feststellbaren Ehebruch noch unter Strafe stellen? Ähnlich spricht Jesus über den Mord. Er sagt: »Wer mordet, muss vor Gericht gestellt werden. Ich aber sage euch: Wer mit seinem Bruder zürnt, ist dem Mörder gleich zu achten« (Matthäus 5,21–22). Wo bleibt nun die Strafbarkeit eines Mordes, wenn es sich so verhält? Weder eine Ethik noch eine Rechtsordnung können danach den Mord und seine besondere Strafbarkeit von der Verfluchung eines Menschen oder dem Tötungswunsch ihm gegenüber abtrennen. Hier scheitert jede Ethik.

Die gute Tat soll im Verborgenen geschehen

Umgekehrt fordert Jesus von jeder guten Tat, dass sie aus der öffentlichen Sichtbarkeit in das Innere des handelnden Menschen zurückgezogen wird. Über die bekanntermaßen streng ethisch lebenden Pharisäer kann er sagen: »Alles, was sie tun, tun sie, damit die Leute es sehen« (Matthäus 23,5). Sich selbst, ihre Wünsche, ihre Ansprüche, ihre Rechthaberei verbergen sie hinter der korrekten Fassade. Nein, »wenn du betest, geh ins Verborgene«. »Wenn du Gutes tust, dann lass deine linke Hand nicht wissen, was die rechte tut.« Gott sieht ins Verborgene, in das verborgene Böse ebenso wie in das verborgene Gute. Wie aber kann eine Ethik Bestand haben, wenn zum Beispiel die Kinder das Gute, das ihre Eltern tun, nicht wahrnehmen sollen? Wie kann das Bild eines Menschen, der das Ethos erfüllt, sichtbar werden, wenn das Gute verborgen sein soll?

Wer Böses tut, bleibt ein Glied der Gemeinschaft

Wer gegen die Richtlinien irgendeiner geltenden Ethik verstößt, muss erfahren, dass er sich damit aus der Gemeinschaft entfernt, in der diese Ethik gilt. Als die »Sünderin«, offenbar eine Dirne, zu Jesus kommt, wäre er nach den Ordnungen seines Volkes verpflichtet, eine klare Grenze zu ziehen. Aber er zieht sie nicht. Er hält die Nähe zu ihr aufrecht. Als die Frau sich mit Zeichen von Liebe und Verehrung und mit ihrer Suche nach Nähe Jesus zu Füßen wirft, und als der gastgebende Pharisäer sich fragt, ob Jesus denn nicht erkenne, wer diese Frau sei, da lässt Jesus sie gewähren mit der Begründung: »Ihre vielen Sünden sind ihr vergeben, denn sie hat viel Liebe gezeigt.« Es ergibt sich also das Bild einer Gesellschaft, in der ein Augenblick des Verstehens und der Einsicht alle Schranken aufhebt, von denen ein Ethos seine

Glaubwürdigkeit gewinnt, im Grunde das Bild einer Gemeinschaft, in der keine Grenzen bestehen zwischen dem ethisch und dem unethisch handelnden Menschen.

Jesus sieht den Täter und sein Opfer auf derselben Ebene

Auch eine weitere Grenze hebt Jesus auf. Zwischen dem Täter des Bösen und dem Opfer zieht jede Moral oder Ethik eine Grenze. Es ist ein qualitativer Unterschied zwischen beiden. Aber Jesus verbietet, diese Grenze zu ziehen. Das kommt zum Vorschein, wo es um das grenzenlose Vergeben gegenüber dem Übeltäter geht. »Petrus fragt: Wie oft muss ich meinem Bruder, der an mir sündigt, vergeben? Genügt siebenmal? Jesus antwortet: Ich sage dir, nicht siebenmal, sondern siebzigmal siebenmal« (Matthäus 18,21–22). Wenn denn ein Streit im Gang ist und die Frage im Raum steht, wer schuldig sei oder wer angefangen habe, so wird jede Ethik sagen: Der Schuldige muss büßen. Wer den Streit anfängt, muss zuerst den Schritt zur Versöhnung tun. Beides hebt Jesus auf. Er stellt den Täter und das Opfer einander gleich. Und zwar so, dass der, der es mit Jesus hält, in jedem Fall als erster, ob Täter oder Opfer, die Hand zu einem Neuanfang reichen muss.

Nicht der Mensch wird durch sein Tun gut, sondern nur der zum Guten veränderte Mensch ist zum Guten fähig

Jesus entzieht dem ethischen Denken auch damit die Grundlage, dass er eine bestimmte Reihenfolge umkehrt. Eine Ethik wird immer davon ausgehen, dass ein Mensch etwas zu tun hat und dass er durch sein Tun gerecht, das heißt in der Gemeinschaft brauchbar, für die gemeinsamen Ziele tauglich wird. Jesus kehrt diese Reihenfolge um. Der Meinung, der gute Mensch entstehe durch sein gutes Verhalten und Tun, setzt er entgegen: »Ist der Baum gesund, so wird auch seine Frucht gesund sein. Ist der Baum faul, so ist auch seine Frucht faul« (Matthäus 12,33). »An der Frucht erkennt man den Baum.« Das heißt, wenn ein Mensch das Gerechte tun soll und kann, so muss er zuerst gerecht sein. Wenn im Menschen nicht zuvor etwas zu seiner Gesundung geschieht, ist mit Ethik oder Moral nichts zu gewinnen. Nicht das Tun oder die Bemühung machen den Menschen gerecht; erst der gerechte Mensch ist fähig, das Gute, das Gerechte zu tun. Mit einer solchen Reihenfolge aber kann man fast alles, was Ethik heißt, außer Kraft setzen. Denn wer kann etwas dafür, ob er in seinem Kern gesund oder krank ist?

Gut ist niemals nur die Erfüllung von Geboten

Nicht einmal die Einhaltung der Zehn Gebote kann ihn, Jesus, überzeugen. Ein junger Mann fragt ihn: »Was muss ich tun, damit ich den Weg ins Reich Gottes finde?« Jesus antwortet: »Du kennst die Gebote!« Der Mann antwortet: »Die habe ich eingehalten.« Und Jesus toleriert dieses Bemühen freundlich, fügt aber hinzu: »Willst du dein Ziel erreichen, so geh nach Hause, verkaufe alles, was du hast, und gib es den Armen. Dann komm und werde mein Mitarbeiter« (Matthäus 19,21). Er schafft die Zehn Gebote also nicht ab. Werden sie erfüllt, so ist das gut in seinen Augen. Aber es ist nicht das Ganze und nicht das Wesentliche. Die Zehn Gebote haben eine Art von propädeutischem Sinn, aber für das Reich Gottes genügen sie nicht.

Jesus spricht von einer »besseren Gerechtigkeit«

Er ruft seine Hörer über die Zehn Gebote hinaus: »Wenn eure Gerechtigkeit nicht besser ist als die eurer Lehrer, die euch das Gesetz auslegen, könnt ihr nicht ins Reich Gottes kommen« (Matthäus 5,20). Soll sie »besser« sein, so muss Gott in euch etwas getan haben. Jesus bringt also weder eine Gesetzesethik, noch eine kasuistische, noch eine Wertethik, noch eine Gewissensethik, so oft man auch in der christlichen Geschichte dies oder Ähnliches behauptet hat. Er bringt eine Ethik – falls man sie so nennen will –, die aus dem Glauben folgt und aus dem, was Gott in einem Menschen gewirkt hat. Es gibt bei ihm Verhaltensweisen, die aus einem bestimmten Vertrauen entstehen. Jesus bietet eine Lebensweise an, die von der Erfahrung der Nähe Gottes und seiner schützenden, bewahrenden Macht ausgeht und die von keiner der üblichen Ethiken gedeckt ist. Das aber bedeutet unter anderem, dass, wer eine der üblichen »christlichen Ethiken« aufstellt, vertritt oder lehrt, große Stücke seiner Argumentation anderswoher nehmen muss als aus dem Wort, der Gestalt und dem Weg des Mannes aus Nazaret. Aus der Welt des Humanismus oder der Werte oder des Naturrechts oder was es immer sei. Die »bessere Gerechtigkeit«, die Jesus fordert, ist, was aus dem Augenblick des Glaubens im Vertrauen auf den Vater getan wird.

11 Jesus hat eine neue Welt vor Augen

Das muss uns einmal klar geworden sein: Jesus will etwas anderes als eine Ethik, die der menschlichen Gesellschaft Ordnung und Gestalt gibt. Er gründet seine Anweisungen weder auf einen Katalog von Geboten noch auf Tugenden noch auf das Gewissen. Vielmehr ruht sein Blick fest und unveränderlich auf einem Zukunftsbild, auf das zu alles menschliche Denken und Handeln gerichtet sein muss. Ihn interessiert zunächst immer das Eine, das Wichtige, das Kommende, vor dem alles Interesse an Regelungen des gegenwärtigen Lebens in die zweite und dritte Reihe rückt: das »Reich Gottes«. Was er aus der Tradition seines jüdischen Glaubens nimmt, was er neu sagt, was er umdeutet, alles schildert bei ihm die Weise, wie ein Mensch seine Teilhaberschaft an dem kommenden Reich Gottes gewinnt. Und dieser Blick auf das kommende Reich spiegelt ab, wie Probleme auf dieser Menschenerde lösbar werden. Ziehen wir aber, was er in diesem Sinn sagt, zusammen, so werden wir bemerken, dass damit eine Lebenskenntnis und Lebenswirklichkeit gefunden ist, die jeder an den irdischen Verhältnissen abgenommenen Ethik überlegen ist. Wir werden bemerken, dass damit die Probleme, die Streitigkeiten, die Schwierigkeiten des Menschenlebens erst an der Wurzel angefasst sind, dass sie nicht von einem System von Forderungen, sondern von der Grundlage einer freundlichen Sicht auf den Menschen her angefasst werden. Indem er den Menschen das Große zeigt, das ihnen bevorsteht, weckt er in ihnen den Willen zu der Größe eines Verhaltens, das jeden möglichen Rahmen einer Ethik sprengt.

Was meint er mit dem »Reich Gottes«?

Dieses Reich Gottes beschreibt Jesus nicht. Er schildert aber sein Kommen und erzählt Geschichten, die mit einem Fest zu tun haben, mit einer Hochzeit. Mit einer Heimkehr. Mit einer Beendigung von Not und Streit. Mit einem neuen Einvernehmen zwischen Gott, dem Gastgeber, und dem Menschen, seinem Gast und Bürger seiner neuen Welt. Er schildert den gerechten Menschen, der nicht aus seiner eigenen Leistung heraus, sondern aus dem gütigen Urteil Gottes das Prädikat »gerecht« gewinnt. Er schildert die große Erfahrung, dass mit dem entschlossenen Schritt in die Zukunft die bedrängende Not beendet und eine Welt erreicht werden kann, in der Gerechtigkeit wohnt. Er zeigt, wie mit einem einzigen, überraschenden Aufscheinen der Wahrheit dieser Zukunft das Leben sich dem Tod gegenüber durchsetzt und durchhält.

Und er schildert das Kommen dieses Reiches für den einzelnen Menschen so, dass der sich selbst als einen Acker versteht, auf dem Frucht wächst. Die Frucht ist das Reich. Es kommt aber nicht so, dass der Acker es hervorbringt, sondern so, dass Gott eine Saat auswirft und der Acker die Saat bewahrt und nährt und ihr zum Wachstum verhilft. Die Frucht, die am Ende geerntet wird, ist das Reich Gottes.

»Das Reich Gottes ist vergleichbar einem Menschen, der gute Saat auf seinem Acker auswirft«, sagt Jesus. Der Mensch ist es nicht, der das Reich hervorbringt, aber es ist ihm anvertraut. Ob es aufwachsen kann, liegt an der geduldigen Treue des Menschen, dieses Ackers, der ihm Schutz und Nahrung gibt und darin den Sinn seiner Lebensarbeit, auch seiner Mühen und Leiden zu sehen lernt. Die Gleichnisse vom Reich Gottes sind der genaue Ansatzpunkt für das, was wir bei Jesus »Ethik« nennen wollen, wenn uns dieses Wort danach noch fassen kann, was er im Auge hat.

Vor diesem Bild des Reiches Gottes spricht Jesus danach von dem Menschen, der sozusagen »Reich-Gottes-gerecht« in dieser Welt lebt und hantiert. Dem Menschen, der seine Zukunft von Gott erwartet und darum nicht zu sorgen braucht. Dem Besitz und Macht unwichtig werden. Der auf Herrschaft und Geltung zu verzichten vermag. Der die Verwirklichung seiner Wünsche hintanstellt. Der fähig ist, aus jedem Streit und jeder Frontstellung herauszutreten, um die Anfänge des Friedens zu setzen. Der sein Glück nicht von der Erfüllung seines Glücksverlangens erwartet, sondern darauf vertraut, dass Gott ihn glücklich machen wird. Der nichts erwartet von seiner Durchsetzungskraft, sondern von der Sanftheit seines Auftretens. Der Gewalt nicht anwenden muss. Der nicht Recht zu haben braucht. Der niemand beurteilen muss und niemand verurteilen. Der sein Gesicht nicht zu wahren braucht, dessen Wert und Geltung vielmehr in der Bejahung liegt, mit der Gott ihm begegnet. Der fähig ist, auf Status und Rang zu verzichten. Der insgesamt fähig ist, den Grund des Menschenlebens in den Verhältnissen auf dieser Erde freizuräumen, sodass etwas entsteht und Raum findet, was ein wirkliches Menschenleben ermöglicht.

Das Reich Gottes ist nicht nur zukünftig

Es ist für Jesus zwar ein über das Leben auf dieser Erde hinausliegendes Bild der Hoffnung. Es ist aber auch die Grundlage, auf der er über den Menschen und sein Leben auf dieser Erde anders zu denken vermag. Auf der er eine Lebensweise zeigt, die geeignet ist, die unlösbaren, die akuten, die im Grunde tödlichen Probleme einer Gesellschaft, die sich mit ihrem Macht- und Vorteilsdenken, mit ihren Ethiken und Vorschriften und Rechtsetzungen selbst blockiert, lösbar zu machen. Wie konkret aber die scheinbar utopischen Weisungen Jesu angewandt werden können und sollen, das können wir Heutigen genauer sehen als manche frühere Generation. Wir können heute leichter als viele vor uns die Weisheit erkennen, die damit ins Spiel kommt, die heilenden

Kräfte, die konkreten Chancen zu gerechten und gewaltfreien Lösungen im täglichen Umgang zwischen Menschen oder Völkern. Die »Ethik«, die heute allein noch hilfreich sein kann, wird eine Fülle von Merkmalen aufweisen müssen, mit denen eine »normale Ethik« überwunden ist.

Es kann einem an dieser Stelle, an der die Gedanken Jesu ins Rätselhafte reichen, aufgehen, was der Prophet (Jesaja 55,8) sagt: Gottes Gedanken seien nicht unsere Gedanken und Gottes Wege seien nicht unsere Wege. Gottes Vorstellungen von einem guten Menschenweg sind nicht unsere ethischen Vorstellungen. Und Gottes Regeln sind nicht die unseren. Er will nicht die Korrektheit dessen, der sich an hundert oder mehr Weisungen und Gebote hält und der alle Erwartungen seiner ethischen Kontrolleure erfüllt, er will vielmehr die Hörsamkeit eines freien Menschen, der sich von dem, was er hört, führen lässt, der den Mut gewinnt, auszuziehen aus seinen dogmatischen und ethischen Gehäusen, und das »in Freuden«, wie der Prophet sagt, und mit dem Blick auf ein großes Ziel: Gottes Reich.

IV.

Begegnung mit dem Mann aus Nazaret

12 Wie begegnet Jesus den Menschen seiner Zeit?

Lassen wir uns also auf den schlichten Wanderprediger ein. Sehen wir ihn durch die Dörfer seiner Heimat gehen. Die Menschen, denen er begegnete, die auf den Plätzen zwischen den Häusern, auf den Äckern und am Seeufer ihrer Arbeit nachgingen, waren zum größten Teil arm und unfrei, beherrscht und ausgebeutet von der römischen Besatzungsmacht. Manche lebten als Terroristen in den Höhlen der Berge, andere beugten sich den Römern und dienten ihnen als Mitläufer und Zolleintreiber. Andere waren als Tagelöhner von den Großgrundbesitzern abhängig. Viele lebten, intensiv der Überlieferung ihres jüdischen Glaubens zugewandt, dem Studium der heiligen Schriften und suchten nach dem, was ihnen damit an Freiheit blieb. Andere blieben ohne dieses Wissen, weil sie weder Zeit noch Mittel dafür hatten, und galten als das verachtete »Volk vom Land«, ohne Verbindung zum heiligen Volk. Die einen bemühten sich um ein reines Leben nach dem Gesetz, andere suchten ihr Durchkommen mit harter Arbeit oder als kleine Betrüger. Ihnen allen wandte sich Jesus zu. Hörte sie. Gab ihnen Antwort. Half ihnen. Sprach zu ihnen von der Weise, wie sie ihr Leben bestehen könnten.

Das Erste, was uns auffällt, ist, wie er den Ausgegrenzten, den Armen und den Disqualifizierten begegnet. Viele von ihnen galten als korrupt oder haltlos, als böse oder verkommen. Die Frommen mieden den Kontakt mit ihnen. Von ihnen aber sagt Jesus nicht: »Sie sind verkommen«, sondern: »Sie sind verloren.« Damit aber sagt er genau das nicht, was wir mit dem Wort herkömmlicherweise meinen: »Sie haben keine Zukunft.« »Sie sind verdammt in alle Ewigkeit!« Er sagt damit vielmehr: »Wir haben sie verloren.« Sie sind uns verloren gegangen. Wir wissen nicht, wo sie sich aufhalten. Der

Vater im Gleichnis vom verlorenen Sohn sagt über den Sohn nicht, »er ist verloren«, sondern »wir haben ihn verloren« und »wir haben ihn wiedergefunden«. Er ist vermisst. Adresse unbekannt. Er ist weder böse noch verkommen noch gestört. Er steht lediglich irgendwo herum in der Steppe seiner Seele. Es geht also nicht darum, ihn zu stellen und zu bestrafen, sondern darum, ihn zu suchen. Es war offenbar für Jesus vordringlich, diese ins Abseits gedrängten Menschen aufzusuchen, und das war das Erste, was sie erlebten: dass sie von einem gütigen Menschen gefunden wurden.

Es geht ihm um die Entlastung der Beladenen

Ein Zweites fällt auf: Jesus sieht nicht so sehr die Fehler und Verstöße dieser Menschen, sondern die Last, die sie zu tragen haben. Und er sieht nicht darin seine Aufgabe, ihnen moralische Lasten zusätzlich zu allen anderen aufzubürden. Er sagt ihnen:

> *»Kommt, ihr Lastträger! Ihr sollt leben können.*
> *Ich will euch abnehmen, was ihr zu tragen habt.*
> *Was ich euch sage, ist leicht zu erfüllen.«*
> Matthäus 11, 28–30

Ihm ging es also nicht um Moral, sondern um Entlastung auch von den Zumutungen, die ihnen ihre Religion auferlegte.

Die Lebensanweisung, die er ihnen gibt, beginnt also nicht mit einem Unterricht in den Zehn Geboten, sondern damit, dass er ihnen zeigt, wie sie getragen und bewahrt seien, gesehen und geliebt. Und das heißt damit, dass er in ihnen den Mut zum Leben weckt und das Vertrauen, das Leben sei etwas, das gelingen könne. In seiner Programmrede vor dem Beginn seiner öffentlichen Arbeit hatte er gesagt:

»Gott hat mich gesandt,
seine Liebe den Armen zuzuwenden,
Gefangenen die Freiheit zu geben
und Blinden das Licht,
Misshandelte zu erlösen
und die Zeit anzukündigen, in der Gott Heil gibt.«
Lukas 4, 18–19

Jesus geht es um Ermutigung der Verängstigten

So sucht er von Anfang an, ihnen ihre Ängste abzunehmen. »Fürchtet euch nicht«, sagt er. »Warum seid ihr so furchtsam?«, fragt er seine Begleiter in dem vom Sturm geschüttelten Boot. »Euer Herz erschrecke nicht und fürchte sich nicht«, sagt er bei seinem Abschied. »Fürchtet euch nicht, ihr seid viel mehr wert als die Spatzen, die Gott doch am Leben erhält!«

Es ging Jesus darum, verzagte Menschen zu ermutigen. Du kannst deiner Zukunft entgegengehen ohne Angst. Weder dein Schicksal noch irgendeine fremde Macht kann dich bedrohen. Du bist gehalten. Stell dich also auf deine Füße. Fang an zu gehen und vertraue darauf, dass der Grund, auf dem du gehst, trägt. Du fällst in keinen Abgrund, in dem dein Vater im Himmel dich nicht auffinge. Darum sichere dich nicht durch etwas, das kleiner ist als Gott. Und so richtet Jesus die Kranken und Gelähmten aus ihren Betten auf.

Es wird von ihm erzählt: »Ihn jammerte der Menschen.« Das heißt: Ihr Elend ging ihm an die Seele. An die Nieren. In den Heilungsszenen, die von ihm berichtet werden, erscheint etwas von der großen Zartheit, mit der er sich dieser nicht nur körperlich beschädigten Menschen annahm.

Jesus zeigt ihnen ein neues Bild ihrer selbst

Viele sagen von euch: Ihr seid der »letzte Dreck«. Ich sage: Ihr seid ein »Acker«. Ein Acker ist ja nichts Totes, sondern etwas unerhört Lebendiges. Er ist kein Ödland, sondern kostbare Lebensgrundlage für Mensch und Tier. Und stellt euch vor: Nun kommt einer und gräbt diesen Acker um, vielleicht mit dem Spaten, vielleicht auch mit dem sanften Holzpflug, den ihr selbst über eure Äcker zieht. So kommt Luft in die Erde und Licht. Danach kommt der Mann noch einmal mit einer Schürze voller Saatgut. Das wirft er in die Erde. Er schenkt es dem Acker. Und nun tut der Acker etwas mit jedem einzelnen Korn. Wenn die Regenzeit kommt, wird er feucht und weich. Der Keim treibt aus und wächst. Er entwickelt einen Halm und eine Ähre. Und wenn der Sommer gut war, steht am Ende eine prächtige Frucht. Das ist es genau, was in euch geschehen kann. Wenn ich vor euch sitze und euch Geschichten erzähle, dann fällt, was ich sage, wie ein Korn in euch hinein. Nehmt es auf. Gebt ihm Raum. Lasst es wachsen. So kann bei eurem Leben noch etwas Schönes herauskommen. Das Reich Gottes wächst in euch und reift, und es wird sich am Ende zeigen, dass ihr am großen Ziel der Menschengeschichte das Eure mitbewirkt habt. Schaut also in euch selbst hinein und seht, was sich da ändern will, lebendiger werden, reifen und gedeihen. Jesus gibt den Menschen mit diesem Gleichnis vom Acker so etwas wie eine neue Identität.

Jesus kehrt rituelle Ordnungen um

Eines reiht sich an das andere. Was uns auffällt, ist, dass er rituelle Ordnungen umkehrt. Wenn unter den Menschen jenes Landes jemand eine bestimmte Schuld auf sich geladen hatte, musste er, um in die religiöse und bürgerliche Gemeinschaft wieder aufgenommen zu werden, seine Schuld erkannt haben, zu ihr stehen, sie bekennen und bereuen. Er musste sie wieder gut machen oder durch ein Opfer sühnen. Danach wurde ihm seine Schuld im Namen Gottes vergeben. Als Jesus sieht, dass Männer in einem Menschengedränge ihm einen Kranken vor die Füße legen, wendet er sich, ehe der Kranke sagen kann, was ihm fehle, an diesen und sagt: »Fasse Mut. Deine Sünden sind dir vergeben.« Jesus greift sozusagen durch die äußerlich sichtbare Krankheit hindurch nach dem eigentlichen Elend, das hinter der Krankheit steht. Die Vergebung einer überhaupt nicht zur Rede stehenden Schuld – der Kranke will ja nur, dass er geheilt wird! – steht am Anfang. Danach folgt die Heilung. Nicht nur das erregt Anstoß, dass Jesus die Vollmacht in Anspruch nimmt, im Namen Gottes eine Schuld zu vergeben, sondern auch diese rituelle Reihenfolge ist es, die den Widerstand der Gesetzeslehrer herausfordert. Aber das bedeutet, dass am Anfang nicht das Gesetz steht, danach seine Erfüllung durch die Tat oder das Versagen, danach das Bekenntnis, danach die Vergebung, sondern dass für Jesus am Anfang das Evangelium steht, danach die Heilung und die Befähigung, danach die vielleicht mögliche Erfüllung eines Gesetzes, die aber die Liebe Gottes zu diesem Menschen nicht begründet. Am Anfang steht kein Gesetz, sondern eine Güte. Eine Befreiung, eine heilende Kraft. Ein Segen. Und es entsteht ein Mensch, der zu lieben vermag, das heißt der fähig wird, das Grundgesetz dieses Menschendaseins zu erfüllen.

Jesus will, dass die Menschen glücklich sind

Es ist hier nicht nötig, alles aufzuzählen, was an Jesus und seinem Umgang mit den Menschen auffallen mag. Aber dies gehört dazu: Jesus sagt: Dir, du Mensch, ist Glück zugedacht. Geh darauf zu! Das Merkmal dieses Glücks ist, dass es nicht abhängig ist von Geld oder Macht oder Vergnügen. Es hat den Vorteil, dass es nicht eines Tages von eurem arm und glücklos gebliebenen Leben wie ein leerer Traum abfällt. Glücklich, selig, oder sonstwie mit sich, mit ihrer Welt und mit Gott im Reinen sind die, die sich über sich selbst keinen Illusionen hingeben, die also nicht meinen, sie seien selbst groß. Glücklich sind die, die Trost finden. Glücklich sind die Geduldigen, die Sanften und Freundlichen. Sie werden Grund unter den Füßen haben, wenn andere in ihrer Ungeduld stolpern. Glücklich, die Gerechtigkeit wollen. Sie wird ihnen zuteil werden. Wer will, dass Menschen ihre Würde bewahren, wird seine Würde empfangen. Wer andere frei macht, wird ein freier Mensch sein. Glücklich die Barmherzigen. Glücklich, die ein Ohr haben für die Verzweiflung, ein Auge für die wortlose Klage, eine Hand für die hilflose Schwäche. Sie wissen, woher Barmherzigkeit kommt, wenn sie selbst sie brauchen. Glücklich sind, die Frieden stiften. Glücklich sind, die irgendeinen Krieg nicht führen oder dazu helfen, dass irgendein Krieg endet. Sie spiegeln Gott. Die Gott spiegeln, sind seine Töchter, seine Söhne. Kein Mensch aber kann mehr sein als das. Glücklich, die nach Gerechtigkeit suchen und darum verfolgt werden. Sie erleiden das Schicksal des Christus. Sie sind ihm ähnlich. Sie sind von Gott gesegnet. Sie sind geborgen.

Er gibt ihnen ihren Auftrag, ein Licht zu sein

Mit alledem gibt Jesus den Menschen den Auftrag, Werkzeuge Gottes zu sein. Ihr seid nicht Teil dieser dunklen Welt. Ihr seid »Kinder des Lichts«. Mit diesem Bild vom Kind des Lichts meint der Orientale die Funken, die von einem Feuer aus in die Dunkelheit hinauswirbeln. Ihr seid ein Licht der Welt. Also leuchtet! Lasst frei von euch ausgehen, was Gott in euch wirkt. Seid freie Menschen. Jesus sagt nicht: Ihr seid Sünder!, wie es die Kirche seit zwei Jahrtausenden in allen

Tonarten wiederholt. Er sagt: Gott will, dass ihr leuchtet! Er ist das Licht, und ihr sollt ihn in dieser Welt sichtbar machen! Jesus sagt auch: Ihr seid Salz. Ihr seid fähig, wie Salz die Welt und das Menschenleben vor Fäulnis zu schützen. Von Salz ist wenig nötig. Aber dieses Wenige seid ihr! Habt den Mut, euer Wort zu sagen und eure Wirkung zu tun, damit das Leben in eurem Umfeld auf die von Gott gemeinte Weise verläuft.

Er gibt ihnen ihre Würde zurück

Noch einmal: Was Jesus an einem Menschen tut und bewirkt, ist seine Heilung. Seine Befreiung. Seine Ermutigung. Seine Würde. Er richtet ihn auf. Er gibt ihm Kräfte. Er löst ihn aus seinen Zwängen. Und diesen befreiten Menschen verweist er auf das, was an ihm wichtig ist und seinem Leben die besondere Farbe gibt. Er sagt ihm:

Lass dich von allem anrühren. Die Liebe und das Glück gelingen, wo du etwas weißt, das dir wichtiger ist als du selbst. Wo dir ein Mensch wichtiger ist als du selbst. Liebe, Freundschaft, Nähe, Vertrauen und die gewisse Leichtigkeit, mit der du all das lieben kannst, sind die zartesten und die verletzlichsten Geschenke, die das Leben für dich hat. Das Glück, das sie bringen, wird solange bei dir bleiben können, als du ihm Raum gibst. Begegne also dem Leben insgesamt mit Güte. Güte meint, dass einer es mit dem Leben, wie es ist, »gut meint«. Und dann sieh mit offenen Augen, was von all dem im Leben der unzähligen Menschen neben dir fehlt. Sieh das tiefe Unglück, in dem viele unter ihnen leben, und geh mit ihnen allen die dunklen Wege, auf denen sie, vielleicht mit letzter Kraft, gehen. Geh alle die Wege mit, die ohne Hoffnung gegangen werden. Geh mit in den dunklen Tälern, von denen aus keine Gipfel zu sehen sind. Aber fasse zugleich auch, dass die Liebe Gottes zu dir nicht geringer wird dadurch, dass du solchen Weisungen nicht gerecht wirst.

Was ist also der Kern der Ethik, die wir bei Jesus finden können? Es ist ein Vertrauen, das Gott uns gibt und das uns sagt: Tu immer wieder das, was dir möglich ist, und zweifle nicht an dir über der Bruchstückhaftigkeit, die du an dir erlebst. In Gott ist es ein Ganzes. Es ist das in Gott geführte Leben.

Von dieser Würde geht nach Jesus jede Ethik aus

Mit all dem, was uns beim ersten Hinsehen auffällt, ist gewiss nicht ausgeschöpft, was Jesus gewollt hat. Es kann uns aber deutlich werden, dass das Entscheidende an seiner Botschaft keine Ethik im üblichen Sinn sein kann. Vielmehr will uns scheinen, es sei genauer, wenn wir statt von einer Ethik von einer Deutung des Menschendaseins und der Menschengestalt insgesamt sprächen. Von einer Weisheit, die das Leben als Ganzes ins Auge fasst und als Ganzes kennt und deutet, ihm eine Richtung und einen Sinn gibt. Der Einzelne aber hat danach nicht die Pflicht, zu fragen: Was muss ich tun, um gut zu sein? Er hat die Freiheit, zu fragen: Was will Gott in mir freisetzen und bewirken, das danach mein Tun zu einem Ausdruck seiner Güte macht? Was ist das besondere Wort, das Gott in mir spricht? Was ist die besondere Musik, die meine Seele hört und zum Klingen bringt? Wie kann meine Erscheinung ausdrücken, wer ich bin, wovon ich lebe, was ich liebe und was mich erfüllt? Was tue ich mit allen meinen Kräften an Geist und Seele und Leib, auch mit meiner Verspieltheit, meinen Träumereien, meinem Hoffen, meinem Humor, meiner Lebensfreude? Was kann ich zeigen von dem, was mich begeistert, wofür ich eintrete? Warum lohnt es sich, dass ich meine Tage damit zubringe? Ich darf jedenfalls meines Weges gehen, eingehüllt in den Trost, den mir Jesus zuspricht. In die Zuversicht, dass mein Weg gangbar ist und ich am Ende an einem guten Ziel ankommen werde.

13 Jesus feiert mit ihnen seine Feste in ihren Hütten

Wir setzen noch einmal, noch schmaler an. Es gibt eine Szene, in der wie in kaum einer anderen das Besondere dieses Mannes aufleuchtet, in der sich seine Gestalt mit großer Klarheit herauszeichnet: Jesus steht irgendwo auf der Straße. Jemand lädt ihn zum Essen ein. Er betritt das gastliche Haus oder den Hof mit seinen Begleitern. Andere Leute drängen mit herein und versammeln sich mit ihm zum Mahl. Wieder andere bleiben draußen. Die draußen haben etwas Bestimmtes zu beanstanden, und es ergibt sich eine heftige Diskussion über das, was da geschieht.

Wie ging das zu?

Ich will es an einem Beispiel schildern: Eines Tages spricht Jesus an einer Zollstelle einen Mann an, der die Gebühren zu kassieren hat: »Lass das liegen! Steh auf! Komm mit mir!« Der steht auf, lässt alles hinter sich und schließt sich Jesus an. Als Letztes, das er in seinem Haus noch tun will, lädt er Jesus und seine Begleiter zu einer Mahlzeit ein. Jesus folgt der Einladung, und mit ihm kommen andere, zum Teil anrüchige Leute von der Zollstelle und aus dem Dorf in das Haus. Bei der folgenden Mahlzeit geht es laut und fröhlich zu. Man feiert ein Fest (Matthäus 9,9–13).

Die Gesetzeslehrer, die am Zaun stehen, fragen die Jünger: »Wie sollen wir das verstehen, dass euer Meister mit diesem Gesindel zu Tisch sitzt?« Die Meinung im Dorf ist gespalten, und ich möchte annehmen, dass solche Mahlzeiten zu den Ursprüngen für den Hass gehört haben, der später den Tod Jesu wollte. Denn das war klar: Ein Gerechter war nur einer, der sich von derlei Gesellschaft fernhielt. Wer aber dann noch behauptete, er habe damit eine Botschaft von Gott zu bringen, der machte sich der Gotteslästerung schuldig. Nun aber werden im Namen Gottes unterschiedslos die Gerechten und die Sünder, die Anerkannten und die Schurken versammelt, und Jesus erklärt diese Gäste zu Tischgenossen Gottes.

Jesus stiftet eine Gemeinschaft

Das ist es also: Er bewirtet sie. Vor ihnen, auf dem Tisch, das Brot und der Wein. Er tut, was uns vom letzten Abendmahl her vertraut ist und was er bei jedem Mahl getan hat: Er nimmt ein Brot, bricht es und verteilt es unter die Gäste. In Emmaus, so wird Lukas 24,13–35 erzählt, erkannten die beiden Jünger den auferstandenen Jesus »an der Weise, wie er das Brot brach«. Das muss ein vertrauter Vorgang gewesen sein, ein charakteristischer von all den Jahren her, die sie mit ihm gelebt hatten. Er sagt also zu seinen Gästen: Nehmt! Esst! Das ist die Nahrung, die ihr braucht. Ich bin es selbst. So komme ich zu euch. Ich gehe in euch ein wie eine Nahrung. So wird in euch das Leben Raum greifen. So wird Frucht in euch reifen weit über euren Tod hinaus. Nehmt den Wein! Reicht ihn herum! Feiert! Freut euch! Das bin ich. Ich wirke in euch wie dieser festliche Wein. Ich wirke in euch, bis ihr ganz Wein seid. Freude. Begeisterung. Wie dieser Wein gereift ist, so reift der Geist aus Gott in euch.

Wer das Leben kennt, weiß, wie verletzlich es ist, wie verletzlich die Menschen, wie verletzlich ihre Selbstgewissheiten, auch ihre Gewissen sind. Diese verletzlichen und zum Teil wohl tief beschädigten Menschen nimmt Jesus in das Haus. Ihnen gibt er einen geschützten Raum, in dem ihre Seele aufatmen kann. Sie finden einen brüderlichen Menschen, sie finden ein Vertrauen, das vielen unter ihnen vermutlich unbekannt und neu ist. Vielleicht finden sie die Sprache, um überhaupt reden zu können von dem, was sie bedrückt.

Die Einladung ist die Vergebung

Was tat Jesus mit alledem an den Menschen, mit denen er feierte? Noch einmal: Er erklärte ihnen nicht, sie seien Sünder. Er nahm sie auf, wie sie ankamen. Beladen mit der Verachtung der Frommen, belastet mit den kleinen und großen Gemeinheiten ihres täglichen Kampfes ums Dasein, überlastet von der Schwere ihrer Arbeit für ihr tägliches Brot. Er sagte ihnen: »Kommt! Legt eure Last ab. Ich gebe euch Frieden.« Er erlaubte ihnen gleichsam, alle ihre Lasten vor der Tür abzulegen, als sie eintraten.

Er sagte, mit anderen Worten: Komm! Ich will mit dir feiern! Du bist mir recht. Du bist auch Gott recht. In dem Augenblick, in dem du die Einladung annimmst, ist alles gut. Die Einladung selbst und die Aufnahme in die Tischrunde sind die Vergebung der Sünden. Die Vergebung kommt nicht hinzu. Sie geht nicht voraus. Sie kommt nicht hinterher.

Ich stelle mir also vor: Jesus steht in der Tür und empfängt seine Gäste. Ein Gerechter kommt an und will eintreten. Jesus sagt ihm: Du bist willkommen. Schön, dass du kommst. Aber lege hier außen ab, was du bei uns nicht brauchst: dein Ansehen, deine Qualitäten, deine Verdienste, deine Leistungen. Lass alles liegen. Wir fangen nichts damit an. Wir wollen nur dich. Danach kommt einer von denen, die im Dorf disqualifiziert sind, und Jesus sagt: Komm herein. Du bist willkommen. Lege ab, was dich drückt. Deine Angst. Deine Mühsal. Allen Streit. Alle deine Gemeinheiten, alle Tricks, alle Ausreden. Feiere mit uns. Wenn du mit uns am Tisch sitzt, dann bist du so, wie Gott dich haben will. Nach ihm kommt ein dritter. Er bringt seine eigene Verpflegung mit, weil er meint, er bekomme hier nicht genug. Und Jesus sagt ihm: Wir haben reichlich. Du brauchst das nicht. Er entlastet also den Gerechten von seiner Gerechtigkeit, den Ungerechten von seinem Unrecht und den Ängstlichen von seinem Sicherungsbedürfnis.

Rechtfertigung ist dafür ein ungeschicktes Wort

Diesen Vorgang der Entlastung nennen wir mit einem heute kaum mehr irgendeinem Menschen verständlichen alten Wort die »Rechtfertigung«. Es wird uns erlaubt, was wir in den Händen festhalten, was uns auf dem Rücken drückt, was uns hinderlich ist, unsere ganze Vergangenheit und unsere verträumte Zukunftserwartung abzulegen und darauf zu vertrauen, dass wir mit leeren Händen dem willkommen sind, der uns einlädt. Was von uns übrigbleibt, das ist der schlichte Mensch, der wir in Wahrheit sind. Wir nennen es die »Rechtfertigung allein aus Gnaden« und bezeichnen damit nicht nur die Grundlage des christlichen Glaubens, sondern auch jeder christlichen Ethik. Wir bezeichnen mit diesem Wort unseren neuen Zustand, unsere neuen Kräfte, unsere neue Freiheit. Wir können ebenso gut von Heilung, von Befreiung oder von Erlösung reden. Ich möchte vorschlagen, dass wir künftig statt von Rechtfertigung von »Entlastung« reden. Es würde vielleicht endlich begreiflich, was damit gemeint ist. Dabei hat es durchaus Sinn, zu sagen: Dass mir meine Schuld abgenommen wird, das hat bis zum heutigen Tag sehr konkret mit dem Tod Jesu zu tun. Und mit seiner Auferstehung. Denn die Auferstehung sagt mir: Das wird aus dir werden! Das ist es, was Gott aus dir machen wird. Du bist im Übergang zur Freiheit. Geh nun deinen Weg von meinem Tisch wieder hinaus auf die Straße. Im Frieden. Als ein vertrauender Mensch.

Er senkt sich selbst in die Menschen ein

Noch eins. Indem Jesus den Menschen Brot und Wein reicht, steigt er in sie ab und hilft ihnen, selbst in sich abzusteigen. Paulus schildert es so: Indem er sich in uns einsenkt, werden wir zu seinen Schwestern und Brüdern. Wir bekommen sein Gesicht. Wir werden ihm ähnlich. Wir gewinnen sein Leben. Christus ist der Absteigende. Nun können wir auch zu uns selbst absteigen bis dorthin, wo es in uns selbst dunkel wird. Christus fürchtet sich nicht vor dem Dunkel in der Menschenseele, das wir in uns antreffen. Wir können durch die Zone der Angst und des Schreckens und der Finsternis in uns selbst, durch die uns Christus begleitet, hindurchdringen bis auf den Grund unserer Seele, wo Gott uns erwartet. Das ist das eigentlich Erlösende: Christus geht mit uns auf unserem Weg durch die Tiefen und Untiefen unseres Wesens und zeigt uns: Gott ist in euch! Das Reich Gottes ist in euch. Gott spricht ein großes, gütiges Ja zu euch. Ihr könnt also auch zu euch selbst Ja sagen. Das aber wird die Grundlage sein, auf der euer Leben gelingen kann.

Dieses Absteigen Gottes ist das Grundmerkmal der Kirche

Mit seinen Mahlzeiten schafft Jesus sozusagen ein Haus. Und er zeigt damit, dass er nicht den einsamen moralischen oder ethischen Helden will, der an seinen Versuchen, ein Held zu sein, scheitern muss, sondern eine Gemeinschaft, die zusammensteht. Die den Einzelnen schützt und ihn im Fall seines Scheiterns auffängt, im Fall seines Versagens ihm Mut gibt und ihm bei seinen Versuchen beisteht. Die Kirche jedenfalls ist eine durch die Jahrhunderte immer fortgehende Wanderung von Menschen, die ihre Last tragen können, weil neben ihnen andere gehen, die mittragen. Eine Wanderung hinter ihm her, der ihre Verlassenheit übernahm, als er sie an seinen Tisch lud.

Das Mahl aber weist über die Kirche hinaus. Nicht die Kirche verwaltet es, sie hat vielmehr teil an ihm. Es verweist auf die Welt überhaupt. Mit diesem Mahl sagt Jesus: So ist die Welt für die, die sich von Gott einladen lassen: Sie ist rund und ganz. Niemand ist allein. Du kannst in ihr leben. Sie ist Heimat. Sie ist Wurzelgrund für ein gutes Leben. Wenn du verstehen willst, was Gott mit dir vorhat, dann schau auf mich: Ich lade dich ein, ich gebe dir einen Platz in einer festlichen Runde. Das Böse und das Gefährliche in dir selbst und in anderen können überwunden werden. Du darfst unbedroht leben. Du darfst als der gespaltene Mensch, der du bist, kommen, heil werden und ein erfülltes Leben finden.

Die Zukunft erscheint im Bild einer Tischrunde

Das Mahl weist auch über die Welt hinaus in die Zukunft. Mit dieser Tischrunde zeige ich dir, was nach dem Ende deines Lebens auf dich wartet: ein neues Zuhause. Ein behütetes Dasein. Ein Gespräch, das deine inneren Verknotungen löst. Das Ziel ist die »Tischrunde«, die ich »Reich Gottes« nenne. Denn diese Zukunft beginnt heute in dir. Du kommst aus Gott. Du kommst in diese Welt. Du lebst, du stirbst und du erwachst. Die Vollendung, die dir zugedacht ist, kannst du in der Tischrunde vorausschauen, die ich mit dir feiere. Und wenn du wieder auf die Straße hinaustrittst nach unserem festlichen Mahl, dann wirst du Menschen finden, die Ähnliches erfahren haben wie du. Dann setz dich mit denen zusammen, die wissen, was eine Tischrunde ist, und mit denen, die es nicht wissen. Dann stärkt einander, nehmt einander auf und an und lebt miteinander.

Das heilige Mahl schließt an die Leidensgeschichte Jesu an. Aber es wirkt weit darüber hinaus. Auf das erfüllte, erlöste, gesegnete Leben, das wir miteinander finden sollen. Mit dem Mahl rief Jesus das Reich Gottes aus. Er sah sich selbst als den Bräutigam, der die Braut heimführt, in das Haus einer Gemeinschaft, das gekennzeichnet ist von einer großen Liebe. Wenn es dabei laut zuging, dann sah er in dem Lärm die Ausrufung dieses Reiches. Und es versammelte sich an seinem Tisch nicht eine religiöse Elite oder der soziale Kehricht, sondern das geschwisterliche Volk der Zukunft.

Hier entscheidet sich sein persönliches Schicksal

Als die Gesetzeslehrer und die Priester seines Landes zurückschlugen, blieb Jesus nur eine Wahl: Entweder trennte er sich von dem armen und zum Teil zwielichtigen Volk, das ihm anhing, oder er stand zu seiner Gemeinschaft mit ihnen. Und er blieb bei diesen Menschen. Er bedeutete ihnen damit: Was ich gesagt habe, gilt: Gott will von euch kein Dasein in Sack und Asche, er lädt euch vielmehr zu einem Fest ein. Er will, dass ihr Vertrauen fasst und kommt. Er schildert ihnen Gott als den Vater im Gleichnis vom verlorenen Sohn, der den Heimkehrenden, den Verwahrlosten nicht mit Vorwürfen empfängt und mit einer Verurteilung, sondern mit einer väterlichen Umarmung und mit einem Fest. Gott ist nicht der, der sich in religiösen Vorschriften spiegelt und von dem man im Tempel in Jerusalem und in der Synagoge redet. Er stellt keine Bedingungen. Er verlangt von dem, der zu ihm heimkommt, nicht eine Beichte, eine Buße, eine Wiedergutmachung. Nein, mit der Tatsache, dass ihr eingeladen seid, sind euch eure Sünden vergeben. Indem ihr zusammenkommt, zeichnet sich eure Zukunft ab, nämlich eure Zugehörigkeit zur Gemeinschaft der Töchter und Söhne Gottes. Das gilt. Dafür stehe ich ein. Dafür lasse ich mich anklagen und verurteilen. Dafür sterbe ich.

Das ist, noch genauer als vorhin, die Mitte seiner Botschaft. Und wenn es uns darum geht, zu sagen, was wir heute zu tun und zu lassen hätten, dann werden wir immer neu an dieser Stelle einsetzen.

14 Er nennt die Menschen nicht böse, sondern krank

Als Jesus einmal mit allerlei fragwürdigen Leuten eine seiner festlichen Mahlzeiten feierte, sprachen, wie schon erwähnt, die Hüter des Gesetzes, das solchen Kontakt verbot, seine Jünger darauf an: Wie kommt euer Meister dazu, sich mit solchen Leuten einzulassen? Jesus, der die Frage mithörte, gab zur Antwort: »Die Gesunden brauchen keinen Arzt. Den brauchen die Kranken.« Was heißen sollte: »Die ihr zu Sündern erklärt, sind nicht böse und nicht verkommen. Sie sind krank. Sie brauchen keine Moralreden, sondern ärztliche Hilfe. Was hier nötig ist, ist eine heilende Kraft. Die bringe ich ins Spiel« (Matthäus 9,12. Lukas 5,31–32).

Damit fällt eine grundlegende ethische Entscheidung. Denn so geht es nicht um Belehrung, nicht um Erziehung, nicht um Verfolgung und Überführung eines Täters oder seine Bestrafung. Es geht darum, die Ursachen zu verstehen, von denen das Böse, das ein Leiden ist, ausgeht. Wer aber will einem Arzt verbieten, sich auf Kranke und ihre Schmerzen einzulassen? Ist das nicht sein Beruf?

Es geht ihm nicht um Belehrung, sondern um Heilung

Es kommt dabei heraus, was Jesus am Herzen lag: Er wollte die Heilung geschundener, gekrümmter, angstgepeinigter Menschen. Er wollte, dass sie sich aufrichteten und leben könnten. Er wollte damit zugleich die Heilung der Störungen und Spaltungen und Gegensätze in den Dorfgemeinschaften. Die Heilung der Verhältnisse, der Lebensbedingungen. Die Frager hätten vielleicht zugestimmt, wenn er gesagt hätte: »Sie brauchen eine Bekehrung. Ich bin gekommen, die moralische Ordnung wiederherzustellen.« Aber er spricht von Heilung. Darin mag auch eine Art von Erklärung dafür liegen, was denn eigentlich das Böse sei. Es sei unter anderem das, was die Menschen und die Verhältnisse krank macht. Wir können Jesus beim heutigen Stand unseres Wissens um die Menschenseele durchaus in diesem Sinn neu verstehen. Freilich: Bei ihm wurde das Böse damit nicht etwa harmlos. Es blieb reale Macht. Reales Unheil, wie eine tödliche Krankheit eine reale Gefahr ist.

Woher aber kommt das Böse?

Das weckt die Frage, worin denn das, was wir »das Böse« nennen, eigentlich bestehe. Woher es komme. Und ich will gleich vorneweg sagen, dass kein Mensch darauf je eine Antwort geben konnte. Der Ursprung des Bösen in der Schöpfung oder im Kontrast zu ihr ist und bleibt ein unlösbares dunkles Rätsel. Wir können nur von dem kleinen, deutbaren Zipfel des Bösen reden, der sich in uns selbst, in uns Menschen, zeigt. Wenn ich aus fast sechzig Jahren der Tätigkeit eines Pfarrers die eine oder andere Summe meiner Erfahrungen ziehen soll, dann kann es zum Beispiel die sein, dass es für das Fehlverhalten eines Menschen vorwiegend drei Gründe gibt: die Angst, die Kränkung und die Mattigkeit. Ich will erklären, was ich meine.

Eine der wichtigsten Ursachen ist die Angst

Die Angst liegt beinahe überall auf dem Grund, aus dem eine unethische Tat hervorwächst. Die Angst vor einem Unglück, einem Schicksal, vor einer Benachteiligung, vor dem sozialen Abstieg, einer Schmälerung von Lebensinteressen, vor Vereinsamung. Die Angst vor Gott und dem Leben überhaupt, vor einer Macht, die Gewalt ausübt, vor dem dunklen Abgrund in der eigenen Seele, vor Enttäuschung, vor Entehrung, Beschmutzung oder vor Krankheit, vor dem Verlust eines Menschen oder vor Alter und Tod.

Wenn wir das Böse beschreiben sollen, so pflegen wir üblicherweise von Hass und Gewalttat zu reden, von Herrschsucht, Diebstahl, Betrug oder Untreue, Streitsucht oder Mord oder was immer uns vor Augen steht, und machen es uns dabei einfach: Der Ursprung des Bösen ist der böse Mensch. Wer will, kann gut sein. Und was uns bei dieser Vereinfachung leitet, ist wiederum eine Angst, nämlich die Angst vor den Konsequenzen, die von uns gefordert würden, dächten wir ein wenig differenzierter über die Ursachen eines Fehlverhaltens nach.

Aus dieser Angst aber kommt viel des Zwanghaften, des Unethischen, des Bösen, viel an Gewalttat, an Sicherungsbedürfnis, an Lüge, an Aggressivität, an Verweigerung. Soll ich sagen, woher eine bestimmte Fehlhaltung in einem Menschen rühre, so werde ich immer wieder auf irgendeine der vielen Gestalten der Angst treffen. Die aber kann nicht einfach übergangen oder übersprungen werden, denn ihr hat ein Mensch wenig entgegenzusetzen. Will ich erreichen, dass ein Mensch gut oder wenigstens gemeinschaftsgerecht zu handeln vermag, so muss ich der Angst in ihm ihre Kraft nehmen. Wie aber soll das zugehen können?

Die Angst blockiert die Fähigkeit zu lieben, die Fähigkeit, von sich selbst abzusehen oder auf eigene Kosten für etwas Größeres einzutreten. Angst nimmt den Mut zum Wagnis, die Kraft, fremde Interessen zu den eigenen zu machen, die Freiheit, sich zu offenbaren, also nicht zu lügen. Die Klarheit, sich selbst in seinem tatsächlichen Zustand zu sehen. Vorurteile abzulegen. Neues auf sich zukommen zu lassen und vieles andere, das sich danach als Fähigkeit, ethisch zu handeln, darstellt.

Es geht also um die Minderung der Angst

Ich nehme hier vorweg, was später darzustellen sein wird: Wie und aufgrund welcher Wahrheit und mit Hilfe welcher Kräfte es möglich sei, Angst abzulegen, zeigt uns das, was wir das Evangelium nennen. Die gesetzliche Forderung schafft mehr Angst, als sie überwindet. Es gibt darum keine sinnvolle christliche Moral, wenn ihr nicht das Evangelium, sein Trost, seine Kraft vorausgeht. Eine Ethik, die nicht in der Lage ist, das Leben eines Menschen als unbedroht zu erweisen, überfordert sich selbst. Sie macht sich selbst unwirksam. Sie fordert von sich selbst eine Wirkung, die sie nicht erreicht. Denn sie kommt an die Ursprünge nicht, aus denen das Fehlverhalten hervorging, das sie zu korrigieren versucht. Wenn es ihr nicht gelingt, Ängste zu mindern, Hassgefühle, Neid oder Rachebedürfnisse aufzulösen, ehe sie wirksam werden, wird sie keinen Erfolg haben.

Ich weiß nicht, ob es Phasen der Geschichte gab, die mehr oder die weniger von Angst zu erzählen wussten als die unsere. Denn Angst ist natürlich. Sie ist kein Defekt, sondern eine Antenne für die Gefahren, in denen das Leben ständig steht. Wer darum mit Menschen zu tun hat, kann nicht überrascht sein, wenn er wahrnimmt, wie viel Angst, wie viel bebender Schrecken sich hinter der allgemeinen Lebensfreude, hinter Arbeitseifer und Geselligkeit verbergen. Die Aufklärung war zwar einmal ausgezogen, die Angst gegenstandslos zu machen dadurch, dass sie das Dasein in das Licht der Vernunft hob und dass sie alles, was ängstigen konnte, als gegenstandslos bezeichnete, die Hexen und den Teufel, den gefährlichen

Gott, die Krankheiten und Hungersnöte und alle unbekannten Tiefen in der Menschenseele. Es ist aber unübersehbar, dass dieser Versuch auf ganzer Breite gescheitert ist. Denn die Angst erfindet die Gefahr nicht, sie empfindet vielmehr zutreffend, dass das Gefährliche am Werk ist, und sie zwingt nach wie vor und überall zu Handlungsmustern, die wir als unethisch bezeichnen.

Es ist darum nur konsequent, wenn Jesus uns verbietet, über das Tun anderer Menschen moralische Urteile zu fällen (Matthäus 7,1). Es geht danach vielmehr darum, das Problem oder das Verhängnis oder den Streit oder das rätselvolle Verhalten oder die verwirrte Situation aufzunehmen und zu klären. In den Streit oder das Elend oder das Verhängnis hineinzugehen, hörend, wach und verantwortungsbewusst. Und vor allem liebend. Tue ich das, so kann ich mir statt eines Urteils einen helfenden Rat einfallen lassen. Meine Aufgabe wird sein, dem Täter so viel Schutz spürbar zu machen, dass seine Angst kleiner wird und der Zwang sich löst. Meine Aufgabe wird sein, ihm eine Zukunft zu eröffnen, der er sich anvertrauen kann. In ihm die Kräfte zu wecken, die er braucht, um seiner Angst überlegen zu sein.

15 Er hilft ihnen auf den Wegen der Heilung

Eine zweite Ursache des Bösen ist die Kränkung

Gehen wir den konkreten Bosheiten eines Menschen nach, so werden wir eine zweite Spur finden. Die nämlich, dass irgendetwas geschehen ist, das ihn beschädigt oder krank gemacht hat, dass ihm also eine »Kränkung« widerfahren ist. Jedem Kind, jedem Jugendlichen, jedem beruflich Tätigen und jedem abgeschobenen alten Menschen werden im täglichen normalen Reden oder Tun Verletzungen zugefügt, für die er sich am Ende rächen muss. Der Mut wird beschädigt. Das Selbstvertrauen angegriffen. Demütigungen machen klein. Erniedrigungen vermindern die Achtung, die einer vor sich selbst hat. Die Verlassenheit eines Kindes drückt sich im Verhalten eines Erwachsenen aus. Im Betrieb wird gemobbt. Die Gerüchteküche streut Beleidigungen und Vermutungen, gegen die einer sich nicht wehren kann.

Was dabei als Gegenkraft aufgebracht wird, ist Trotz. Ist ohnmächtige Wut. Wer gequält wird, wird quälen müssen. Wer verletzt ist, der wird verletzen. Wer erniedrigt wird, der wird erniedrigen. Wem Leid geschieht, der wird Leid verursachen müssen. Wem Unrecht geschieht, der ruft nach der harten Strafe. Wenn Kain erlebt, dass sein Bruder ihm vorgezogen wird, so muss er seinen Bruder umbringen. Viel, sehr viel, das wir böse nennen – und das tatsächlich böse ist! –, entspringt also nicht der ursprünglichen Bosheit eines Menschen, sondern den traumatischen Erfahrungen, die er gemacht hat. Er ist gekränkt worden, krank gemacht, und aus der Kränkung entsteht das Bedürfnis, nun wieder zu kränken – und zwar, was die Steigerung der Kränkung ist, zu töten. Vielleicht rächt sich am Ende der führende Mann eines Staates gegen die Traumata seiner Kindheit damit, dass er nach Gründen sucht, einen Krieg gegen irgendwen vom Zaun zu brechen. Es würde sich lohnen, die Weltpolitik und die Weltgeschichte nach Vorgängen dieser Art abzutasten. Vielleicht auch wehrt sich ein kleiner Mann am Ende hilflos gegen seine Verletztheit mit irgendeiner der Umwelt nicht recht verständlichen Neurose.

Solche Dinge pflegen in einer der üblichen katholischen oder evangelischen Ethiken kaum vorzukommen. Wir reden zwar davon, dass wir Böses tun oder getan haben, nicht aber davon, was wir auf diesem Wege in anderen Menschen anrichten. Es kann so scheinen, als hätte das, was wir Böses tun, keine objektive Wirkung. Und es scheint oft so, als ginge aus dem, was einer in einem anderen Menschen anrichtet, nicht eine neue Reaktion hervor, in der Böses, nun vom anderen aus, geschieht. Wir haben immer zu viel vom Sünder geredet, ohne über das Opfer nachzudenken, das danach sündigen muss, weil es durch die Tat des ersteren verletzt, beschädigt, krank gemacht wurde. Wir haben überhaupt das Böse und die seelische Krankheit viel zu wenig in ihren vielfältigen Zusammenhängen bedacht.

Ein Beispiel ist der heutige Terrorismus

Ein kleiner Umweg über die Praxis sei erlaubt. Das Böse tritt in unseren Tagen besonders augenfällig als Terrorismus in Erscheinung. Normal ist, dass man einen geschehenen Terrorakt »auf das Schärfste verurteilt«. Aber könnte es nicht bei etwas mehr Nachdenken auch zu einer anderen Feststellung kommen als zu diesem ausgeleierten und dabei völlig unfruchtbaren Urteil? Der heute alles weitere Unrecht rechtfertigende »Kampf gegen den Terror« wird uns nicht helfen. Am wenigsten wird es der mit Waffen tun, solange die Ursachen des Terrors ungesehen bleiben, solange sie verdrängt, verfälscht, geleugnet weiterbestehen. Ich kann mir überhaupt denken, dass ein Großteil der Erfolglosigkeit von moralischen Forderungen auch des Christentums damit zusammenhängt, dass nach den Ursachen des Bösen notorisch nicht gefragt wird, sondern immer nur nach dem »Herzen« des Menschen, das »böse ist von Jugend auf«, und nach der Tat selbst, die aus dem »bösen Herzen« kommt.

Fragen wir nach den Ursachen etwa des Terrorismus, so wird der Terrorismus nicht als gut und auch nicht als hilfreich beschrieben werden können. Aber er tritt in den Zusammenhang ein, in dem er entstanden ist. Und dann betrifft er hart und gründlich auch die Reflexion dessen, der sich gegen ihn zur Wehr setzt. Wer die politischen und wirtschaftlichen Zusammenhänge prüft, wird rasch sehen, dass »Terroristen« regelmäßig zuerst die Opfer, danach erst die Täter sind. Das gilt von allen Ländern, von denen sie heute ausgehen. In Palästina herrschen seit achtunddreißig Jahren Besatzungsrecht und Besatzungsunrecht. Die Würde und der Stolz der Menschen sind diese lange Zeit hindurch erniedrigt worden. Militärisch können sie sich nicht wehren. Abwarten brächte keine Veränderung. Also tritt als Notwehrreaktion der Terrorismus in Aktion. Was sollen sie anderes tun? Gegen ihn wird mit militärischen Mitteln vorgegangen, aber gegen ihn wird militärisch nichts auszurichten sein. Wege zum Frieden sehen anders aus. Für den Frieden aber haftet der Mächtigere. Und was in den übrigen arabischen Ländern seit der Kolonialzeit und bis in die Gegenwart geschah, wie dort der wirtschaftliche Zwang, der vom Westen ausgeht, eine uralte Kultur zerstört, will niemand unter denen, die heute gegen den Terror kämpfen, wissen. Die christlichen Staaten treten, zum Teil gar noch im Namen Gottes, gegen ihn an und bleiben dabei rein und selbstgerecht. Das Gesetz der Kränkung zeigt seine volle Breitenwirkung.

Die Kränkungen aber wirken so verheerend, weil sie auf die Angst treffen, weil sie andauern und weil das Ungesetzliche, das Böse in der Reaktion der Betroffenen nicht überwunden werden kann.

Eine dritte Ursache des Bösen ist die Mattigkeit

Wenn ich mir die Menschen ansehe, denen ich begegne, auch in den Kirchen, so finde ich als dritten Hintergrund für unethisches Verhalten bei unendlich vielen, auch Leuten voll guten Willens, eine seltsame Mattigkeit. Mir scheint, wohin immer ich komme, in vielen Seelen von Menschen die elementare Kraft zu fehlen, aus der sie eigentlich leben müssten. Der Mut, zu sein. Der Mut, etwas anzufassen. Der Mut, es mit einer Aufgabe, einer Situation aufzunehmen. Der Mut, in der Welt zu stehen, der Mut, sich dem unberechenbar Lebendigen auszusetzen. Der Mut, einzugreifen. Seinen Glauben und seine Überzeugung dem Anspruch von Mächten aller Art gegenüber aufrecht zu erhalten.

Die Folge ist, dass viel unterbleibt, was eigentlich geschehen könnte. Dass gute und richtige Pläne, mit verheerenden Folgen, unausgeführt bleiben. Dass überhaupt ein öffentliches Leben aus Versprechungen, aus Plänen, aus Vorhaben besteht, ohne dass die anstehenden Probleme auch nur ernsthaft angefasst würden. Die Unterlassung tritt der bösen Aktion gleichwertig an die Seite. Das Versagen, das Versäumen und das Unglück, das aus dem Unterlassen hervorgeht. Das Unrecht, das in Kraft bleibt. Die Hoffnungslosigkeit, die aus der andauernden Erfahrung des Versagens und Versäumens entsteht. Die Unglaubwürdigkeit der Sprache, die Hoffnung wecken will, und die nicht verbergen kann, dass der Hoffnung noch stets eine Enttäuschung folgte. Sie prägt das politische Tagesgeschehen tief. Sie reicht aber auch bis weit ins Persönliche und Private damit, dass das Leben insgesamt als Mischung aus Hoffnung und Enttäuschung zu bestehen scheint, das, was die Kirche die »acedia« nennt und was besonders auch Christen anfällt, die sich um ein Leben bemühen, das nach den Geboten Gottes geordnet ist, und die nun dabei ihr Versagen erleben. Mattigkeit ist die Folge, Mutlosigkeit, Schwäche, Willenlosigkeit, und als angebliches Mittel gegen die Niedergeschlagenheit die Droge und alles, was den Lebenswillen betäubt. Der Kampf gegen die Droge aber wird so erfolglos bleiben wie der Kampf gegen den Terror und der Kampf gegen das Böse überhaupt, solange die Ursachen nicht geklärt sind. Es ist charakteristisch, dass Jesus vom Kampf gegen das Böse überhaupt abrät (Markus 5,38–41), indem er dazu aufruft, dem »Übel nicht zu widerstehen«. Wir sollten endlich aufhören, solchen Rat als weltfremd abzutun.

Wie könnte Angst auf ihre hilfreiche Funktion, eine Antenne für reale Gefahr zu sein, eingegrenzt werden? Wie fänden wir die Weisheit, der Kränkung, die uns widerfährt, sinnvoll und lösend zu begegnen? Wie fänden wir den Mut, es mit dem Tag und seinen Forderungen aufzunehmen, mit unserer Zukunft, mit der Zukunft der Menschheit? So oder ähnlich müssten wir fragen, um zu verstehen, was Jesus damit sagt, dass er die Menschen nicht böse nennt, sondern krank. Und um zu fassen, worin die heilende Kraft seiner Botschaft besteht.

Wandlung ist nötig

Soll ein Leben gelingen, so muss der, der es lebt, sich von Schritt zu Schritt wandeln. Das ist gewiss, und es kommt alles darauf an, wie er dazu fähig wird. Aber das eben ist die Frage: Kann sich ein Mensch ändern? Kann irgendetwas an ihm heil werden und was? Wer jemals versucht hat, sich zu ändern, kennt auch die Sackgassen, in die solche Versuche zu laufen pflegen. Er kann sich nicht mehr Verstand verschaffen, als er hat. Er kann seine Willenskraft nur unwesentlich steigern. Er kann die Situationen, in denen er sich befindet, kaum beeinflussen, so wenig wie die Art und Weise, wie er auf sie reagiert. Es kann uns, wenn wir Jesus bei seiner Arbeit zusehen, schon überraschen, dass er, von dem gesagt wurde, »er wusste, was im Menschen war«, eine Änderung in den Menschen durchaus für möglich hielt. »Geh und sündige nicht mehr«, sagt er zu einer Frau nach ihrem Fehltritt. »Du musst neu anfangen nach Art einer neuen Geburt«, sagt er zu Nikodemus. Zu einem Gesetzeslehrer: »Geh und tu, was dem in deinem Leben entspricht«, und zu irgendeinem jungen Mann: »Lass alles hinter dir und komm!« – das heißt: Schau auf das, was du gewinnst, und nicht auf das, was du verlierst. Wir werden solche Worte als unrealistisch empfinden, es sei denn, wir verstünden, welchen Weg Jesus mit einem Menschen, den er ändern will, geht.

Was aber über Fragen der Ethik hinausreicht, macht im Grunde die Vollgestalt eines Menschenlebens aus. Ob es mir gelingt, meine Flügel zu regen und vielleicht ein kleines Stück mit mir selbst voranzukommen, das ist weniger eine ethische Frage als eine Frage meines Vertrauens. Ob in meinem Leben etwas wie ein Wachstum Raum hat, ob in ihm die notwendigen Wandlungen geschehen können, das ist wiederum nicht eine Frage der Ethik, sondern eine Frage der Kräfte, die mir gegeben werden, die ich im Vertrauen aufnehme und wirken lasse. Das aber ist der Sinn des Weges, den Jesus mit den armen Menschen seines Landes geht, des Weges der Heilung und der Genesung, bis er ihnen sagen kann: »Nun strahlt aus, was in euch ist! Leuchtet! Ihr seid das Licht der Welt.«

Wenn wir von einer heilenden Bemühung eines Arztes oder Helfers sprechen, so sprechen wir von »Therapie«. Das Wort gibt uns einen wichtigen Hinweis. Das Wort meint, wie es aus dem Griechischen zu übersetzen ist, den gärtnerischen Umgang mit der Erde. »Therapieren« heißt den Boden bereiten für das, was danach in ihm gedeihen will. Ihn gut versorgen. Ihm Pflege geben und Nahrung. Mit diesem Wort stehen wir in einem Garten oder auf einem Acker. Ein Heiler ist der, der den Boden des Menschenherzens zusammen mit dem Menschenleib bereit macht und aufnahmefähig für das, was Gott in ihn gesät hat und was in ihm aufwachsen will. Der Mensch also, mit dem sich eine Ethik befasst, ist der zu Heilende oder der Geheilte. Ein Mensch, unter dessen Händen die Verhältnisse sich ändern lassen.

Sechshundert Jahre vor Christus sagt der zweite Prophet Jesaja: »Deine Seele soll sein wie ein wasserreicher Garten« (Jesaja 58,11). Jesus sagt es kaum anders: Du bist ein Acker, über dem die Sonne scheint und auf den der Regen fällt. Lass wachsen, was in dich gelegt ist. Du bist gesegnet. Lebe, wachse und gedeihe und tu das Deine mit all deiner freien Energie, wie es dir vor die Hand kommt. Diese Logik macht eine christliche Ethik aus: Tu, was immer du als ein gesegneter Mensch tun willst. Du wirst es im Einvernehmen mit dem Gott tun, der mit dir ist. Hier liegt der Anfang einer christlichen Ethik, falls an einer solchen danach noch Bedarf bestehen sollte.

16 Er zeigt ihnen ein anderes Bild von Gott

Wie anders Jesus mit den Menschen, vor allem mit den Gästen seiner Festmähler, umging, was er ihnen sagte, was er mit ihnen tat, geht zentral aus dem Bild von Gott hervor, das er ihnen vor die Seele stellte. Dieses Bild war die eigentlich heilende Kraft, die er ins Spiel brachte. Es war die entscheidende Entlastung, Befreiung, Ermutigung. Wenn wir dieses Bild nicht sehen, muss uns unerfindlich bleiben, was denn Jesus überhaupt mit seinen wenigen Heilungen und seinen Gesprächen und Reden in dieser Welt habe bewegen wollen.

Jesus geht vom Gottesbild der jüdischen Tradition aus

Der selbstverständliche Hintergrund, von dem er nur wenig spricht, ist der ihm überkommene Glaube an den »Gott Israels«. Er steht voll in der Überlieferung seines Volkes. Gott ist für ihn wie für das ganze Alte Testament der Schaffende im Anfang wie der Schaffende und Lebendige zur gegenwärtigen Stunde. Er ist der Nahe, der mit uns Menschen das Gespräch sucht. Der Zuverlässige, auf dessen Treue Verlass ist, der Gerechte, der den Armen Recht schafft, der unbestechliche Richter, der gütige Vater. Vor allem das prophetische Bild von Gott als dem, der menschlicher Anmaßung und Gewalt widersteht, bleibt für ihn unverändert im Hintergrund. Es ist völlig falsch, auch wenn es oft versucht worden ist, einen Gegensatz zwischen dem Gott des Alten und des Neuen Testaments zu konstruieren, so, als wäre der Gott Israels der dunkle Rächer und Richter, der der neutestamentlichen Botschaft der gütige Vater. Was bei Jesus anders und neu ist, ist, dass er dieses Bild mit verändertem Schwerpunkt an sich selbst und seinem Tun ablesbar macht.

Er zeigt Gott mit dem Hinweis auf sich selbst

Er wendet sich an die Menschen, er tut etwas Bestimmtes, und sagt dabei etwa so:

Ich höre, was ihr klagt. Ich will euch helfen. Das könnt ihr sehen. Vertraut darauf, dass Gott, von dem ich gesandt bin, euch wie ich hört und zu euch steht.

Ich lade euch an meinen Tisch. So vertraut darauf, dass ihr Gott willkommen seid, dass ihr zu seiner Familie gehört.

Ich heile eure Leiden und Gebrechen. Ich tue das in Gottes Auftrag. So vertraut darauf, dass Gott euch heil und ganz sehen will an Leib und Seele.

Ich gebe eurem Leben mit dem, was ich euch sage, Richtung und Sinn. So vertraut darauf, dass ihr euren Weg finden und ihn im Einvernehmen mit Gott gehen könnt.

Ich stehe vor euch als euer Menschenbruder, vertraut also Gott als unserem gemeinsamen Vater.

Ich stehe bei euch und zu euch, den Armen und Ausgegrenzten. Vertraut darauf, dass Gott dasselbe tut.

Ich stehe gegen die Arroganz der Reichen und der Mächtigen, auch wenn sie sich auf Gott berufen oder wenn sie vorgeben, ihn auf dieser Erde zu vertreten. Ich schütze eure Würde, und ich tue das, weil Gott es tut.

Ich rede offen mit euch. Ihr könnt mich hören und verstehen. In dem, was und wie ich rede, redet Gott mit euch. Ihr könnt ihn verstehen. Wahrheit ist kein Traum. Ich zeige sie euch.

Ich gehe mit euch eure Wege des Leidens und der Armut und weiß mich von Gott behütet. Verlasst euch darauf, dass Gott euch wie mich geleitet.

Ich gehe in mein Leiden und Sterben für euch. Verlasst euch darauf, dass auch in eurem Leiden und Sterben Gott euch nahe bleibt.

Ich verlasse euch nicht, vertraut darauf, dass Gott euch nicht verlässt, auch wenn ihr tausendmal schreit: Warum hast du uns verlassen?

Jesus zeigt das Gefälle der Liebe Gottes von Gott über ihn selbst bis zu uns

Er sagt: Wie ich Sohn Gottes bin, so könnt ihr Söhne Gottes sein, Töchter Gottes; wie es Gottes Anrede ist, die durch mich ergeht, so kann sie durch euch ergehen. Was ich tue, ist Gottes Werk, es kann auch sein Werk sein, das durch euch geschieht. So wandelt Jesus das theistische Gottesbild in das mystische. Es ist im Grund für Jesus eins, ob er nun vom Vater spricht, vom Sohn oder vom Wehen des Geistes. Und es ist schon als Unglück zu betrachten, dass dieses fließende Gottesbild von den Kirchenvätern des 3. bis 5. Jahrhunderts wieder verfestigt wurde, sodass aus diesem Ineinander der Nähe, der Liebe und der Kraft Gottes drei fest gezeichnete »Götter« wurden, der Vater, der Sohn, der Heilige Geist, die man danach wieder einander zuordnen musste zur Lehre von Gottes Dreieinigkeit, die danach kein Mensch mehr versteht. Aber es geht bei dieser Lehre nicht um eine Konstruktionszeichnung, die wir von Gott anfertigen, sondern um Erfahrungen, die in der Tiefe der Seele mit der Lebendigkeit Gottes zu machen sind.

Das Bild Gottes löst sich heute in vielen Menschen auf

Mit dieser Gotteserfahrung und Gotteseinheit, die Jesus ausstrahlt, sind wir zwar in der Hütte jenes galiläischen Dorfes, wir sind aber auch mitten in den Umbrüchen unserer eigenen Zeit. Was wir heute erleben, und zwar auf vielen Ebenen zugleich, ist dies, dass das herkömmliche starre Gottesbild des fordernden und richtenden Gottes sich still und unaufhaltsam in vielen Millionen Menschen auflöst. Das hängt mit der Entwicklung unseres heutigen Denkens zusammen, das gelernt hat, die ganze Welt aus ihrer festen, starren Ordnung herauszulösen und hinter den bisher geltenden räumlichen und zeitlichen Grenzen weitere, unbekannte, aber gegenwärtige Welten zu vermuten, die unsere feste Wirklichkeit durchströmen, durchpulsen, durchgestalten. Das ist ein Prozess, der durch nichts aufzuhalten ist. Ein Christentum, das sich ihm verweigert, wird untergehen. Wir müssen, ob wir das schon können oder nicht, zurückkommen auf Jesus selbst. Denn der Gott vom Berg Sinai lässt sich nicht wiederherstellen. Der Gott Jesu lebt, und er lebt erfahrbar nahe und gegenwärtig im ganzen Kosmos wie in der ganzen geistigen Welt wie auch in unserer eigenen Seele.

Was also erkennen wir von Gott?

Wie kann es uns gelingen, etwas von ihm zu verstehen? Gott, das ist bei Jesus zu lernen, ist nicht zu haben wie ein Gegenstand menschlichen Nachdenkens. Wir werden ihn in Begriffen nicht fassen, denn Begriffe haben nur Sinn, wo wir etwas mit unseren Gedanken begreifen. Nicht wir aber greifen auf ihn zu, sondern er muss sich uns zuwenden, und wir werden ihn erfahren, wenn und wie er unser Herz berührt und bewegt.

Und wie kann unser Geist etwas von Gott sehen wollen? So, dass wir miteinander die Bilder betrachten, die wir von ihm haben. Jedes Wort, das von ihm redet, stellt ein Bild vor uns auf. Das ist in aller menschlichen Sprache so. Nun spricht auch Jesus von Gott in Bildern. In seinen Geschichten erzählt er von einem König, einem Gutsbesitzer, einem Hirten, einem Unternehmer, einem Hausherrn oder von einem Vater, der für seine Tochter eine Hochzeit ausrichtet. Erkennbar sind immer die Bilder. Ich halte alle christliche Bilderstürmerei für Torheit. Was wir neu lernen müssen, ist, uns bewusst zu machen, was die vielen Bilder der religiösen Sprache aussagen, was sie offen oder verschlüsselt bedeuten. Es geht um Bilderdenken, Bilderschauen, Bildererleben, Bilderfühlen. Wenn aber ein Mensch ein Bild beginnt zu verstehen, was soll ihm dann die Vorschrift irgendeiner geistlichen Autorität, er habe dies und dies dabei zu glauben? Bilder und was sie in uns tun, sind nicht kontrollierbar. Aber sie sind lebendig und eine Quelle der Einsicht.

Es gibt Götter, an die ich nicht glaube

Ich habe immer wieder den Eindruck, ich müsse irgendwann einmal klar sagen, an welchen Gott oder welche Götter ich nicht glaube. Auch dann nicht, wenn es »christliche« Götter sind. Auch nicht, wenn sie von einer Kirche vertreten oder von einem Staat anerkannt werden.

Ich glaube an viele Bilder von Gott, mit denen ich erzogen worden bin, nicht. Nicht an den strengen Gott, der meinen Gehorsam fordert und der mir seine Liebe entzieht, wenn ich eigene Wege gehe. Ich glaube auch nicht an den »lieben Gott«, der alles schon recht machen wird, was wir tun, von dem alle Welt so gerne redet, wenn ihr ganz und gar verborgen ist, was denn Liebe heißt und wer Gott ist.

Ich glaube nicht an den Gott des Geldes, den Mammon, wie Jesus sagt. Nicht an die Götter der Nationen, die ihre Kriege führen. Nicht an die Götter der Erotik, der Rüstung, der Fortschritte der Wissenschaft, des Wachstums der Wirtschaft. Ich glaube nicht an den Gott der Ausbeuter. Weder an den der kolonialen noch an den der globalisierten Mächte. Ich glaube nicht an den Gott, der die Reichen segnet, die die Menschen ausrauben, nicht an den Gott einer die Verhältnisse stabil haltenden politischen Moral oder an die Götter alles beherrschender Sachzwänge.

Ich glaube nicht an den Drohgott. Nicht an den Sündenangstgott. Nicht an den Gott, der uns klein will. Der das Glück immer nur bis zu einem gewissen Grad gestattet. Der an nichts so brennend interessiert ist wie an meinem kleinen Sexualleben. Den Gott, der den Kindern vorgestellt wird als der, der alles sieht und bestraft. Den Gott, der hinter so vielen Neurosen zu vermuten ist. Den Gott, der das freie Nachdenken verbietet.

Nein, ich versuche, mein Leben auf den Gott hin ausgerichtet zu halten, den mir Jesus in seinen schlichten Worten zeigt.

Die Auflösung der alten Gottesbilder hat ihr Gutes

Ich bin all denen dankbar, die uns in den vergangenen Jahrzehnten von solchen Götzenbildern befreit haben, auf welchen Wegen immer sie es versucht haben. Auf dem Weg des politischen Umdenkens, auf dem Weg der Frauenbewegung, auf dem Weg des kritischen Nachdenkens oder der Entdeckung der natürlichen Zusammenhänge. Auf den Wegen der Psychologie oder der meditativen Bemühung, auf den Wegen der Auslegung des Evangeliums oder der spirituellen Einübung. Es ging in den letzten fünfzig Jahren ein Aufatmen durch die Reihen vieler Christen, und ich habe dieses Aufatmen geteilt. »Die Wahrheit wird euch frei machen«, sagt Jesus.

Ich möchte jedenfalls all das in meinen Glauben aufnehmen, was den Gästen und Hörern Jesu zugute kam: das Vertrauen in den Gott, den Jesus ihnen zeigte. Den Mut, den er in ihnen weckte, die Kräfte, die er ihnen gab, die Hoffnung, die er in ihnen schuf. Und ich habe Grund, das zu tun, weil seine Gestalt, sein Weg und sein Wort mit dem Bild Gottes übereinstimmen, das er verkündigt. Weil bei ihm alles eins ist. Zudem vertraue ich darauf, dass er mehr wusste als ich, dass seine feste innere Verbindung mit diesem Gott der Hintergrund seiner Reden war. Dass er in seiner Liebe und in seiner Unerbittlichkeit die Tür war für die, die wirklich nach Wahrheit suchten. Anders gesprochen: weil ich ihn für zuständiger halte als alle Weisen dieser Erde.

Wir müssen von den christlichen Moralvorstellungen heute viel vergessen

Es war alles ganz einfach: Jesus lud die Menschen ein, nahm sie auf, bewirtete sie, redete mit ihnen. Und er tat es so, dass sie verstehen konnten: Hier handelt einer im Namen Gottes. Und zum anderen so, dass sie verstanden: Wir stehen diesem Gott nicht als verlassene Einzelne gegenüber. Wir sind rechts und links in eine geschwisterliche Gemeinschaft eingebunden, die als Ganze von Gott angeredet ist. Was Jesus mit dem Bild vom »Vater« sagt, ist von nicht zu überbietender Einfachheit. Er sagt: Ihr kommt von ihm her. Ihr seid seiner Art. Verlasst euch auf ihn. Ihr braucht keinen anderen Schutz. Keine andere Versorgung. Ihr braucht, um euer Leben zu sichern, keine Waffe und keinen Streit. Ihr lebt im Frieden.

Was uns als Moral angeboten wird, verfügt von einem übermächtigen, bedrohlichen Gott, das müssen wir einmal gründlich vergessen haben. Was uns von dem Gott erzählt wird, der unerreichbar, unansprechbar auf seinem Berg thront und uns Menschen vor allem klein macht, das muss in unseren Händen einmal gründlich verwelkt sein. Nein, sagt Jesus: Gott hat dich ins Leben gerufen, weil du wachsen sollst, weil etwas Großes aus dir hervorgehen soll: sein Reich.

Wir dürfen uns aufrichten

Du bist wichtig, weil du Gottes Ort bist. Wie ich zwischen euch sitze, so scheint mir Jesus zu sagen, so ist Gott in eurer Seele gegenwärtig zwischen allen euren guten und bösen, schöpferischen und zerstörenden Kräften. Wenn euch das ganz deutlich ist, wenn ihr das Wort hört, mit dem Gott in euch eintritt, so findet ihr die eigentliche Lebenskraft, die euch zugedacht ist. Ihr seid ein Ort und Wirkraum Gottes. Mehr könnt ihr nicht wollen und nicht werden. Anders gefasst: Ihr seid ein Acker, in dem Gott sein Reich wachsen lässt. Ihr seid unentbehrlich, wenn dieses Reich entstehen soll. Ihr könnt es zwar nicht schaffen, aber ihr könnt ihm Raum und Nahrung geben. Das Reich, das seid ihr selbst.

Und am Ende: Wenn ich den Gedanken Jesu nachgehe, dann muss ich Gott nicht beschreiben, wie er es selbst nicht getan hat. Ich muss ihn auch nicht nach mir selbst formen. Vielmehr beschreibe ich die Bestimmung von uns Menschen, auch meine eigene, nach dem Bild, das Jesus mir von Gott, dem Vater, gezeigt hat.

17 Er öffnet ihnen die Augen für eine freie Zukunft

Ob in einem Hof zwischen den Hütten beim gemeinsamen Essen, ob auf irgendeiner Dorfstraße, im Fischerhafen oder auf einem der wunderbaren Berge Galiläas – immer war das heimliche oder offene Thema das eine: die Zukunft. Sie ist groß. Sie ist licht. Dein Leben endet nicht in einem Abgrund. Dein Weg ist frei.

Du hast ein Ziel

Wende dich ihm zu. Ich zeige dir, wohin und worauf zu du lebst. Ich zeige dir, wofür es sich lohnt, deine Kräfte einzusetzen. Unterscheide also zwischen wichtig und unwichtig. Unterscheide zwischen dem großen Ziel, auf das die Menschengeschichte zuläuft, und deinen kleinen Interessen. Es gibt etwas, das größer ist als dein Herz und dein Kopf. Ich nenne es Reich Gottes. Glück und Erfüllung sind am Ende von dem zu erwarten, was hinausreicht über die Grenzen deines Lebens. Diese Erfüllung ist dir zugesagt. Setze alles auf diese eine Wirklichkeit, bis dich nichts mehr so erfüllt wie die Sehnsucht nach der ungeteilten Welt Gottes und der Menschen.

Stütze dich nicht auf das, was vergeht

Es trägt nicht. Sammle zum Beispiel keinen Reichtum. Er ist sinnlos. Was ist denn wichtiger: das Gepäck, das du trägst – oder der Weg, den du gehst? Je schwerer das Gepäck, desto kürzer die Strecke, die du bewältigst. Du kannst keinen Möbelwagen mitnehmen, wenn die Tür eng wird, durch die du zu gehen hast. Dabei gilt nicht nur, dass die Tür eng ist, sondern auch, dass, was eng ist, sich als Tür erweist, durch die du gehen kannst. Frei für das, was dich erwartet, bist du in dem Maß, in dem du Ballast ablegst.

Nichts kann dir verloren gehen

Darum verschwende dich. Wenn du einen Menschen liebst, ist es dir selbstverständlich, dass du dich für ihn verschwendest. Du selbst bist entstanden aus der Verschwendung, die die Art Gottes ist. Also gib dich aus! Gelingt dir das, so kannst du auf das Nichts treten wie auf einen festen Boden. Deine Zukunft ist dir gewiss.

Fürchte dich nicht

Du gehst behütet auf einem sinnvollen Weg. Du lebst aus der Kraft Gottes, die in dir ist. Du hast keine Furcht nötig. Weder vor deinem Weg. Noch vor einer Gefahr. Noch vor einer Macht, die dich bedroht. Noch vor deinem eigenen Scheitern. Noch vor den Menschen. Gott ist größer als dein Herz und größer als deine Angst. Darum vertraue dem, der größer ist, und lass das Kleinere. Und steh den Menschen gegenüber ein für das Große, das kommt.

Du darfst leben

Verbrauche keine Zeit und keine Energie mit Sorgen. Es ist wenig, was sie bewirken und was sie bringen. »Du kannst mit deinen sorgenvollen Gedanken nicht bewirken, dass die Zeit deines Lebens um einen halben Meter länger wird.« Du kannst dir überlegen, was du tun musst, um dein Leben zu erhalten. Aber tu es, ohne deine krausen Sorgen im Kreis zu drehen. Sie führen zu nichts. Vielleicht fällt uns dabei auf, dass in Jesus etwas ungemein Heiteres war. Eine lächelnde Überlegenheit. Seine Gedanken wären begreiflich, lebte er in dem Wohlstand, in dem wir heute leben, und nicht in seinem bitter armen Land. Aber das ist für sein Wort kennzeichnend: Seht frei und offen in die Zukunft. Achtet auf die Gerechtigkeit, die ihr schaffen könnt. Seht auf den Frieden, der von euch ausgehen kann. Schaut über eure arme Menschenwelt hinaus auf das, was Gott tun wird. Alles andere ist von geringerer Wichtigkeit.

Dir ist Erfüllung zugedacht

Sieh zu, dass dein Leben ihr entspricht. Dass es sie vorweg abbildet. Wer will, dass Menschen ihre Würde bewahren, wird seine Würde empfangen. Wer andere frei macht, wird ein freier Mensch sein.

Dein Versagen trennt dich nicht von Gott

Was dir misslingt, könnte dich auf einen Irrweg führen. Den Irrweg, so zu tun, als seiest du fehlerfrei. Du bist es nicht. Aber das trennt dich nicht von Gott und nicht von dem Ziel, das du vor dir hast. Gott sieht in dir den, der ihm zugehört. Du bist geliebt. Darum steh zu dem Menschen, der du in Wahrheit bist und als der du dein Ziel erreichen wirst.

Noch einmal: Was ist das »Reich Gottes«?

Was ist das für ein Ziel? Jesus hat dafür, wie gesagt, eine Chiffre, die jeder kennt und die keiner versteht: Das »Reich Gottes«. Die »Gottesherrschaft« oder wie immer er das kommende Heil nennt. Das war an sich nichts Neues. So nannte man ganz allgemein in seinem Volk, was man erhoffte. Man redete vom Reich Gottes, man verlangte nach ihm und nach der Erfüllung eines Traums langer Jahrhunderte. Um dieses Wort ging in jener Zeit die Diskussion zwischen den politischen Parteien, zwischen den Gelehrten, auch zwischen den vielen Gruppen im Volk oder auch zwischen den Falken und den Tauben im Kampf gegen Rom. Und diesem Gedanken vom »Reich« gibt Jesus seine eigene Gestalt. Er deutet ihn mit seinem eigenen Auftrag.

Er hat sich auch in christlicher Zeit durchgehalten. »Dein Reich komme!« Dieser Ruf ist nie verstummt, und immer war es ein Schrei nach Erlösung. Ein Flehen um Gerechtigkeit. Um Frieden. Um eine bessere Zukunft, ein Ende der Herrschaft bloßer Gewalt und Willkür, das Ende einer unerträglichen Gegenwart.

Seit ich mich bemühe, für unsere heutige Situation deutlich zu machen, was das Evangelium uns sagen will, rätsel ich, wie man dieses ungreifbare Fremdwort ins Deutsche übersetzen könne so, dass ein Mensch von heute sich etwas darunter vorstellen kann. Aber es ist fast unmöglich. Das liegt vor allem an seiner Vielgestaltigkeit. Das Reich, von dem Jesus spricht, wächst aus kleinen Anfängen unmerklich heran, wie ein Saatkorn zur Frucht wird. Es kommt andererseits plötzlich und mit Urgewalt, als kosmische Katastrophe. Es nistet sich still und verborgen in dem Menschen ein, der es erwartet. Es gestaltet sich durch in den äußeren Verhältnissen. Es nimmt Gestalt an als eine Gemeinschaft von Menschen und macht sie zum Wirkraum Gottes, zu seinem Organ. Und schließlich gedeiht es dort, wo ein Mensch wach wird für irgendeine Notlage, wo er zugreift und sein Schicksal übernimmt und vielleicht in seiner Umwelt etwas ändert.

Reich Gottes – das ist aber auch ein Bild für die Welt insgesamt, die aus ihrer Zerrissenheit und Widersprüchlichkeit in die eine Welt Gottes gewandelt ist. »Ich sah den Satan vom Himmel fallen«, sagt Jesus. Das heißt: Er hat ausgespielt. Die Welt ist eine mit all ihrem Licht und all ihrer Dunkelheit, und sie ist Gottes. Dieses Reich Gottes aber bildet Jesus ab in jener Tischrunde, zu der er die bunte Gesellschaft seiner Gäste geladen hatte. Er wendet also den Kopf seiner Gäste aus ihrem kleinen Umkreis hinauf zu dem, was kommt. Was sie erwartet. Die Krämer reden ja seit der Steinzeit: Maß halten! Bescheiden sein! Der Sperling in der Hand ist besser als die Taube auf dem Dach! Aber Jesus preist die glücklich, denen die Taube auf dem Dach mehr ist als der Spatz in der Hand oder gar der Spatz auf dem Dach mehr als die Taube in der Hand. Immerhin muss, wer einen Spatzen auf einem Dach sehen will, den Kopf heben.

Das Wichtige ist die Zukunft

Es ist für Jesus charakteristisch, dass er unser ganzes Menschendasein von einer Zukunft bestimmt sieht. Es gibt nach ihm praktisch keine Gegenwart. Die wäre ja auch, gäbe es sie, dünn wie die Schneide eines Messers. Wirklich ist ihm allein, was auf eine Zukunft zuläuft oder aus der Zukunft herkommt. Er sagt: Alles ist möglich. In allem liegt eine Chance. In allem droht eine Gefahr. In allem liegt ein Auftrag. Tu also, was sich in der Zukunft bewähren wird. Verschenke nie deine Zukunft für etwas, das du in deiner kurzen Gegenwart gewinnen oder genießen könntest.

Willst du, Mensch, also leben, wie es der Bestimmung der Welt und deiner eigenen, dir mitgegebenen Bestimmung entspricht, so sagt Jesus, dann halte dich bereit, damit das Kommende dich findet, dich antrifft. Bleibe wach, bis es dir begegnet. Und: Sieh zu, dass sich die Weise, wie du lebst, als richtig erweist. Tu also, was die hereinkommende Zukunft fordern wird, schon heute. Lebe so, dass an dir zugleich sichtbar wird, wie der neue Mensch aussehen könnte, der für das Reich Gottes in dieser Welt kämpft, der es darstellt, der für die Zukunft der Menschheit sein Leben einsetzt.

Das »Reich« soll unser Menschenleben prägen

Denn aus dem Gedanken vom kommenden Reich Gottes könnte für uns auch die Aufgabe hervorgehen, es vorab darzustellen mit der Weise, in der wir auf diesem Erdball zusammenleben. Wir könnten es, unabhängig davon, wann und wie es kommen wird, abspiegeln in einem Reich, das die künftige Gestalt des Menschen zeigt. Wir könnten uns vornehmen zu zeigen, wie das Leben des Menschen auf dieser Erde gelingen könne, was Gemeinsamkeit, was Gerechtigkeit, was Friede sei. Wir werden dabei nicht das Reich Gottes heraufführen, wohl aber seine Zukunft in unserem menschlichen Denken und Tun kenntlich machen. Durch unser Vertrauen und unsere Zuversicht.

V.

Jesus hat seine besondere Weise, von Gut und Böse zu reden

18 Er erzählt alltägliche Geschichten

Begleiten wir Jesus auf seinen Wegen durch Galiläa und hören wir ihm zu. Er redet mit den Menschen auf den Straßen, in den Hütten der Dörfer oder irgendwo am Ufer des Sees. Er hört ihnen zu, wenn sie klagen oder ihm ihre Fragen stellen. Er lebt im Gespräch mit ihnen, und wenn er ihnen etwas Bestimmtes deutlich machen will, erzählt er eine kleine Geschichte. Er bietet ihnen nur auf den ersten Blick etwas wie Moral an oder Ethik. Er führt sie mit seinen Reden vielmehr zu irgendeiner einfachen Weisheit, in der sie finden können, was sie zu tun hätten.

Manchmal redet er wie ein Lehrer des Gesetzes

Manches, was wir aus seinen Reden in den Berichten über ihn lesen, könnte uns auf eine nicht ganz richtige Spur führen. Denn manchmal scheint Jesus zu reden wie ein Lehrer des Gesetzes oder der Moral. Manchmal sagt er einfach: Tu das! Tu das nicht! So hören wir etwa in der Bergpredigt klare und eindeutige Anweisungen in dichter Folge:

> »*Vertrage dich mit deinem Gegner,*
> *solange du mit ihm auf dem Weg bist.*«
> Matthäus 5,25

> »*Verführt dich deine rechte Hand, so haue sie ab.*«
> Matthäus 5,30

> »*Wer mit seinem Bruder zürnt,*
> *muss vor Gericht gestellt werden.*«
> Matthäus 5,22

»Liebt eure Feinde.«
Matthäus 5,44

*»Wer eine Frau begehrlich ansieht,
hat schon mit ihr die Ehe gebrochen.«*
Matthäus 5,28

»Ihr sollt nicht schwören.«
Matthäus 5,34

»Ihr sollt euch gegen Gewalt nicht verteidigen.«
Matthäus 5,39

»Wenn ihr Almosen gebt, dann schweigt davon.«
Matthäus 6,3

»Wenn ihr betet, so geht an einen verborgenen Platz.«
Matthäus 6,6

»Wenn ihr fastet, so tut es unauffällig.«
Matthäus 6,17–18

»Sammelt keine Schätze.«
Matthäus 6,19

»Ihr sollt andere Menschen nicht richten.«
Matthäus 7,1

Eine solche Aufzählung von konkreten Anweisungen könnte zu dem Schluss führen, Jesus habe eine Ethik vertreten, die sich aufreiht an möglichen Lebenssituationen und klaren Anweisungen. Aber das täuscht. So dürfte Jesus kaum geredet haben. Man ist sich heute darüber einig, dass Jesus die Bergpredigt nicht in dieser Form gehalten hat, dass vielmehr Matthäus sie zusammengestellt hat aus den Themen vieler Reden, sodass wir hinter jedem kurzen Stück von zwei oder vier Versen eine zu irgendeiner Zeit und vor irgendeinem Publikum gehaltene längere Rede Jesu vermuten dürfen. Matthäus hat aus diesen Reden die Quintessenz gezogen, und er hat dafür die Redeweise gebraucht, wie sie für Morallehrer charakteristisch ist: »Du sollst!« – »Du sollst nicht!« – »Tu das!« – »Tu jenes nicht!«

Dieser Wandel der Redeweise Jesu in die eines Morallehrers hat meines Erachtens auch zu der Vorstellung geführt, Jesus sei ein Sozialreformer oder ein Umstürzler gewesen, dem es auf eine neue und gerechtere Gesellschaft angekommen sei. Aber er hatte weder ein soziales noch ein politisches Programm für die damalige Zeit. Wäre es so, dann wäre, was er gesagt hat, für uns in unseren so ganz anderen Verhältnissen wenig hilfreich. Es wäre nach wenigen Jahren überholt und nutzlos gewesen. Was er gesagt hat, war aber über eine gewisse soziale Botschaft hinaus die Würdigung und Befreiung der Menschen und zugleich die Ausrichtung auf ein Ziel hin, das aller sozialen Not vorausgriff und sie maß an dem großen Bild vom »Reich Gottes«. Das Reich Gottes aber kann nie auf dem Wege von Sozialreformen hergestellt, es kann immer nur in Offenheit und Bereitschaft als das Maß für die Menschlichkeit und Gottesnähe des Menschen geschaut werden.

Wie mag er wirklich geredet haben?

Ich stelle mir eine der festlichen Versammlungen vor, bei denen es laut und fröhlich zuging. Irgendwann gibt Jesus ein Zeichen, und es tritt eine Stille ein. Wie es bei orientalischen Festen üblich war und noch ist, beginnt Jesus zu erzählen: »Es war ein König, der mit seinen Ministern und seinen Mitarbeitern abrechnen wollte …« »Ein Großgrundbesitzer ging früh am Morgen aus, um Arbeiter für seinen Weinberg einzustellen ...« »Ein König wollte für seinen Sohn die Hochzeit ausrichten ...« »Es war ein vermögender Mann, der pflanzte einen Weinberg und zog einen Zaun darum ...« »Zehn junge Mädchen nahmen, als sie zu einer Hochzeit eingeladen waren, ihre Lampen und gingen auf die Straße, dem Bräutigam entgegen ...« »Ein Mensch ging außer Landes, rief seine Knechte zusammen und vertraute ihnen sein Vermögen an ...«

Solche Geschichten erzählte Jesus in einem Dorf, wenn er zu einer Versammlung sprach, oder in einem Hafen, wo er im Boot und die Menschen auf dem Kai standen. Im vertrauten Kreis seiner Mitarbeiter oder wo und wie immer. Er führte seine Hörer in eine Szene, die irgendwo anders spielte, und überließ ihnen, sich in ihr wiederzuerkennen.

Ein Gleichnis schließt an den Alltag an

Wir sprechen davon, Jesus habe »Gleichnisse« erzählt. Was ist eigentlich ein Gleichnis? Es hat seine Besonderheit darin, dass es Alltägliches aufgreift und daran eine Folgerung knüpft. Es erinnert an normale Vorgänge, die jedermann bekannt sind. Die aber werden dabei zu Hinweisen auf etwas, das Gott in verborgener Weise in den Menschen tut oder zukünftig in seinem Reich tun wird.

Auf euren Äckern wächst nicht nur Gerste oder Weizen, sondern auch Unkraut. Wenn der Weizen an Höhe gewinnt, geht ihr dann durch das Getreide, um das Unkraut auszureißen? Nein. Ihr wartet bis zur Ernte und lest es dann heraus. Das Urteil über gut und böse fällt nicht jetzt, sondern in der Ernte am Ende der Zeit (Matthäus 13,24–30).

Auf euren Äckern werft ihr eure Saat aus. Davon geht nicht alles auf. Manches fällt an eine Stelle, an der es keinen guten Boden findet oder an der das Unkraut das Getreide überwuchert. Hindert euch das, im nächsten Frühjahr wieder zu säen? Kaum. Viel wächst an und gedeiht und bringt Frucht (Matthäus 13,24–30).

Wenn ihr euren Acker besät habt, geht ihr dann jeden Morgen hinaus, um zu kontrollieren, ob der Weizen auch wächst? Zieht ihr an den Halmen, damit sie schneller wachsen? Nein. Die Frucht wächst selbst und aus eigener Kraft (Markus 4,26–29).

Wenn ihr ein paar von den winzigen Samenkörnern eines Senfbusches in der Hand habt, könnt ihr euch leicht vorstellen, dass es später ein Busch wird oder ein Baum. Wenn ich vom Reich Gottes rede, dann rede ich von etwas, das unscheinbar beginnt, aber am Ende größer sein wird, als irgendein Mensch sich vorstellt (Matthäus 13,31–32).

Einer Frau fällt ein Geldstück auf die Erde. Wird sie nicht suchen, bis sie es wiederfindet? So auch sucht Gott euch in euren Winkeln, in die ihr euch verlaufen habt (Lukas 15,8–10).

Im Gleichnis erscheinen Lebensgesetze

Wenn Jesus solche und ähnliche Situationen schildert, dann so, dass er irgendein Lebensgesetz nennt, oder so, dass er an eine Gewohnheit erinnert, die selbstverständlich irgendwo im Leben gilt. Die erzählte Situation beschreibt zugleich, was zu tun ist. Sich an Lebensgesetze zu halten ist für den Juden der Zeit Jesu das, was er Weisheit nennt. Das Wissen um ein Tun, das einem Verstehen und Erfahren angemessen ist, ist ihm »Weisheit«. Es ist auch die Weise, wie ein Mensch sinnvollerweise auf die Zukunft zugeht, die mit dem Gottesreich auf ihn zukommt. »Gleichnisse« ziehen die ethische Anweisung als Extrakt aus dem, was jedermann selbstverständlich ist.

Jesus erzählt aber auch Geschichten, die über unser Leben hinausweisen

Die setzen tiefer in der Situation und ihrer Besonderheit an und führen tiefer in ihrer Bedeutung. Er schildert Vorgänge, die nicht alltäglich, sondern einmalig sind, erstaunlich, unbegreiflich, steil. Und er schildert damit das Besondere, das die Seinen tun sollen, das Besondere an dem, was Gott ist und tut, oder das, was über das Gewohnte hinausweist.

So stelle ich mir vor, wie die Frager und die Kritiker während einer der fröhlichen Mahlzeiten in irgendeinem Hof zwischen den Häusern draußen auf der Straße standen und wissen wollten, wie Jesus sein Essen mit diesem Gesindel und seinen Anspruch, im Namen Gottes aufzutreten, verbinden könne. Wie dann Jesus aufstand, an die Straße hinausging und den dort gestikulierenden Frommen und Gerechten aus dem Dorf anfing, eine Geschichte zu erzählen. Die Geschichte von einem jungen Mann, der gegen alle Ordnung sein Erbteil von seinem Vater forderte, in die Fremde ging und dort sein Geld mit einem üppigen Leben verluderte, in Not geriet, in der Verzweiflung nach Hause zurückkam und – gegen alle Sitte und alle Übung – nicht zur Wiedergutmachung aufgerufen, sondern mit einem festlichen Mahl begrüßt und wieder in die Familie aufgenommen wurde, sehr zum Missfallen seines älteren Bruders. So handelt Gott mit uns. Ganz anders, als ihr gewöhnt seid. Jesus griff also seine Gegner nicht mit einer polemischen Rede an, sondern erzählte ihnen eine Geschichte, die von ganz anderen Menschen handelte, und überließ ihnen, sich irgendwo in ihr wiederzuerkennen. Die Geschichte wurde zu einer Brücke des Verstehens, ohne dass Jesus irgendwen anzugreifen brauchte.

Das Gleichnis war für jüdische Ohren ohne weiteres transparent. Der »Vater« war Gott, und der »Sohn« war der Mensch. Dass der Mensch, wenn er die Heimkehr zu Gott sucht, von Gott liebevoll aufgenommen wird, ist die Tatsache, von der er ausgehen sollte. Wie also kann ein Mensch einem anderen diese Heimkehr, dieses freundliche Willkommen verweigern? Jesus schildert den Fragenden gegenüber nicht die besondere Verlassenheit jener Menschen, um die er sich hier kümmerte, sondern zeigt, wie die Fragenden selbst auf die Güte Gottes angewiesen seien und wie der Güte Gottes entsprechend ihre Güte gefragt sei, die sie anderen gegenüber nicht schuldig bleiben dürften. Das Gleichnis hat noch andere Aspekte vielfältiger Art, aber die Antwort an die, die Jesus angriffen, lautet: Das ist eure Grundsituation Gott gegenüber. Wenn euch eine Situation begegnet, vergleichbar eurer Situation Gott gegenüber, so tut das Vergleichbare.

Man nennt solche Geschichten »Parabeln«

Ein andermal ist der Ausgangspunkt eine Frage: Petrus will wissen, wie oft er seinem Bruder vergeben müsse. Ob siebenmal genüge. Und Jesus erzählt: Ein König rechnete mit seinen Beamten ab, da stellte sich heraus, dass einer eine ungeheure Summe schuldig war. Es kam eigentlich nur die Lösung infrage, ihn, sein Hab und Gut und seine Familie zu verkaufen, sodass ein wenig von seiner Schuld zurückkommen konnte. Aber der König erließ sie ihm. Danach ging der Beschenkte hinaus und traf einen, der ihm hundert Groschen schuldig war. Er aber erließ ihm seine Schuld nicht, sondern ließ ihn ins Gefängnis werfen, bis er alles bezahlen würde. Da rief der König, der davon erfuhr, ihn zurück: Du schlechter Kerl, hättest du deinem Schuldner nicht auch vergeben können, nachdem ich dir deine Riesensumme erlassen habe? Er übergab ihn den Schließern, bis er alles bezahlt haben würde. Jesus also geht auf die Frage des Petrus nur vorläufig so ein, dass er sagt: Nicht siebenmal, sondern siebzig mal sieben mal. Danach aber zeichnet er in einer Geschichte die Situation nach, in der Petrus Gott gegenüber sich befinde, und überlässt ihm die Einsicht, wie gering in Wahrheit die Schuld seines Bruders ihm gegenüber sei. Die Geschichte wird transparent. Der Hörer einer Parabel soll also über sein Tun nachdenken, indem er sich seiner eigenen Situation gegenüber Klarheit verschafft und hellhörig wird für die Entscheidung, die er zu treffen hat. Es ist gerade kein Lebensgesetz, das er dabei findet, wohl aber die Wirklichkeit, die zwischen Gott und ihm besteht und aus der sein Tun hervorzugehen hat.

Parabeln zeigen, wie Gott uns gegenüber handelt

Jesus erzählt etwa auch Geschichten, die zu einem seltsamen Ende führen: Ein Mann geht mehrfach im Lauf eines Tages auf die Straße, um Tagelöhner zu verpflichten. Am Ende haben die einen acht Stunden gearbeitet, andere nur eine Stunde. Sie bekommen den gleichen Lohn. Ist das gerecht? Nein. Aber so handelt Gott. Jeder von den Arbeitern braucht gleichviel für sich und seine Familie. Also bekommt er, was er braucht. Anwenden kann dieses Prinzip kein Arbeitgeber.

Ein Verwalter hat sich am Eigentum seines Chefs vergangen und wird zur Rechenschaft gezogen. Er rettet seine Zukunft damit, dass er die Pächter auf den Besitzungen seines Herrn besticht mit günstigen Verträgen, damit sie ihm nach seiner Entlassung helfen. Der Chef kommt dahinter, und der Trick gefällt ihm. Seltsam. Und nicht praktikabel. Aber das situationsgerechte Reagieren des Mannes ist gut. Es rettet.

Dichter an unserem Alltag ist als drittes die Beispielerzählung, das Paradigma

Ein besonders schönes Muster für diese Art von Redeweise ist die berühmte Geschichte vom barmherzigen Samariter (Lukas 10,25–37). Ihm geht eine Fragesituation voraus: Ein Schriftgelehrter erhebt sich in einer Versammlung und fragt: »Meister, was muss ich tun, damit ich das ewige Leben finde?« Jesus stellt eine Gegenfrage: »Was liest du denn im Gesetz?« Der andere antwortet richtig: »Du sollst Gott lieben und deinen Nächsten.« Und Jesus sagt: »Gut. Tu das.« Aber der Frager ist noch nicht zufrieden. Er bohrt weiter: »Wer ist mein Nächster?« Da antwortet Jesus mit einer Geschichte, die verkürzt so lautet:

Einer ging auf einer bestimmten Straße. Räuber überfielen ihn und schlugen ihn zusammen. Als er so lag, kam ein Fremder vorbei, ein Ausländer. Der kümmerte sich um ihn und brachte ihn in Sicherheit und in eine Pflege. Was denkst du, schließt Jesus, wer dem, der unter die Räuber gefallen war, der Nächste war? Der Frager begreift: Nicht der Verletzte am Weg ist mein Nächster, sondern ich bin der seine, der ihm helfen kann. Ich bin der, den seine Situation angeht. Und da antwortet nun Jesus mit einer bezeichnenden Anweisung: Wenn du das Leben gewinnen willst, so tu »desgleichen«. Das heißt: Wenn dir Ähnliches widerfährt wie diesem Helfer, so tu auf deine Weise etwas Vergleichbares. Jesus sagt ihm nicht, was genau er dann zu tun habe, sondern: Tu die Augen auf! Geh hin! Mach dir klar, was nötig ist! Lass dir etwas einfallen! Und tu, was dir dann richtig und sinnvoll scheint, dem vergleichbar, was ich dir erzählt habe.

Das Prinzip, mit dem Jesus arbeitet, ist also nicht das einer Weisung, die immer in gleicher Weise gilt, sondern das der Analogie. Die Situation ändert sich. Tu, was dann notwendig ist, sagt er. Ich erzähle eine Geschichte. Dir widerfährt eine andere. Suche nach der Vergleichbarkeit meiner Geschichte mit deiner Situation und handle analog, handle mit deiner eigenen Liebe und Phantasie. Jesus gibt also keine direkte, sondern eine paradigmatische Anweisung. Was die Hörer am Ende in der Hand haben, ist nicht ein Regelwerk von Vorschriften, sie sind vielmehr an ihre Situation gewiesen und haben dabei die Verbindung einer Anweisung mit einer Aufgabe für die eigene Phantasie für ihr Entscheidungsvermögen zur Verfügung. Sie können sich ihre Tat frei einfallen lassen. Es bleibt also, wenn man so will, eine Art von ethischer Unschärfe, in der sich das entscheidend Ethische abspielt. Und eben diese Unschärfe macht die ethische Anweisung tauglich für das, was dem Leben angemessen und dienlich ist.

Die Anweisung Jesu lässt also viel Freiheit

Es ergibt sich somit eine Ethik, die nicht gezwungen ist, Ausnahmen zuzulassen, wenn das Gebot nicht ins praktische Leben passt, weil sie zu genau sein will. Es ergibt sich eine Ethik, die nicht quantitativ vorgeht, wie viel Gutes zu tun sei, und die darum ständig feststellen muss, wie viel davon nicht erfüllt wurde oder wie viel davon unerfüllbar bleibt, sondern die nur sagt: Wenn dir eine Situation begegnet, dann denke nach. Schau hin! Tu, was dir richtig scheint, und verantworte vor Gott, was du dann tust! Es ergibt sich eine Ethik, die nicht, wie jede öffentlich geltende Moral, den Sinn hat, nur Schaden zu mindern, sondern den, die Beziehungen unter den Menschen zu heilen. Es ergibt sich eine Ethik, die nicht zeitunabhängig durch die Jahrtausende hin immer gleich bleibt, sondern die ein situationsabhängiges Reagieren will. Es ergibt sich eine Ethik, die nicht sagt: »Du lebst richtig«, oder »du lebst falsch«. Sondern: »Wenn dir das Gute gelingt, dann danke dafür, dass es dir gegeben wurde. Wenn es dir nicht gelingt, dann betrachte, was Gott für dich tut, und versuche es noch einmal. Gott rechnet es dir nicht vor. Du kannst jeden Tag neu anfangen.« Der verlorene Sohn muss nur heimkommen, und alles ist gut.

Aber von wem reden diese Geschichten?

Freilich liegt in dieser Redeweise die bedenkenswerte Schwierigkeit für einen heutigen Menschen, dass er, wenn er eine solche Geschichte gehört hat, oft mühsam fragen muss, wer denn hier oder dort mit der geschilderten Figur gemeint sei. Denn nicht immer, wenn von einem Hausherrn oder einem Bräutigam die Rede ist, ist Gott gemeint oder Christus. In der Geschichte von den zehn jungen Mädchen sind nur die Regeln des Heiratsmarktes und die Notwendigkeit, wach und aufmerksam zu sein auf das, was kommen soll, gemeint. Der Bräutigam kommt aus der Rolle eben eines Bräutigams nicht heraus. Er zeichnet keineswegs Gott (Matthäus 25,1–13). In der Geschichte von den »anvertrauten Talenten« ist der vermögende Mann keineswegs Gott. Er ist eine beliebige Figur, und der Sinn der Geschichte liegt im Umgang eines Menschen mit dem, was ihm anvertraut ist. Der »reiche Kornbauer« zeichnet einfach einen vorsorglich denkenden Menschen, dessen Vorsorge aber zu kurz greift (Lukas 12). Der »unehrliche Verwalter«, der am Ende von dem Eigentümer, den er betrogen hat, noch ein Lob empfängt für seine Gerissenheit, hat es damit keineswegs mit Gott zu tun. Wir sollten als Menschen einer gänzlich anderen Kultur und eines sehr anderen Umgangs mit Bildsymbolen nicht zu schnell meinen, wir hätten eine von diesen einfachen Geschichten verstanden.

Diese Weise, ethische Vorschläge zu machen oder Weisungen zu erteilen, ist auch insofern unserer üblichen Rede von Moral oder von Werten überlegen, als sie den betreffenden Menschen keine Vorwürfe macht und niemanden unmittelbar beschuldigt. Der Hörer hört von einer ganz anderen Situation und kann sich, lautlos und ohne es zugeben zu müssen, in irgendeiner der Figuren der Geschichte wiedererkennen.

Die Geschichten zeichnen auch die Art nach, in der Jesus einmal konkret reagiert hat, als ihm, wie schon gesagt, während er in einer Halle am Tempel saß, eine Frau vorgeführt wurde, die beim Ehebruch ergriffen worden war, und die Rechtsgelehrten ihm die Frage stellten, wie er urteilen würde. Das Gesetz schreibe die Todesstrafe durch Steinigung vor. Um ihnen das Verfahren in seiner Unaufrichtigkeit vorzuführen, greift er die Frager nicht an. Er sagt nur ruhig: »Wer unter euch ohne Sünde ist, werfe den ersten Stein.« Dann bückt er sich nieder und schreibt mit dem Finger ein Wort in den Staub. Vielleicht das Wort aus Jeremia 17,13, das ihnen allen geläufig war: »Die an dir sündigen, werden ausgewischt wie Namen, die man in den Staub schreibt.« Die Frager sehen sich getroffen und haben die Gelegenheit, sich unauffällig vom Platz zu entfernen, ohne dass sie von Jesus dabei gesehen werden. Von der feindseligen Debatte bleibt nur die freundliche Weise übrig, wie Jesus sie ihrem eigenen Urteil überlässt und am Ende die Frau nach Hause schickt. Es ist das Verfahren, das er eben auch mit seinen Geschichten anwendet. Was dabei wirksam ins Spiel kommt, ist eine Weisheit, die die Freiheit des Hörers ebenso respektiert, wie sie sein eigenes Urteilsvermögen anspricht. Über die Brücke einer frei erfundenen Geschichte oder hier über die Brücke der scheinbaren Abwesenheit hinüber begegnet ihm eine Wahrheit.

19 Er stellt seinen Hörern Bilder vor die Seele

Bei anderer Gelegenheit schildert Jesus nicht Szenen und Geschichten, sondern stellt den Menschen nur schlichte, naheliegende, anschauliche Bilder vor Augen. Die Bilder stehen da. Die Menschen schauen sie an. Sie erkennen etwas. Sie beginnen, sich selbst und die Bilder zusammenzudenken. Etwas beginnt in ihnen zu geschehen. Und wieder liegt im Gebrauch dieser Bilder etwas Freilassendes. Etwas wie: Ich zeige dir etwas. Was es für dich bedeutet, musst du selbst sehen. Vielleicht findest du eine Wahrheit, die dir etwas über dich selbst sagt oder über deinen Auftrag.

So zeigt Jesus ein Haus, das auf Sand gebaut, und ein anderes, das auf einen Felsen gegründet ist. Jeder kann sich vorstellen, was geschieht, wenn ein Unwetter ausbricht. Und er fügt hinzu: So bedroht oder so sicher kann euer Leben sein, wenn ihr tut oder nicht tut, was ich euch sage (Matthäus 7,24).

So zeigt er ein Tor und einen Weg: Ihr sucht das volle, das gelingende Leben. Also seht zu, dass ihr an euer Ziel kommt. Stellt euch ein Kamel vor, das durch ein Nadelöhr – gemeint ist vielleicht ein schmales Seitentor für Einzelpersonen – gehen soll. Da dürfen keine prallen Gepäckstücke an seiner Seite hängen. Seht also zu, dass ihr nicht zu viel an Besitztümern durch euer Leben schleppt (Matthäus 19,24). Achtet auf euren Weg! Der ist schmal (Matthäus 7,13.14).

Schaut auf die Spatzen. Sie finden überall ihr Futter. Vertraut also darauf, dass Gott euch am Leben erhält (Matthäus 10,29). Seht die Blumen am Weg. Sie brauchen für ihr Gedeihen und ihr Aussehen nichts zu tun. Sie leben und sind schön (Matthäus 6,38.39).

Ihr habt mit den Hütern der Tradition zu tun. Man verlangt von euch, dass ihr, was ich euch sage, zusammendenkt mit dem, was seit alters gelehrt war. Aber man setzt auf den Riss in einem alten, zerfallenden Gewand nicht einen neuen Flicken. Der kann nicht halten (Matthäus 9,16). Und man kann nicht neuen Wein in alte mürbe Ledersäcke füllen. Die Säcke werden zerreißen, und der Wein geht verloren (Matthäus 9,14–15).

Oder: Achtet auf euren eigenen Zustand! Seht zu, was geschieht, wenn einer einen Splitter im Auge seines Bruders sieht, dabei aber einen Pflock im eigenen hat! Wie will er den Splitter herausziehen, wenn er wegen des Pflocks im eigenen Auge nichts sieht (Matthäus 7,1–5)?

Oder: Seht einen Baum. Wenn er gesund ist, bringt er gute Frucht. Wenn er krank ist, schlechte. Ihr könnt nicht das Gute leisten, solange eure Seele krank ist (Matthäus 12,33).

Wie wird es einem Schaf ergehen, das sich in der Wüste von der Herde entfernt und sie nicht mehr findet? Es ist darauf angewiesen, dass der Hirte es sucht und findet (Lukas 15,1). Oder: Wenn einer Frau ein Groschen aus der Hand fällt, wird sie suchen. So sucht Gott nach euch (Lukas 15,8).

Seid klug wie die Schlangen, diese Tiere der Weisheit. Urteilt aus der Lebensweisheit heraus, die euch zugewachsen ist (Matthäus 10,16). Oder seid ehrlich wie die Tauben. Sie leben und zeigen sich, sie streiten und sie lieben in aller Öffentlichkeit. Sie suchen kein Versteck (Matthäus 10,16).

Ein geknicktes Schilfrohr. Einem Menschen, der sich durch sein Unrechttun beschädigt hat, wird Gott nicht das Leben nehmen. Er wird das Rohr nicht zerbrechen. Einen Docht, der noch eben glimmt, wird er nicht auslöschen (Matthäus 12,20. 13,33).

Auf eurem Tisch steht eine Lampe. Da kommt einer und stülpt einen Eimer darüber. Meint ihr, es wäre danach in dem Zimmer noch etwas zu sehen? Nein. Wagt es mit dem offenen Licht und leuchtet (Matthäus 13,33).

Und wie kann das aus euch werden? Auf die leise Weise, wie das Gottesreich es in euch schafft. Ein Sauerteig macht keinen Lärm. Er wirkt unwiderstehlich im Brotteig und macht gutes, essbares Brot (Matthäus 13,33).

Oder: Ihr habt eine Dose mit Salz im Haus. Das braucht ihr, damit euer Fisch nicht verdirbt. So könnt ihr wirken. Lasst das gemeinsame Leben um euch her nicht faul werden (Matthäus 5,13).

Und so reihen sich die Bilder aneinander, die Jesus sozusagen wie ein Bänkelsänger an die Wand hängt und die prägend auf die einwirken, die nun die Bilder verstehen.

Wie wirken Bilder?

Ein Bild hat dieselbe Unschärfe, die die Gleichnisgeschichte hat. Auch das Bild wird eben durch diese Vieldeutigkeit tauglich für das konkrete Leben. Ein Bild wird immer so viele Bedeutungen und Färbungen haben, dass jeder sich in ihm auf irgendeine Weise wiedererkennen kann. Es spricht nicht von einer Norm, nicht von einem Wert, nicht von etwas Allgemeingültigem, sondern von einem lebendigen Vorgang in der Seele von Menschen. Wieder ist am Bild das Hilfreiche, dass es nur Beispiele zeigt, lebendige und bewegliche. Die Leute sollen ja nicht Öllampen werden oder Spatzen oder Kamele. Die Bilder sind nur Muster, denen die Menschen die Erlaubnis geben sollten, etwas an ihnen zu prägen. Was sie dabei lernen können, ist die Achtsamkeit für das sinnvolle, das richtige Tun. Das Bild verändert ihr Wahrnehmen, ihr Urteil, ihr Verständnis für Situationen und Aufgaben.

Es geht heute um das Wiedersehen mit den Bildern unserer Seele

Was dabei uns Heutigen ganz deutlich werden muss, das ist der Gegensatz zwischen der digitalen und der analogen Redeweise. Wir haben nun einige Jahrzehnte hinter uns, in denen die digitale Denkmöglichkeit ungeheuer an Einfluss und an Kraft gewonnen hat. Sie beginnt alles zu beherrschen, was heute überhaupt gedacht, geplant, geordnet und erfolgreich abgeschlossen werden soll. Was uns dabei verloren zu gehen droht, ist die andere Denkmöglichkeit, die analoge. Was ist damit gemeint?

Sehen wir eine Uhr an. Diese ist angelegt analog dem Sonnenlauf, in einem runden Kreis, den die Zeit durchläuft. Ursprünglich als Kreis von vierundzwanzig Stunden, dann, um der Deutlichkeit willen, in zwei mal zwölf.

Heute sind viele Uhren, abgelöst vom Bild des Sonnenlaufs, digital angelegt. Sie zeigen Zahlen. »Digital« heißt: Wie einer »mit seinen Fingern abzählt«.

Dieses Phänomen des Digitalen beginnt unsere Zivilisation zu prägen. Aber das Leben lässt sich nicht in Zahlen aufreihen. Das Leben ist nicht richtig oder falsch. Es ist lebendig. Es ist anders an jedem Tag. Was uns Not tut, ist, immer wieder gegen den digitalen Geist unserer Zeit das Prinzip der Analogie festzuhalten oder wiederzugewinnen. Die Analogie ist das Lebendige. Wahrheit ist nur auf dem Weg über die Analogie zu finden. Von der Wirklichkeit kann vieles errechnet werden, von der Wahrheit nichts.

Es geht um das Wiederhören von Geschichten

Was wir also wiederfinden sollten, ist das lebendige Erzählen, das an die Stelle des Zählens tritt. Das Zählen können wir. Das Erzählen müssen wir erst wieder gewinnen. Das Erzählen zwischen Großvater und Enkel etwa, wenn denn der Enkel etwas von einfachen und grundlegenden Lebensgesetzen kennen lernen soll. Das Erzählen auch im religiösen Sinn, das Erzählen von Bildern und Geschichten zwischen Uranfang und Ziel aller Dinge.

Mit dem Zählen schaffen wir Wissen. Aber der zählende Mensch wird am Ende dasitzen wie ein Kind, das an den Fingern abzählt, was denn drei und vier sei. Zusammenhängende Einsicht gewinnt nur, wer einem Erzählenden zuhört und seine eigene Lebensgeschichte in der gehörten Geschichte wiedererkennt.

Das digitale Prinzip wurde vor allem durch die Aufklärung, genauer durch Newton, dem abendländischen Denken eingeprägt. Nicht nur der Naturwissenschaft, sondern auch der Philosophie, speziell der Ethik. Immer wollte man genau wissen und genau sagen: Dies ist richtig! Dies ist falsch! Das ist gut, das ist böse. Dies nützt der gemeinsamen Ordnung, jenes löst sie auf. »More geometrico«, nach Art der Geometrie wollte Spinoza die Ethik anlegen. Aber man konnte sich im Endeffekt auf keine Lösung einigen. Das ist natürlich, und zwar deswegen, weil der Vollzug des Lebens kein Rechenexempel ist, sondern ein vitaler, unberechenbar lebendiger Prozess. Die vielen Ethiken, die alle wussten, wie es gehen muss, stimmten nicht zur Wirklichkeit. Es musste immer Ausnahmen geben. Wer sagte: Du sollst nicht töten, müsste zugleich sagen, in welchen Fällen das zu gelten habe. Im Krieg? Im Vollzug eines Todesurteils? Bei der Tötung ungeborenen Lebens? Ja oder Nein! Wer sagte: Handle so, dass dein Handeln sich als Muster eignet für eine allgemeine Gesetzgebung, musste sagen können: Für eine allgemeine Gesetzgebung sind folgende Bedingungen zu beachten, wenn eine anwendbare Ethik entstehen sollte, und seine Hörer werden sich danach im Gestrüpp vieler Meinungen, was sich denn für eine allgemeine Gesetzgebung eigne, verfangen.

Wenn wir die Quellen der ethischen Sensibilität wieder gewinnen wollen, wenn uns an der Freiheit der ethischen Entscheidung liegt, wenn wir die ethische oder besser unethische Schwarz-Weiß-Malerei überwinden wollen, wenn wir die Vielfalt ethischer Möglichkeiten gegen die unethische Rechthaberei bewahren wollen, dann werden wir zusehen müssen, wie Jesus den Menschen die Augen öffnete.

Es geht um das Wiederentdecken des einfachen Seins

Wenn ich wiederum ein fernes Gleichnis wählen soll für die Weise, wie wir die Geschichten des Evangeliums hören können oder wie wir schauen müssen, um ein Bild zu verstehen, oder wie wir die Freiheit finden wollen, die in der analogen Redeweise zum Vorschein kommt, dann fällt mir ein chinesisches Sprichwort ein, das lautet:

> *»Ich bat den Mandelbaum:*
> *Erzähle mir von Gott!*
> *Da fing er an zu blühen.«*

Er redete nicht. Er zeigte sich. Er offenbarte sich. Wenn ich sagen soll, was zuletzt ein christliches Ethos ausmache, dann wird es dieses selbstverständliche Blühen sein, in dem das, was Menschen tun, vor unseren Augen erscheint.

Hier liegt auch der Schlüssel, wenn wir etwas Fremdes verstehen wollen

Nebenbei: Wenn wir uns heute Gedanken darüber machen, auf welche Weise wir zu einer Denk- und Lebensgemeinschaft mit fremden Hochreligionen kommen können, so werden wir am selben Punkt ansetzen müssen. Nicht dort, wo die Dogmen und die Lehrmeinungen aufeinander prallen, sondern dort, wo erzählt wird von den Erfahrungen, aufgrund deren die eine oder die andere Religion zu ihren Bildern und Vorstellungen kam. Wir müssen die Religionen als Erzählgemeinschaften verstehen, damit uns klar wird, dass die Wahrheit, die die eine oder die andere beansprucht, auf Erfahrungen beruht. Zum anderen aber, damit uns klar werden kann, was denn das wirklich Unterscheidende sei zwischen uns und den fremden Vorstellungen. Durch das Erzählen wird beides deutlich: die Verwandtschaft der einen Religion mit der anderen und die fundamentalen Unterschiede in den Gedanken und Lehrgebäuden hier wie dort. Wahrheit muss erzählt werden. Was aber erzählt wird oder in Bilder gefasst oder in einer klaren, einfachen Menschengestalt vorgezeigt wird, ist die Wahrheit jeweils in der Weise, wie Menschen sie fassen und aussagen können.

20 Er spricht von sich selbst und von uns im selben Atemzug

Die dritte Weise, in der Jesus von dem spricht, was wir zu tun hätten, ist neben seinen Geschichten und seinen Bildern die, dass er von sich selbst spricht, von seiner Herkunft, seinem Auftreten, seinem Schicksal und seinem unvergleichlichen Auftrag. Die sieben Worte des Johannes-Evangeliums, in denen er sagt, wer er sei, zeigen es am deutlichsten. Denn, und das ist das Entscheidende: Mit dem, was er über sich selbst sagt, zeigt er den Rang, das Wesen, die Bedeutung derer, die sich ihm zugehörig wissen. Und er zeigt zugleich, was das Muster ihres Tuns und Wirkens sei.

So sagt er bei einem Besuch des Tempels in Jerusalem:

> *»Ich bin das Licht der Welt.*
> *Wer mir nachfolgt, wird nicht in der Finsternis irren,*
> *er wird Licht haben und das Leben finden.«*
>
> Johannes 8,12

Auf dem Berg am See in Galiläa sagt er zu seinen Hörern:

> *»Ihr seid das Licht der Welt.*
> *… also leuchtet!«*
>
> Matthäus 5,14–16

Dass er dieses ungeheure Wort vom Licht zugleich über sich selbst sagt und über uns, die sich ihm zuwenden, die ihn sozusagen spiegeln, ist entscheidend. Gott sprach im Anfang: Es werde Licht! Sein Licht begegnet uns in Christus. Wir selbst sind dazu bestimmt, in unserem Gegenüber zu Christus selbst Licht zu sein. Man kann über uns Menschen nicht höher denken, als Jesus es getan hat.

Er setzt also nicht ein mit der Forderung, die Seinen müssten ihn zum Vorbild nehmen, sondern mit der Feststellung, sie seien ihm, auch in ihrem Tun und Leuchten, ähnlich oder gleich. Nicht mit der Forderung, sie sollten ihm ähnlich werden, sondern mit der Aussage, sie seien es schon. Sie sollten nur den Fehler vermeiden, dieses von ihnen ausstrahlende Licht zu verdecken.

> *»Eine Stadt, die auf einem Berg liegt, sieht man.*
> *Man zündet auch nicht ein Licht an*
> *und versteckt es unter einem Eimer.*
> *Man stellt es auf einen Leuchter,*
> *so leuchtet es allen, die im Haus sind.«*
>
> Matthäus 5,14–16

Das gilt überall, wo Jesus von sich selbst spricht: Wir sind gemeint

In diesem Sinn aber sind die sieben Worte, mit denen Jesus von sich selbst spricht, in ihrem doppelten Sinn zu lesen: Immer ist hinter dem »Ich bin« zu lesen: »Ihr seid.« Immer steht dahinter die Weisung: Nimm, was du von dir selbst hältst, nicht ab an dem, was du von dir selbst siehst, etwa von dem, dessen du an dir selbst überdrüssig bist oder was dir an dir selbst zu fehlen scheint. Nimm es nicht ab an dem, was dir gelingen oder nicht gelingen will. Lass nicht deine Resignation reden, sondern gib deinem Vertrauen einen mutigen Ausdruck. Du bist mehr, als du von dir weißt. Du bist anders, als du dich kennst. Nimm das Bild auf, das ich dir zeige. Darin liegen deine Bestimmung und deine Wahrheit. Was du bist, geht immer dem voraus, was du tust. Sage nicht: »Ich muss.« – »Ich soll.« – »Ich kann nicht.« Sondern: »Ich bin so, wie Christus von sich selbst spricht.« Wer die Menschen also sind, sein können oder sein werden, das beginnt in Gott und fällt wie eine Kaskade aus Licht vom Schöpfer des Lichts über die Gestalt des Christus auf unsere eigene Gestalt. In Christus verstehen wir, wozu wir bestimmt sind und was durch uns geschehen kann.

Das Leben quillt in uns selbst

Am Grab eines Freundes sagt Jesus:

> *»Ich bin die Auferstehung und das Leben.*
> *Wer an mich glaubt, wird leben, auch wenn er stirbt,*
> *und wer lebt und an mich glaubt, wird nicht sterben.«*
> Johannes 11,25.26

Ich bin, sagt Jesus, der Übergang von einem Leben in ein anderes. Ich bin dort, wo das niedergesunkene Leben aufsteht, um neu zu sein. Neu aus dem schöpferischen Geist Gottes. Denn wer nur das Ende sieht, sieht den kleineren Teil der Wirklichkeit. Diese Wirklichkeit ist tiefer und geheimnisvoller, als der meint, der nur das große Totenfeld sieht. Sie hat unendlich mehr Leben. Leben aus dem Geist. Leben einer glühenden, leuchtenden Art.

Wenn ihr in mir seid, könnt ihr nicht die Sklaven des Todes sein, und ihr könnt nicht unberührt bleiben, wenn das Leben in irgendeinem Menschen abstirbt. Das Leben, das euch von Gott her zufließt, soll in euch eine Quelle werden. Eine Quelle des Lebens. So, dass ihr selbst werdet, was ich bin.

So sagt Jesus zu der Frau an dem Brunnen bei Sichem:

> *»Das Wasser, das ich dir gebe,*
> *wird in dir zu einer Quelle werden,*
> *aus der dir ewiges Leben zufließt.«*
> Johannes 4,14

Nicht, »es wird von mir zu dir hin fließen«, sondern »es wird in dir zu einer Quelle werden«. Du hast das Leben in dir. Lass es fließen. Schöpfe aus dieser Quelle in dir selbst das Wasser, das du zum Leben brauchst. Du bist Leben. Du bist Quelle.

Wir sind Nahrung für andere

Ein drittes Wort spricht Jesus, nachdem er auf der Höhe des Golan Brot an die hungrige Menge verteilt hatte:

> *»Ich bin das Brot des Lebens.*
> *Wer zu mir kommt, den wird nicht hungern.«*
> Johannes 6,35.47

An seinem letzten Abend nimmt er Brot und gibt es seinen Tischgästen:

> *»Nehmt! Esst! Das ist mein Leib,*
> *den ich für euch gebe.«*

Er zeigt ihnen das Brot, das Gott ihnen gibt: sich selbst. Denn das Brot, das Gott gibt, ist das Leben, das einer dem anderen reicht. Wem also Christus zur lebendigen Kraft geworden ist, dem wächst das Brot zu, das die nächsten Hände brauchen. Er wird selbst zu Brot. Jesus sagt also: Ich bin Nahrung für deine Seele. Ich falle als Saat in die Erde und werde zu Brot. Ich bin das Wort, das Gott zu dir spricht. Dieses Brot hält vor, solange du unterwegs bist.

Wenn du das hörst, weißt du, wer Gott ist. Er ist die Kraft, aus der du lebst. Du musst dich nicht selbst am Leben halten.

Du weißt zugleich, wer du bist, wenn denn die Kraft Gottes in dir ist: Du bist nicht nur selbst satt, du bist Nahrung für die Menschen. An dir sind vor allem deine Hände wichtig, die bereit sind, dieses Brot weiterzugeben, und deine Augen, die sehen, wo einer ist, der Brot braucht. Sei nun selbst das Brot, von dem die Menschen leben können, die um dich her in irgendeinem Sinne hungern. Indem ich es dir gebe, wird es zum Sinn und Ziel deines Lebens, gutes, essbares Brot zu sein.

Wir sind Stellen, durch die hindurch andere Gott wahrnehmen

Ein viertes Wort, mit dem Jesus über sich selbst spricht, lautet:

> *»Ich bin die Tür.*
> *Wenn jemand durch mich hineingeht,*
> *wird er glücklich werden.*
> *Er wird aus- und eingehen*
> *und das Leben und das Glück finden.«*
> Johannes 10,9

Damit sagt Jesus: Du hast keine Mauer vor dir, sondern einen freien Durchgang. Das Leben ist ein offener Weg in die Freiheit. Ich bin die Tür, zugleich der, der durch die Tür kommt und der durch die Tür führt. Euer Leben ist so eingerichtet, dass immer dort, wo sich vor euch eine Tür schließt, sich eine andere öffnet, durch die ich ihm begegne. Euer Leben ist kein Gefängnis, sondern ist ein offener Raum mit freiem Ein- und Ausgang. Wer also durch mich hindurchgeht, wird in einer grenzenlosen Offenheit leben. Er wird selbst zur Tür werden. Er wird sich nicht versperren können. Er wird keine Mauer sein. Er wird einlassen, was kommen will. Er wird hinausgehen, auch wenn er nicht sieht, was ihm entgegenkommt. Er wird auch draußen das Leben finden.

Ich bin die Tür, sagt Jesus. Wage es, hindurch zu gehen. Ich verbürge mich dafür, dass du den Schritt ins Unbekannte im Vertrauen gehen kannst. Die Grenze ist offen. Denn Gott hat sich dir gegenüber geöffnet. Das Zeichen dafür bin ich. Ich bin für dich die offene Tür zu Gott. Ich rede zu dir in seinem Namen. Du kannst also selbst, als ein Mensch, der in der offenen Tür steht, nicht verschlossen sein. Du bist offen. Du bist sichtbar. Du bist angreifbar. Du bist verletzlich. Du bist eine offene Tür für die Menschen, die durch dich einen Zugang zu Gott suchen. Du musst dich nicht selbst öffnen. Du bist es schon: eine offene Tür.

In uns ist eine hütende Kraft

In einem Land, in dem überall die Wüste beginnt, das heißt die Welt der wandernden Schafhirten, sagt Jesus:

> *»Ich bin der zuverlässige Hirte.*
> *Der Hirte, der sein Amt wahrnimmt,*
> *ist bereit, sein Leben für die Schafe zu lassen.«*
>
> Johannes 10,11

Dabei ist der Ausgangspunkt nicht der, dass Schafe dumm wären, gehorsam und unselbstständig, sondern der, dass sie ohne einen Hirten nicht überleben. Dass sie wehrlos sind gegen Räuber und Raubtiere und dass ihnen zugemutet ist, unbewaffnet zu leben auch gegenüber der Bestie. Die Herden am Rand der Wüste leben in dem Zutrauen, dass einer weiß, wo die Quellen und die Grasplätze sind, dass einer sie im Auge hat und sie im Ernstfall nicht allein lässt.

Ich stehe, sagt Jesus, wo die Gefahr ist. Ich stehe für die Wehrlosen, die ohne Schutz sind. Ich stehe, wo die Bestie angreift, wo der Tod droht. Und die, für die ich stehe, wird mir niemand wegnehmen.

Wenn ich dir das sage, weißt du, wer Gott ist. Der Hüter, der dich durch die dunklen Täler deines Schicksals geleitet und am Ende heimführt, sodass du in ihm bist und bleibst.

Und du weißt zugleich, wer du selbst berufen bist zu sein: ein behüteter Mensch, zugleich ein Hüter. Du bist von einem Hirten geschützt. Nun schütze. Wenn du freilich nicht gern das behütete Tier sein willst und dich lieber mit einem Löwen vergleichst oder einem Adler, so sieh zu, wie du deine Träume überlebst.

Nein, dir sind Menschen anvertraut, gute und böse, liebenswerte und andere. Bejahe sie. Sag ihnen, was dir selbst gesagt ist: Du wirst nicht umkommen! Ich sage nicht: Du sollst ein Hüter werden; du bist es schon. Tritt also ein für Menschen, die sich nicht selbst schützen können. Und lies ab, was du bist, an der Gefahr, die dir in dieser Welt der Wölfe begegnet: die rettende, die hütende Kraft für die Menschen.

Wir sollen anderen den Weg durch den Tod hindurch zeigen

Am Tag des letzten Abendmahls sagt Jesus:

> *»Ich bin der Weg, die Wahrheit und das Leben.«*
>
> Johannes 14,6

Ich bin der Weg, den du gehen kannst. Ich bin die Deutung für diesen Weg. Ich führe dich zum Leben. Ich gehe dir voraus. Geh den Weg, der sich hinter mir anbahnt. Du wirst selbst für andere Menschen der Vorausgänger sein, an dem sie ihren Weg erkennen. Ich bin der Weg für dich, und du selbst bist es für andere.

Ich bin die Wahrheit. Die Wahrheit kommt nicht an den Tag, wo einer forscht und nachdenkt. Ihm öffnet sich eher schon die Tatsache, dass er nichts weiß. Wahrheit ist der freie Blick auf Gott. Wahrheit ist die Offenheit aller Dinge. Wenn Jesus sagt: Ich bin die Wahrheit, dann sagt er damit: Ich bin die offene Stelle in der Welt, die dir den Durchblick gibt. Ich bin eine Art Fenster, durch das du Gott erkennst. Sei nun selbst eine solche offene Stelle, solch ein Fenster, sodass an dir erkennbar wird, wer Gott ist und wer du selbst bist.

So sagt er:
Meine Wahrheit ist nicht ein Dogma oder eine Philosophie. Ich bin nicht der, der die Wahrheit »hat«, wie man einen Besitz hat und verwaltet. Ich bin vielmehr selbst die Offenheit aller Dinge. Wahrheit ist das offene Dasein, die Offenheit, in der die Wirklichkeit sich so zeigt, wie sie ist. Ihr braucht nicht tausend richtige Sätze zu kennen, um die Wahrheit zu finden. Ihr braucht, wenn euch an der Wahrheit liegt, nur in die Offenheit zu treten, die Gott vor euch aufgetan hat. Aus ihr holt ihr zugleich die Kraft, die ihr zum Leben braucht. Zeigt also den Menschen die Wege, die vor euch selbst liegen und die ihr geht. Macht die Wahrheit um des Lebens der Menschen willen kenntlich durch die Weise, wie ihr lebt.

Ich bin das Leben. Und ihr werdet für die Menschen, die das Schicksal zu bestehen haben, das der Tod für sie bedeutet, lebendige Kraft sein, die ihnen hilft zu leben, bis sie selbst auf das Leben zugehen.

Wir sollen der Freude zwischen den Menschen Raum schaffen

Ein siebtes Wort sagt Jesus bei seinem Abschied. Er sprach da von dem Geist, den er den Seinen senden werde:

»Ich bin der Weinstock. Ihr seid die Reben.
Wer in mir lebt, in wem ich lebe,
der bringt reiche Frucht.«

Johannes 15,5

Die Reihe dieser Worte endet mit einem festlichen Klang. »Wein« war für die Menschen der Bibel von jeher eine Metapher für Freude, für Glück, für Erfüllung. Wer Wein trinkt, soll sich nicht fürchten, wenn er bemerkt, dass etwas in ihm anfängt, zu staunen, zu lachen, vor Glück zu zittern. Wenn er in Ekstase gerät. Wenn sich die Flügel seiner Seele regen. Wenn der Wein etwas in ihm zum Glühen bringt. Im Wein, so sagten sie, blitzt etwas auf. Lass es blitzen. Und gib dich selbst aus, fügen wir mit Jesus an. Schütte dich, der du Wein bist, in den Becher, den die Menschen trinken. Du bist von Christus, dem Weinstock, genommen und gekeltert, damit das Leben um dich her festlich wird. Du bist Wein.

Aber mehr noch – Jesus sagt: Ich bin der Weinstock. Ihr seid die Reben. Dichter kann man die Verwandtschaft zwischen ihm und uns nicht zeichnen. Ein Weinstock bringt ja keine Trauben hervor, es sei denn auf dem Weg über die Reben. Die Reben aber sind wir. Wir nehmen den Saft auf, den der Weinstock aus der Erde zieht, und es wachsen an uns die Trauben. Durch uns wird also – man muss einmal genau vor sich sehen, was damit gemeint ist – der Weinstock fruchtbar! Der Satz ist die Krönung aus allen diesen Worten, mit denen Jesus sich selbst und uns beschreibt. Dichter kann der Zusammenhang zwischen ihm und uns nicht sein. Und deutlicher kann nicht sein, wovon unser Leben, unser Denken und Tun, geprägt ist. Wo also der Ausgangspunkt einer christlichen Ethik zu suchen ist. Einer christlichen Lebensweise. Des Tuns und Seins eines Christen.

Jesus sagt damit: Ich bin eine Quelle der Freude. An euch soll Freude sichtbar werden. Feiert nun das Fest, das ich in Galiläa mit den Menschen gefeiert habe, mit denen, die um euch sind. Lebt eure Freude aus, auch wenn es Moralisten geben sollte, die sagen: »Seht, wie dieser Mensch lebt! Ein Fresser und Weinsäufer, ein Kumpan von irgendwelchem Pack.«

»Wein« steht für den lebendigen Gottesgeist. Und dieser lebendige, freie und unberechenbare Gottesgeist geht allem voraus, was du am Ende über dich selbst und über andere, die versuchen, Christen zu sein, sagen wirst.

Wir sollen nur sein, was wir sind: Spiegelungen des Mannes aus Nazaret

Der Ausgangspunkt einer christlichen Ethik also ist der, dass wir durch die Gnade Gottes nicht weniger sind als das Licht der Welt. Das Brot des Lebens. Die Hirten. Die Tür zum Leben. Der Weg. Die Wahrheit. Das Leben. Die Auferstehung. Der Wein des Festes und der Zuversicht.

Der Sinn einer Ethik ist also nicht der, dass wir durch unser Tun irgendetwas Besseres werden sollen, etwas Höheres oder Reineres. Sondern der, dass wir sind und ausstrahlen, was Jesus uns im Namen Gottes zuspricht. Dass wir also tun, was wir schon sind. Jesus dachte nicht von unseren Defiziten aus, sondern von einer uns schon gegebenen Würde. Er wollte nicht, dass wir uns als kleine, schmutzige Sünder verstehen, sondern dass wir groß von uns denken. Sehr groß.

VI.

Jesus gibt uns zwei Richtungen vor

21 Weit werden und Absteigen

Das Muster ist Gott selbst:
Seine Liebe und sein Abstieg

Was wir »Tugenden« nennen, spielt bei Jesus keine Rolle. Er hat keinen Katalog von ethischen Zielvorgaben. Er sagt auch nicht, von welchen »Werten« ein Mensch sich leiten lassen solle. Er sagt nicht, woran ein »Gewissen« sich orientieren könne. Er denkt eben nicht von einer Art Ethik aus. Er sieht lediglich, was Gott ist und tut, und zeigt es vor:

Gott lebt nicht in sich verschlossen. Er ist allem, was ist, gegenüber offen. Er ist überall. Soweit irgendetwas ist, ist Gott, und er ist darüber hinaus. Er ist grenzenlos. Er ist nicht der Vertreter einer Welt des Lichts, der gegenüber einer von einer anderen Macht beherrschten Wirklichkeit des Dunklen wäre. Er steht für alles. Er durchdringt alles. Er umfasst alles. Das ist das eine.

Gott ist auch nicht der, der in einer menschenfernen Höhe zu denken wäre. Er ist nicht der Erhabene allein, der Heilige, der Gott im Abstand. Nein. Gott steigt ab bis in unsere Niederungen. Er tut sich kund. Er wird Mensch. Er neigt sich aus seiner unendlichen Höhe herab. Er geht in die Welt ein, in die Geschichte, in die Situation, ja in das Herz, die Seele und den Geist von Menschen. Er wird zur menschlichen Stimme, zum Tun eines Menschen, auch zum Entbehren, Sichängsten, Leiden und Sterben eines Menschen. Er senkt seine Kraft und Lebendigkeit in die Tiefen einer vom Tod bedrohten Welt ein. Das ist das andere.

Diese beiden Aspekte sind für Jesus der Einstiegspunkt für das, was er den Menschen sagt über ihre eigene Bestimmung, ihren eigenen Auftrag, den Sinn ihres Lebens und Schicksals. Was er ihnen sagt über den Weg zum Gelingen ihres Daseins.

Er zeigte ihnen: Wie Gott in eure Niederungen herabkommt, so steigt ab in die Niederungen um euch her. Ihr werdet, solange ihr diesen Abstieg verweigert, Moralisten sein können, Autoritäten, Vorbilder oder Wissende, aber ihr werdet an den Verhältnissen in eurer Umwelt nicht viel ändern können. Absteigen heißt, auf einen Status verzichten, auf einen Rang. Eine Überlegenheit. Eine Würde. Ein Recht. Eine Sicherheit. Sich zur umfassenden Liebe weiten und auf einen Status verzichten erklärt sich wechselseitig. Was lieben heißt, wird sich immer auch in einem Statusverzicht zeigen. Welchen Sinn das Absteigen von irgendeiner Würde hat, zeigt die Liebe.

Gottes umfassende Liebe und seine Herabkunft in das Dasein, ja in das Herz von Menschen – das sind die zentralen Elemente der Gottesverkündigung Jesu. Beide miteinander drücken aus, was Gott tut und was der Mensch, der von ihm berührt wird, zu tun berufen ist.

Bezeichnend jedenfalls ist für beide, dass es nicht möglich ist, mit ihrer Hilfe ein Rechtssystem zu errichten, und dass keine soziale Ordnung und keine ethische Vorschrift sie einfordern könnten. Wer nicht lieben und nicht verzichten will, macht sich nicht strafbar. Dennoch stehen alle übrigen ethischen Weisungen vor diesem Hintergrund.

Das Bild, von dem wir uns prägen lassen, ist Jesus Christus

Jesus beschreibt seinen eigenen Auftrag als ein Absteigen, als einen erlösenden Abstieg zu den Armen, zu den Gefangenen, den Blinden und den Zerschlagenen (Lukas 4,18). Daran schließt er seine Weisung an, wir sollten absteigen und so dieser Liebe eine glaubwürdige Gestalt verleihen. »Setz dich auf den letzten Platz«, sagt er Lukas 14,10–11. »Lass dich nicht als Autorität verehren« (Matthäus 23,8–11). Geh zu den Armen, den Leidenden, den Getretenen, und werde einer von ihnen. Verzichte auf Bedeutung, Macht und Einfluss. Wolle nicht zu den Reichen gehören, nicht zu den Anerkannten. Verzichte auf dein Recht und lass dich anklagen. Nimm dein Kreuz auf dich (Lukas 9,22–24).

Ihr wisst, dass die Fürsten ihre Völker niederhalten
und dass die Mächtigen ihnen Gewalt antun.
Aber so soll es nicht sein unter euch,
sondern wer groß sein will unter euch,
der sei euer Diener …
Denn auch ich bin nicht gekommen,
mir dienen zu lassen,
sondern zu dienen
und mein Leben hinzugeben zu einer Erlösung
für viele.«

Markus 10,42–45

»Wer sich selbst erhöht, wird erniedrigt.
Wer sich selbst erniedrigt, wird erhöht.«

Matthäus 23,12

»Wer ist doch der Größte im Reich Gottes«,
fragen die Jünger.
Und Jesus ruft ein Kind zu sich und sagt:
»Wenn ihr nicht umkehrt und werdet wie Kinder,
werdet ihr nicht ins Reich Gottes kommen.
Wer nun sich selbst erniedrigt,
sodass er wird wie dieses Kind,
der ist im Reich Gottes der Größte.«

Matthäus 18,1–4

Also: Steige ab. Steige noch einmal ab. Und von der unteren Position aus, die du dann erreichst, liebe! Und umgekehrt: Liebe so, dass es dir selbstverständlich wird, alles hinter dir zu lassen, was deine Wichtigkeit, deine Geltung ausmacht. Liebe von dort aus, wo Liebe praktisch gebraucht wird.

22 Die Liebe tun

Lieben heißt: Die Gestalt, die einer seinem Leben gibt, ist bestimmt durch das, was ein anderer von ihm braucht. Er ist also nicht sein eigenes Maß. Das Maß ist der Mensch, der ihm begegnet. Liebe ist nicht primär ein Gefühl, sondern praktisches Zufassen und Handeln, wo immer ein Mensch eines Zugriffs und eines Tuns bedarf. Und eben das macht die Liebe tauglich für mehr als eine Schwärmerei.

Die Liebe sagt: Ich nehme dich auf. Du mich. Ich will nichts tun. Nichts leisten. Ich will nur sein, und ich will nur, dass du sein kannst. Ich liebe dich, wie du bist, und ich möchte, dass du so dein eigentliches Wesen und deine eigentliche Freiheit gewinnst. Liebe ist der Schutz, dessen auch ein starker, sicherer und unabhängiger Mensch bedarf.

Aber Liebe ist auch anders. Sie ist auch ein Spiegel, der mir zeigt, was an mir unfertig ist, widersprüchlich, ichhaft. Und sie ist der Impuls, der mir hilft, Schritt um Schritt weiterzugehen. Sie drängt mich, nicht stehen zu bleiben, sondern mich zu verändern, zu reifen, zu werden, der ich sein soll. Die Liebe schenkt uns, was keine Moral vermöchte: die Wandlung unserer Enge und Angst in achtsame Freiheit.

Liebe drängt nach Praxis

Jesus fragt mich etwa so: Was tut denn einer, der liebt? Lies es an dir selbst ab! Du bist besorgt um dich selbst. Du sorgst dafür, dass dir nichts fehlt. Du kleidest dich, wenn dich friert. Du isst, wenn du hungrig bist. Du sicherst dich vor Gefahren. Du kämpfst um einen angemessenen Platz in der Hackordnung um dich her. Du suchst Freiheit. Und das tust du selbst dann, wenn du den Menschen, der du bist, hassen solltest, solange du überhaupt leben willst.

Den nächsten Menschen »lieben wie sich selbst« heißt also: Auch wenn du keine überschwänglichen Gefühle für ihn aufbringst, sorge dafür, dass er ein Kleid hat, wenn ihn friert, dass er zu essen hat, wenn ihn hungert. Hilf ihm, dass seine Freiheit und seine Menschenwürde nicht angetastet werden. Kannst du deine Eltern lieben? Vielleicht nicht. Aber du kannst dafür sorgen, dass sie in ihrem Alter nicht verlassen sind. Kannst du einen jungen Aufsässigen lieben, der nichts als Vorwürfe hat gegen dich und deinesgleichen? Vielleicht nicht, aber du kannst mit ihm reden und nach einem gemeinsamen Weg für ihn und die anderen suchen.

Kannst du deinen Feind lieben? Vielleicht nicht. Aber du kannst deine Vorurteile überprüfen, seine Situation und seine Handlungsweise zu verstehen suchen. Willst du ihn aber verstehen, so musst du dich ihm gegenüber öffnen. Denn du wirst in allen Fällen immer nur wirklich verstehen, was du liebst. Das ist ein Lebensgesetz. Willst du verstehen, was in dieser Welt im Kleinen und im Großen geschieht, so verbiete dir, auch wenn es sehr nahe läge, diese Welt als einen Tummelplatz des Teufels anzusehen. Liebe sie, und du wirst sie nach dem Maß deiner Kräfte verändern können.

Nimm das Maß an dem, was Gott tut

Er lässt seinen Regen fallen auf Gerechte und Ungerechte, und seine Sonne scheint den Guten wie den Bösen. Jesus erzählt nicht, der barmherzige Samariter habe liebevolle Gefühle empfunden für den Menschen, den er zusammengeschlagen am Weg fand. Er sagt nur: Er sammelte ihn auf, hob ihn auf seinen Esel, brachte ihn in eine Gaststätte und gab dem Wirt die Mittel, ihn zu versorgen. Vielleicht fragt sich jemand: Wie kann man Liebe befehlen? O ja. Man kann. Sofern es sich bei der Liebe nämlich um ein Tun handelt.

Liebe neigt nicht zu etwas Höherem, zu etwas Schönem oder Lieblichem oder Erhabenem, sondern zu dem, was vernachlässigt ist, entstellt oder lebensuntüchtig. Sie neigt sich dem Schwachen zu, der der Zuführung von Lebenskraft bedarf. Oder dem Schuldigen, der eines Menschen bedarf, der seine Schuld mit übernimmt.

Mystik meint eine Kultur des Liebens

Man redet heute wieder unbefangen von mystischen Wegen eines Menschen zu sich selbst, zum anderen Menschen, zur Welt der Dinge und zu Gott. In allen Fällen meint man damit einen Weg, der über das kleine Ich hinausführt in etwas, was größer ist als das eigene Ich. So spricht Albert Schweitzer davon, es gebe eine kleine Mystik, die uns zu uns selbst führt, und eine große, die uns die Menschen und die Welt öffnet. Er unterscheidet zwischen einer unvollständigen und einer vollständigen Mystik. Die unvollständige öffnet den Weg vom Einzelnen hin zu Gott. Die vollständige bezieht alle Dinge, alle Kräfte und Wesen der Schöpfung ein. Es gibt keine echte Mystik, die nicht zu einem Bewusstsein der Verbindung mit allem führte, einer Allverbundenheit, zu einem ozeanischen Bewusstsein der Einheit mit der umgebenden Welt dadurch, dass alle Abgrenzungen aufgehoben werden.

»Mystik« kann so mit der Selbstannahme eines einzelnen Menschen beginnen, sie kann danach weiterführen zur alles bewegenden und durchdringenden Freude am Dasein überhaupt. Für das religiöse Bewusstsein ist darum die Bildersprache, die etwa die Frauenmystik des deutschen Mittelalters so unbefangen gebraucht hat, die Bildersprache eines umfassenden seelischen und kosmischen Liebeserlebnisses, die genaueste Weise, von der Seele, von der Welt und von Gott zugleich zu reden. Stirbt die Erotik, so verknöchert die Religion. Stirbt das mystische Empfinden, so gerät der Eros in die Gefahr zu verkommen.

Was aber sagt das aus? Es sagt, dass das Leben geliebt werden kann und dass es gelingt, wenn es geliebt wird. Dass die Welt die Heimat ist, in der Liebe uns Geborgenheit gibt, die auf tausend Weisen unser Herz aufruft. Und dass wir über Gott nicht nachzudenken brauchen, um ihn zu verstehen, dass uns vielmehr seine Liebe entgegenkommt. Dass Gott uns seinen Geist gibt, damit sein Leben in uns aufwacht als Wahrnehmung, als Aufmerksamkeit, als Zartheit, als Verzicht auf jede Anwendung von Gewalt. Zuletzt, so sagt der Glaube, wird auch unser Weitergehen im Tod, das wir Auferstehung nennen, aus der liebenden Kraft Gottes hervorgehen. Dschelaleddin Rumi, der große islamische Mystiker, sagt:

> *»Wenn dich jemand fragt:*
> *Wie hat Jesus die Toten lebendig gemacht?*
> *Dann gib ihm einen Kuss und sage: So!«*

Leben wird aus der Liebe geboren. Heilung geschieht aus Liebe. Auferstehung hat die Kraft ihrer Hoffnung für uns, weil sie ein Ausdruck der Liebe ist, die uns hält und umfängt.

Jesus sagt nicht: »Werde unabhängig! Löse dich von allem!« Sondern: »Binde dich dort, wo du gebraucht wirst, und löse dich von allem, was dich daran hindert.«

Er sagt mit anderen Worten: Du hast mehr in dir, als du glaubst. Mehr Freiheit zum Beispiel. Du musst sie allerdings gebrauchen. Du hast mehr Kräfte, als du meinst, sie sind nur gefesselt. Mehr Phantasie, als du für möglich hältst, du darfst dich nur nicht vor ihr fürchten. Du hast mehr Liebe, als du dir zutraust, du musst ihr nur nichts in den Weg legen. Gott hat dir deinen Kopf und dein Herz, deine Füße und Hände gegeben, damit etwas durch dich geschieht. Er hat einen Plan mit dir.

Meine aber nicht, du müsstest alles auf einmal erfüllen. Vielleicht gelingt dir ein Anfang, vielleicht darauf ein zweiter und ein dritter Schritt. Vielleicht ergibt sich für dich im Laufe eines langen Lebens eins aus dem anderen. Vertrau vor allem darauf, dass der, der dich ruft, dich bei deinen Versuchen begleitet.

23 Ans Werk gehen auf dem Weg des Absteigens

Absteigen heißt, wie gesagt: Ansprüche preisgeben. Den Willen des anderen ebenso wichtig nehmen wie den eigenen. Schuld bei sich selbst ebenso vermuten wie beim anderen. Nach neuen Anfängen immer suchen, ehe der andere sie sucht. Raum und Freiheit geben, das Glück suchen in erster Linie zugunsten des anderen, danach für sich selbst.

Dieser Statusverzicht heißt in christlicher Sprache auch Demut. Lateinisch »humilitas«. Das Wort humilitas hängt zusammen mit dem Wort humus, Erde. Das meint: Bleibe auf der Erde. Träume dich nicht irgendwohin. Bleibe auf dem Teppich. Bleibe in der Wirklichkeit.

Das Maß unseres Christseins ist darum nicht, alles, was man nach allgemeiner christlicher Auffassung zu tun und zu lassen hat, perfekt zu erfüllen, sondern den Menschen nahe zu sein, ihr Gewissen zu schützen wie das eigene, ihr Leiden mitzuleiden, ihr Versagen zu begleiten, ihre schwachen oder fehlerhaften Versuche mitzutragen. Und das Ziel unseres Lebens ist, wie Luther es ausdrückt, dass wir jeder dem anderen gegenüber ein »Christus werden«, das heißt durchlässig werden für den Strom der Liebe Gottes, der durch uns hindurch weiterfließen will dorthin, wo Liebe lebensnotwendig ist.

So ist auch Jesu Rede vom Ertrag eines Lebens in Matthäus 25 zu verstehen. Menschen fragen sich am Ende ihres Lebens: Das soll es also gewesen sein? Was war denn wichtig? Was bleibt von mir? Und Jesus antwortet: Es gab um dich her Kranke, Hungernde, Gefangene, Heimatlose. Konntest du die Mauern zu diesen Gefangenen durchschreiten? Konntest du deinen Ekel vor den Kranken überwinden? Konntest du verzichten zugunsten des Hungernden und Heimatlosen? Konntest du mit deiner Barmherzigkeit die Mauer um die Schuldigen durchbrechen? Das aber ist keine Ethik. Es ist ein Verhalten, das Jesus aus seinem Gottesbild abspiegelt und selbst darstellt mitten in der irdischen Szenerie.

Begegne dem Leben insgesamt mit Güte

Güte meint, dass einer es mit dem Leben, wie es ist, »gut meint«. Und dann sieh mit offenen Augen, was von all dem im Leben der unzähligen Menschen neben dir fehlt. Sieh das tiefe Unglück, in dem viele unter ihnen leben, und geh mit ihnen. Du hast keiner Moral zu gehorchen. Geh vielmehr alle die dunklen Wege mit, auf denen sie, vielleicht mit schwindender Kraft, gehen. Geh alle die Wege mit, die ohne Hoffnung gegangen werden. Alle die Wege, auf denen Menschen sich mit falschen Hoffnungen zu trösten suchen.

Geh mit in den dunklen Tälern, von denen aus keine Gipfel zu sehen sind. Und fasse zugleich, was ebenso gilt: Dass die Liebe Gottes zu dir nicht geringer wird dadurch, dass du solchen Weisungen nicht gerecht wirst. Tu immer wieder, was dir möglich ist, und zweifle nicht an dir über der Bruchstückhaftigkeit, die du an dir erlebst. In Gott ist es ein Ganzes. Es ist das in Gott geführte Leben.

Der »Nächste« ist dein Schutzengel

Wenn wir also das Wort hören: »Liebe deinen Nächsten wie dich selbst«, so ist damit gemeint, der Nächste sei nie nur der, der unsere Wünsche und Pläne hindert, der unsere Kraft und Zeit kostet, sondern er sei gleichsam unser »Schutzengel«. Wenn wir versuchen sollten, durch den Nächsten hindurchzugehen, als wäre er Luft, so würden wir in den leeren

Raum unserer Eigensucht abstürzen. Der Nächste, so meint das Wort, steht nicht als Hindernis vor uns, sondern als hilfreicher Widerstand, der uns davor bewahrt, aus der Wirklichkeit des Lebens hinaus in die illusionäre Privatwelt unserer Wünsche abzugleiten.

Das ist der Grund, warum Jesus für uns eine so zentrale Rolle spielt. Jesus hat dafür gelebt, dass die untere Hälfte der Welt, die dunkle, rätselvolle, mühsame, nicht von Gott verlassen sei. Er ging mitten hinein in den tiefen Schatten, der über der Landschaft der Menschenseele liegen kann, und zeigte das Licht und den Weg. Er beugte sich in die Dunkelheit hinab und umarmte den verdüsterten Menschen. Und ihm nach versuchen die Liebenden unter uns, eben dies zu tun, ihm nach, dem Heilenden, dem Befreienden, dem, der den Menschen ihre Last abnimmt, ihnen Mut gibt und der am Ende für sie das Leben einsetzt.

Das Evangelium vom Abstieg Gottes in unsere Menschenwelt sagt: Gott liebt dich, Mensch. Werde also ein Liebender. Gott segnet dich auf deinem Weg, also lass Segen von dir ausgehen. Gott hat dich in der Hand, also nimm den Menschen, der dir nahe kommt, in deine sorgsame Hand. Wenn Gott dich misst, legt er das Maßband nicht um deinen Kopf, in dem du so viel christliche Gedanken hast, er legt das Maß auch nicht um deine moralische Korrektheit. Er legt es um dein Herz. Willst du die Menschen ändern, so musst du sie lieben. Du kannst sie belehren, aufklären, aktivieren, ärgern, fordern, indem du ihnen Maßstäbe zeigst, denen sie zu entsprechen hätten. Aber ändern wirst du sie nur mit den Kräften deiner Liebe. Und du wirst erleben, dass eben damit, dass du zu ihnen absteigst, du selbst aus den Niederungen deines Ichs frei wirst. In dem Maß, in dem du dich verlierst, wirst du dich finden.

Dieses Grundmerkmal seines Weges zieht sich durch alle seine Reden: Wenn du meinen Weg mitgehen willst, dann nimm die Erfolglosigkeit meines Weges als Merkmal auch deines Weges, sei bereit, zu leiden unter den Menschen und unter den Zumutungen Gottes, unter deinem Schicksal und den Schicksalen anderer. Trage nicht nur die Mühsal mit, die irgendein anderer trägt, sondern auch seine Verdrehtheit, seine Fahrlässigkeit, seine Undankbarkeit, ja seine Bosheit. Trage seine Last und wirf sie nicht ab. Bleibe nah bei den Menschen und nimm an, was dir dabei widerfährt. Lass dir die Torheit der Leute gefallen, und verachte sie nicht. Gib deine Chancen preis und dein Recht. Dein Ansehen. Werde geringer, bis du am Ende auf dem letzten Platz stehst. Du kannst dich natürlich weigern. Du kannst dich aber auch loslassen und darauf vertrauen, dass du gehalten bist und erfüllt mit Kraft.

Denn das musst du sehen: Was ich selbst tue, das tue ich, weil aus der Überfülle Gottes, aus der Überfülle seiner Liebe, eine Kraft in mich herabgeflossen ist, die nun weiterfließen will von mir zu dir, und weiter und immer weiter fließen von dir zu den Menschen. Du bist nicht arm, sondern reich. Du bist nicht schwach, sondern stark. Du bist nicht der, der untergeht, sondern der, der Licht und Wahrheit in die Welt bringt. Und zwar damit, dass du von jedem Berg deiner einsamen Schau Gottes absteigst zu den Menschen am Fuß des Berges und von da immer weiter abwärts, wie es die Geschichte Matthäus 17, 1-20 schildert. Wenn du zu leiden hast, dann nicht, weil du dich selbst verlieren sollst. Ich selbst werde im Untergehen bei meiner Sache bleiben, sagt Jesus. Nicht das dumpfe Zugrundegehen ist es, sondern das willig übernommene Leiden, mit dem eine Kraft in die Welt kommt, die die

Menschen verändert und mit ihnen die Verhältnisse in der Welt.

Nachfolgen heißt sich prägen lassen

Diese Ähnlichkeit unseres Weges mit dem Weg, den Jesus ging, entsteht nun aber nicht so, dass wir uns vornehmen, zu werden wie er. Er ist nicht das Vorbild, das wir nachzuahmen hätten. Es ist umgekehrt: Wir halten uns ihm hin, und er prägt uns mit dem Stempel, mit dem Siegel seines Weges. Wir suchen nicht unseren Weg, sondern lassen uns auf seinen Weg senden. Wir werden nicht die erleuchteten Meister und großen Gurus, wir bleiben Werkzeuge in seiner Hand.

Nun können wir Jesus natürlich erwidern: Du verlangst zu viel, Jesus! Zu den Menschen gehen in ihre Dunkelheit und in der Dunkelheit selbst am Ende ein Spiel dieser Dunkelheit werden? Wir sind keine Genies der Barmherzigkeit. Aber ich sehe Jesus lächeln: Euch fehlt nicht das Genie, sondern der Glaube. Ihr findet auf diesem Weg ja nicht nur das Elend, sondern auch das Glück. Die Erfüllung. Nicht nur die Mühsal, sondern auch den Sinn. Ihr gebt doch nicht nur, ihr empfangt, und ihr empfangt mehr, als ihr gebt. Bei den Menschen ist nicht die Hölle, bei den Menschen ist Gott. Wenn ihr Menschen annehmt und für sie lebt, lebt ihr in Gott.

Dabei kehrt sich viel um

Im Zusammenhang mit diesen Gedanken steht auch eine bestimmte Umkehrung von Maßstäben, der wir bei Jesus begegnen.

Die erste: »Ich preise dich, Vater, Herr von Himmel und Erde, dass du deine Botschaft den Weisen und Klugen verborgen und sie den Unmündigen offenbart hast« (Lukas 10,21). Wer also soll die Richtlinien festsetzen, nach denen das Leben der Menschen zu ordnen ist? Bisher taten dies, aus gutem Grund, die, die eine gewisse Weisheit erreicht hatten. Nun sollen es die Unerfahrenen, Naiven sein, das heißt die, die die seltsame Weisheit Gottes begreifen, zu denen zu kommen, die unten sind. Weisheit wird also erst wieder ein »Wert«, wenn sie diese Umkehrung durchgemacht hat.

Eine zweite Umkehrung: In wohl allen Religionen, die von einer Auferstehung wissen, von einem Gericht, von einem ewigen Leben, ist dies klar, dass der im Gericht bestehen wird, der den Aufstieg in das Reich des Lichts, des Geistes, der Frömmigkeit besonders deutlich vollzogen hat. Für Jesus ist charakteristisch, dass der Mensch, der im letzten Gericht als Gerechter dastehen wird, der ist, der zu den Kranken, zu den Gefangenen, den Frierenden, den Notleidenden am deutlichsten abgestiegen ist. Das Ziel der Gerechtigkeit liegt in der Hinwendung zu ihm, und zwar in der Gestalt der »Miserablen«. Die »Idee« wird konkret. Sie wird erdhaft. Und sie will unten, bei den Armen, verwirklicht werden.

Eine dritte Umkehrung: Was nun dich selbst betrifft: Du wirst deinen Weg in der Freiheit gehen können, die du hier empfängst. Aber verwechsle diese Freiheit nicht mit dem, was man um dich her Freiheit nennt. Was man heute als Freiheit preist, ist meist nichts als die Freiheit des freien Wolfs im offenen Hühnerstall. Freiheit hat nur Sinn, wenn sie sich in den lebendigen Zusammenhang mit anderen begibt. So ist diese Freiheit auch im Grunde nicht die Freiheit eines Einzelnen, sondern die Freiheit einer Gemeinschaft. Die Kirche aber ist die Gemeinschaft freier Menschen, die ihre Freiheit einbringen in das gemeinsame Leben mit allen Menschen. Es geht darum auch nicht um unseren bemühten Weg auf Christus zu, sondern darum, dass wir von dem Ausgangspunkt, der Christus ist, auf uns selbst zugehen und uns neu in Empfang nehmen, wie wir dann sind. Christus ist nicht der, der die ethischen Maßstäbe festlegt, nach denen wir handeln sollen, sondern der, der sich an uns verwirklicht, sodass wir selbst wissen, was zu tun ist.

Aus dem Leiden kommt die Kraft

Aber wie, so fragen wir Jesus – wie hältst du das aus? Du gehst durch die Dörfer deiner Heimat zu den Kranken und Armseligen, den Selbstgerechten und den Dummköpfen, den Erniedrigten und den Verlassenen. Wie hältst du es aus mit der Armut der Menschen? Als Jesus einmal mit einem schwierigen Menschen an einem Brunnen geredet hatte, fragten ihn seine Jünger, ob er nicht etwas essen wolle. Und er antwortete: »Meine Speise ist, den Willen des Vaters zu tun.« Jesus aß gleichsam das Unglück. Er wollte sagen: Wer bereit ist, sich von dem zu ernähren an seiner Seele, was Gott reicht, wird zu essen haben. Er wird nicht krank von den Krankheiten der anderen. Er wird das stärkere Leben führen, das wichtigere, das sinnvollere. Ihm wird Kraft nicht abgenommen, sondern zugeführt. Hölderlin sagt das so:

> »*Nicht in der Blüt' und Purpurtraub'*
> *ist heilige Kraft allein.*
> *Es nährt das Leben vom Leide sich.*«

Es nährt sich vom Geheimnis des Opfers, von der Liebe, die ins Leid eingeht. Nach Jesus ist der Liebende berufen, der Schwache zu sein an der Seite der Schwachen. Trauernd in der Gemeinschaft der Trauernden. Vielleicht wird er zum Überwinder für die, die nicht zu überwinden vermögen, ein Liebender in der Verlassenheit der Ungeliebten. Das Liebesgebot ist in diesem Sinn keine Zumutung, der wir zu gehorchen hätten. Es ist vielmehr ein Weg zum gelingenden Leben. Und es gilt für uns selbst in unserem kleinen Kreis ebenso wie zwischen den Kirchen und den Völkern. Es zeigt die Weisheit an, die die Menschheit finden muss, will sie auf dieser Erde noch eine nennenswerte Zukunft haben.

25 Steige ab und liebe – dann tu, was du willst

Ist Jesus Christus das Bild, von dem wir uns prägen lassen, so wird uns an uns selbst nicht wichtig sein, ob wir dem Ideal eines edlen Menschen, eines erfolgreichen oder überlegenen oder in irgendeiner Weise strahlenden und erhabenen entsprechen werden. Einer der entscheidenden Sätze über Jesus lautet:

> *»Jeder von uns soll sich an das halten,*
> *was er an Jesus Christus sieht:*
>
> *Der war göttlich wie Gott.*
> *Aber er hielt seinen Anspruch,*
> *Gott gleich zu sein, nicht fest.*
>
> *Er legte ihn ab,*
> *nahm die Gestalt eines Knechtes an*
> *und wurde ein Mensch unter Menschen.*
>
> *Die Gestalt eines Menschen trug er.*
> *Tief stieg er hinab bis zum Tod,*
> *ja, zum Tod am Kreuz.«*
>
> Philipper 2,5–8

Was wir tun, wird fast immer die Form eines Kompromisses annehmen

Denn das muss klar sein: Eine christliche Handlung, eine Handlung also, die aus dem Glauben erwächst, träumt sich nicht hinauf in eine reine Verwirklichung, sie geht vielmehr im Sinne der Menschwerdung des Christus in die Erde ein. Die christliche Form einer Handlung wird nicht von der Verwirklichung einer Idee bestimmt sein, sondern von der Preisgabe einer Idee zugunsten einer menschennahen, erdhaften Handlung. Ein charakteristisches Beispiel für solche unreine Verwirklichung einer christlichen Absicht ist der Kompromiss. Der Kompromiss übernimmt die Meinungen anderer, die Bedingungen einer konkreten Aufgabe, die Grenzen des Möglichen, die Annäherungsformen an das Wünschenswerte und Lebensdienliche. Alles, was Liebe heißen will, hat etwas von einem Abstieg, praktisch: von einem Kompromiss.

Das Wort Kompromiss kommt ja von dem lateinischen Wort »compromissum« her, das Versprechen heißt, Verlobung. Es meint, verlässlich zu sein für den Menschen, dem man sich »angelobt« hat. Wenn zwei sich »verloben«, sich einander »versprechen«, dann sagen sie damit: »Ich will tun, was dir gut tut. Ich will tun, was uns beiden wichtig ist. Ich will tun, was unsere Gemeinschaft befestigt. Ich bin bereit, mich nach deinen und meinen Wünschen zu richten. Am Ende soll etwas herauskommen, das unser gemeinsames Leben besser, schöner und lebenswerter macht. Du bist mein Nächster. Ich bin der deine.«

Sich einander versprechen heißt ja, aus Liebe Freiheit aufgeben. Dann aber ist der Kompromiss gerade nicht das, was wir vermeiden, sondern das, was wir suchen sollen. Dann heißt es, sich auf die Welt und ihre Zustände und Bedingungen einzulassen, es bedeutet: Nicht in den Gedanken des mit Träumen befassten Kopfes zu leben, sondern Erde in die Hand zu nehmen. Sich auch mit Schmutz und Elend beschäftigen, mit dem Unappetitlichen, mit dem Niedrigen und dem Gemeinen, auch mit der Ungenauigkeit des eigenen Tuns sich abfinden.

Hier entsteht die unbedingte Freiheit,

die Eigenständigkeit dessen, der liebt. Die Unangreifbarkeit seines Tuns. Seine Unabhängigkeit. Er bedarf für seine Entscheidungen keiner Erlaubnis von irgendjemandem.

Nirgends ist geschrieben, was er tun darf und was nicht. Solange er liebt – aber dies in der Strenge, die Jesus in sein Wort vom Lieben und vom Absteigen gelegt hat –, gibt es kein Gesetz in der Welt, keine Mehrheitsmeinung, keine Vorschrift, kein »Man tut nicht«, die ihn binden könnten. Es entsteht der freie Mensch in seiner Verantwortung vor dem Gott, der ihm im Gesicht von Menschen in der konkreten Situation, in der konkreten Not begegnet. Der freie Mensch, der nicht verurteilt, der nicht das überlegene Wissen hat. Der nicht über Meinungen streitet, sondern nur das Gespräch sucht über das, was seine Überzeugung ist. Und der nach ihr lebt.

»Liebe!«, sagt Augustin, »und tu, was du willst.« Du gehst aus dem Raum des Ethischen hinaus in den Raum des Liebens. Du bist ein freier Mensch auf dem Weg zu Gott, und auf dem Weg zu den Menschen. Tu, was dir vor Augen steht. Was dir gezeigt wird. Was dir lösend, befreiend, tröstend in den Sinn kommt. Gib das weiter. Du hast keine Macht und keine Autorität, aber du bist frei. Du kannst nicht alles tun, aber viel, für das deine einfachen Gedanken und deine einfachen Hände sich eignen. Für das dein Herz einstehen will. Dein von Gottes Liebe befreites Herz, dem die Regel gilt:

> *»Steige ab,*
> *bis du auf Augenhöhe bist mit dem,*
> *der deiner Liebe bedarf.*
> *Dann liebe.*
> *Im übrigen bist du frei,*
> *zu tun, was du willst und kannst.«*

Von Rainer Kunze gibt es ein Gedicht, das genau dies mit anderen Worten sagt:

»Silberdistel

Sich zurückhalten
an der erde

Keinen schatten werfen
auf andere

Im schatten der anderen
leuchten«

VII.

Jesus trat auf als ein Lehrer der Weisheit

26 Weisheit ist Erfahrungswissen aus dem Glauben

Hier scheint mir die Frage wichtig zu werden, wo denn Jesus in den Überlieferungen seines Volkes anknüpfe. In welchen der vielen Überlieferungsstränge der jüdischen Frömmigkeit er mit all dem stehe.

Da ist die priesterliche Tradition. Sie hat ihren Haftpunkt am Tempel in Jerusalem und hat ihre Kraft im Ritual, ihre Aufgabe in der Einbindung des Einzelnen in die kultische Gemeinschaft. Jesus hat mit ihr wenig zu tun.

Da ist die Tradition der Gesetzesauslegung. Sie hat ihre Kraft in den das ganze Land übergreifenden Gemeinschaften von Frommen, die ihrem Leben Struktur und Ziel vorzeichnen lassen. Mit ihnen ist Jesus mehr durch einen tiefgehenden Konflikt verbunden als durch den gemeinsamen Willen.

Da ist die Tradition der Prophetie. Sie hat ihre Kraft aus dem Glauben, dass einzelne Menschen von Gott aufgerufen seien, dem Willen Gottes eine Stimme zu geben, meist gegen die Verhältnisse und Zustände, in denen sich das Volk befindet. Hier ist das Wirken von Jesus in einzelnen seiner Aspekte schon eher greifbar, auch wenn er sich selbst nicht als einen Propheten, sondern als etwas ganz anderes beschreibt.

Da ist die Tradition des apokalyptischen Nachdenkens und Hoffens. Diese bezieht ihre Kraft aus dem Bild eines kommenden Gottesreiches, auf das hin die Menschen blicken und von dem sie ihren Trost und ihr Stehvermögen beziehen. Wenn Jesus vom »Reich Gottes« spricht, so steht er in dieser Überlieferung und gibt ihr seine besondere Färbung.

Und da ist schließlich die Tradition der Weisheitslehrer, die in ihrer mündlichen Form zurückreicht bis in die vorstaatliche Zeit Israels und schriftlich erhalten ist in den Büchern »Sprüche«, »Hiob«, »Daniel«, »Weisheit Salomos«, »Sirach« und anderen »apokryphen« Schriften aus der Zeit vor Jesus. Nun will mir scheinen, der deutlichste Zusammenhang der Worte Jesu mit der Überlieferung des Judentums seiner Zeit bestehe in der weisheitlichen Weise seines Redens. In der Tradition des Ratgebens in Gleichnissen, Bildern und Sprüchen. Aber diese Weisheit ist mehr als dies. Sie ist göttliche Gestaltungskraft, die sich in der ganzen Schöpfung auf allen ihren Ebenen zeigt. Das göttliche Wissen, das sich in der Schönheit und der Lebenskraft der Dinge und der Wesen dieser Welt ausspricht.

Weisheit ist bei Jesus ein Schlüsselwort für den christlichen Glauben

Mir will scheinen, als habe Jesus sich selbst auch als eine Art von Inkarnation der göttlichen Weisheit verstanden. So sagt er es an der schwierigen Stelle Matthäus 11,19, an der er darüber klagt, er werde nicht erkannt als der, der er wirklich sei: »Sie sagen: Seht, wer der ist! Ein Fresser und Weinsäufer, ein Kumpan von Römerknechten und Sündern. Dabei hat sich doch die Weisheit so klar ausgewiesen durch das, was ich getan habe.« Dieser Versuch, die faszinierende Gestalt des Jesus zu deuten, findet sich auch bei Paulus, wenn er 1. Korinther 1,24 sagt, er verkündige Jesus als Gottes Weisheit, oder in Vers 30, Christus sei uns von Gott her »zur Weisheit geworden«. Aber diese frühe und später nicht mehr weitergegebene Vorstellung bleibt nach solchen Andeutungen ungenau und rätselhaft.

Was an seinem Auftreten und in seinen Reden charakteristisch bleibt für seine Nähe zur Tradition der Weisheit, ist etwa seine Abwehr aller Bindung der Menschen an Rituale und fromme Sitten. Seine Abwehr gegen alle Bindung der Menschen an Gesetze und Vorschriften. Seine Abwehr auch aller bloßen Träumereien von einer goldenen Zukunft. Seine Forderung an freie Menschen, sich der Wirklichkeit zuzuwenden, Erfahrungen ernst zu nehmen und konkret zu handeln so, dass das Leben der Menschen praktisch die Zukunft des Reiches Gottes konkret abspiegelt, als seine andeutende Vorwegnahme am heutigen Tag. In ihr äußert sich sein Wille, sich nicht mit den Verabredungen abzufinden, die unter Menschen gelten, nicht mit den Papierwänden aus Werten und Wertschätzungen, die den Menschen den Blick verstellen auf die Wirklichkeit. Nicht mit den Unterscheidungen etwa zwischen sakral und profan, mit Hilfe deren immer die eine Hälfte der Wirklichkeit verdeckt wird. Seine Absicht, sein entschlossener Wille ist der, die Menschen unmittelbar in die Situation zu stellen, in der sie sich befinden, ihnen zu zeigen, was für Aufträge der Augenblick mit sich führt, ihnen zu zeigen, wie unmittelbar sie es im konkreten Vollzug ihres Lebens mit Gott zu tun haben. Die Distanz zu entfernen, die sie zwischen Gott und sich selbst eingebaut haben, und sie unmittelbar vor die Wirklichkeit Gottes und ihrer selbst zu stellen.

Die Weisheit nennt Lebensgesetze

Nach der Bibel gibt es schlichte Lebensgesetze, nach denen das menschliche Dasein auf dieser Erde abläuft. Die Erfahrungsklugheit, in der sie einer sammelt und klärt, nennt die Bibel »Weisheit«. Die wendet sich nicht über diese Welt hinaus oder über die Grenzen des menschlichen Verstehens, sondern sucht das Nahe auf, das Allbekannte, das Alltägliche, Banale, das jeder kennt und das keiner wirklich ergründet.

Das Wort »Weisheit« klingt in unseren Ohren leicht so, als säße da einer abseits der Welt unter einem Baum und lehrte die Nichtigkeit der Dinge. Aber wenn die Bibel Sprüche der »Weisheit« anbietet, dann bewegt sie sich im vollen, prallen Leben, zeigt Erfahrungen, fasst diese in kurze, prägnante Sätze und bietet sie uns für unser praktisches Nachdenken an. Als Weisheit bezeichnet die Bibel die Fähigkeit, die Wirklichkeit wahrzunehmen, wie sie ist, mit Erfahrungen umzugehen und Wege zu zeigen, die ein normaler Mensch gehen kann, wenn ihm sein Leben gelingen soll. So sagt das »Buch der Sprüche«:

Ein gelassenes Herz ist lebendige Kraft,
aber Gehetztheit ist Wurmfraß in den Knochen.
14,30

Wer sich in einen Streit mischt, der ihn nichts angeht,
ist wie einer, der einen streunenden Hund bei den Ohren packt.
26,17

Wie eine Stadt mit aufgerissener Mauer ist der Mann,
der sich nicht selbst beherrscht.
25,28

Der Faule spricht: Ein Löwe ist draußen!
Wenn ich hinausgehe, frisst er mich!
22,13

Wenn ein führender Mensch auf Lügen hört,
werden alle seine Mitarbeiter zu Schurken.
29,12

Oder das Buch Sirach:

Die Narren haben ihr Herz im Maul,
aber die Weisen haben ihren Mund im Herzen.
21,28

Des Narren Herz ist wie ein Rad am Wagen.
Seine Gedanken laufen immer im Kreis.
33,5

Jesus spricht wie ein Lehrer der Weisheit

In dieser zu allen Zeiten angewandten Art ist auch manches Wort von Jesus überliefert. Wenn er etwa nach Art eines Sprichworts sagt:

Einen guten Baum erkennt man
an den Früchten.
Lukas 6,45

Alles, was ihr wollt, das die Leute euch tun sollen,
das tut ihnen.
Matthäus 7,12

Wer anfängt, einen Turm zu bauen, muss wissen,
ob er die Mittel hat, ihn zu Ende zu führen.
Lukas 14,28

Viele der Worte und Gleichnisse Jesu spielen auf der Ebene einer zweckmäßigen Anwendung von Lebenserfahrung, auf der Ebene von Gesetzen, die ein Mensch erkennen und einhalten muss und die ihm auf seinem Lebensweg zugute kommen. Sie setzen nicht an mit der Forderung: Das musst du glauben!, sondern mit dem Rat: Tu die Augen auf! Sieh, wie es zugeht! Mach dir keine Illusionen! Du hast einen Verstand mitbekommen, also brauche ihn. Lass dir deinen klaren Blick für die Tatsachen nicht trüben, weder durch Träume noch durch das Geschwätz der Menschen noch durch deine eigene Angst. Sieh hin! Sieh noch genauer hin!

> *»Wirf deine Perlen nicht vor die Säue*
> *und gib das Heilige nicht den Hunden zum Fraß!*
> Matthäus 7,6

Denn du vergeudest nicht nur etwas Wertvolles, sondern ärgerst auch die Tiere, die meinen, etwas zum Fressen zu bekommen, und ungenießbare Perlen finden.

> *Ein Flicken neuen Tuchs hält nicht*
> *auf einem zerrissenen alten Stoff.*
> Matthäus 9,16–17

> *Neuer Wein und alte Ledersäcke passen nicht zusammen.*
> *Der Wein gärt und die brüchigen Säcke reißen!*

Achtet darauf, was euch das Leben lehrt:

> *Ein Blinder kann nicht einem Blinden den Weg zeigen.*
> *Sie fallen beide miteinander in die Grube.*
> Lukas 6,39

Aber Weisheit greift tiefer

Aber von so einfachen Erfahrungen aus greift eine vom Glauben ausgehende Sicht auf die Wirklichkeit tiefer. So in den so genannten Seligpreisungen. Dort ist es ja nicht nur ein Wissen um irgendeinen späteren Ausgleich, das feststellt, wer barmherzig sei, werde Barmherzigkeit empfangen. Es ist vielmehr eine in der Gegenwart festgemachte Deutung des Leidens.

Selig, die sich arm wissen vor Gott
und alles von ihm erwarten.
Sie leben, jetzt schon, in der größtmöglichen Fülle.

Selig, die Leid tragen,
ihnen ist mit ihrem Leid die Liebe Gottes nahe.

Selig, die geduldig sind und warten können.
Ihnen kommt entgegen, was sie brauchen.

Selig, die nach Gerechtigkeit hungert.
Sie sind Verbündete Gottes, der die Gerechtigkeit will.

Selig die Barmherzigen.
Sie sind Instrumente der Barmherzigkeit Gottes
und sind in ihr geborgen.

Selig, denen Gott das reine Herz gibt.
Sie schauen ihn in allen Dingen.

Selig, die Frieden schaffen.
Sie tun in Gottes Auftrag sein Werk.

Für die Weisheit, die Jesus zeigt, ist also charakteristisch, dass sie über das einfache Erfahrungswissen weit hinausgreift und auch von der verborgenen Absicht Gottes redet.

27 Es gilt, die Wirklichkeit wahrzunehmen, wie sie ist

Es ist für Jesus und seine Redeweise zunächst charakteristisch, dass er uns anspricht als sinnlich orientierte Wesen. Er sagt: Wer Ohren hat, der höre! Und dass er ein andermal Geschichten erzählt oder auf irgendeine Tatsache hinweist mit der einleitenden Aufforderung »Siehe!«. »Siehe! Ein Balken steckt in deinem Auge!« (Matthäus 7,4) »Sieh! Es ging ein Sämann aus, zu säen« (Matthäus 13,3). »Sieh! Es gibt Letzte, die werden die Ersten sein!« (Lukas 14,30) Oder: »Sieh! Es kommt die Stunde, und sie ist schon jetzt …« (Johannes 16,32).

Jesus will also, dass wir die Augen auftun

Sieh dir das an!, sagt er. Das ist wichtig! Lass dir etwas zeigen! So spielt sich das ab! Mach es dir klar! Was Jesus immer wieder versucht, ist, seinen Zuhörern die Augen zu öffnen für eine Wirklichkeit, die es wahrzunehmen gilt. Er will Menschen mit offenen Augen, die nicht an Meinungen, Vorurteilen, Ängsten oder seelischen Barrieren hängen bleiben, sondern es mit den Tatsachen aufnehmen, Menschen, die ihr Bewusstsein weiten ins offene, rätselvolle oder bedrohliche Menschenleben. Wer mit offenen Augen gesehen hat, was sich unter den Menschen abspielt, kann anfangen, mit Erfolg nachzudenken. Ihm kann etwas dazu einfallen. Er kann Konsequenzen ziehen. Jesus zeichnet dementsprechend in seinen Gleichnissen weniger Idealfiguren von Menschen oder vorbildliche Heilige als vielmehr Menschen, die irgendetwas Menschentypisches tun oder zweckmäßige Lösungen finden. Die Figuren in den Geschichten Jesu tun im Allgemeinen nicht das »Gute«, sondern das Erfolgreiche. Vorbildlich an ihnen ist allenfalls, dass sie sich mit vollem Einsatz in die Situation hineinbegeben, von der sie herausgefordert sind.

So sagt er: Richtet euch danach! Wer Geld hat, bekommt Zinsen. Wer keines hat, zahlt zusätzlich für seine Schulden. Schaut euch um! So ist es. Wer eine Bank ausrauben will, nimmt zweckmäßigerweise zuerst die Angestellten als Geiseln (Matthäus 12,29). Es fragt sich immer, was du willst. Danach muss sich richten, was du tust. Wenn du eine höhere Position in der Wirtschaft erreichen willst, dann tu eine Weile lang eine nützliche Arbeit für deinen Chef! (Lukas 16,10–12) Wenn einer wegen Untreue angeklagt ist, muss er sehen, wie er sich aus der Affäre zieht, und sei es mit Mitteln hart am Rande der Legalität (Lukas 16,1–8). Wenn du mit Geld umgehst: Entscheidend ist nicht, wie viel du hast oder wie viel du verdienst, sondern was du damit tust (Lukas 16,8–9). Wenn einer an die Macht kommen will, kann er einen Aufstand anzetteln oder putschen. Nehmt euch ein Beispiel! Unsere Gegner nennen uns Gewalttäter, die das Reich Gottes an sich reißen. Recht haben sie! Wir sind es! (Matthäus 11,12) Der »verlorene Sohn« ging nicht nach Hause, weil er plötzlich seine Eltern so sehr geliebt hätte, sondern weil er Hunger hatte. Das war sinnvoll und richtig (Lukas 15). Einer hatte in seinem Garten einen Feigenbaum, der keine Feigen hervorbrachte. Hau ihn ab!, sagte er zu seinem Gärtner. Aber der Gärtner war klüger. Er meinte, man habe von einem Baum mehr, wenn man ihn pflege, als wenn man ihn abhaue (Lukas 13,6–9). »Wer sein Leben erhalten will, wird es verlieren. Wer es einsetzt, gewinnt es.« So pflegten die Feldherren der alten Welt ihre Soldaten auf Angriffsgeist zu trimmen, wenn sie vor der Schlacht ihre Reden hielten: Wer sich duckt, wird erschlagen. Wer angreift, hat die Chance zu siegen.

Mir fällt dabei ein Wort von Simone Weil ein:

> *»Nicht daran, wie einer von Gott redet,*
> *erkenne ich, ob seine Seele*
> *durch das Feuer der göttlichen Liebe gegangen ist,*
> *sondern daran, wie er von irdischen Dingen spricht.«*

Wahrnehmen ist eine Lebensfrage in unserer heutigen Welt

Heute wird die Menschheit ihre lebensgefährlichen Probleme nie lösen, wenn sie das Denken ausschaltet und vom Frieden träumt, von der Gerechtigkeit oder vom Wachstum oder von der herrlichen zukünftigen Ordnung der Dinge auf diesem Erdball, sondern nur, wenn sie hinschaut, wenn sie nüchtern denkt und aus dem, was sie dann sieht, Konsequenzen zieht. Soll ich es aufzählen?

Der Zauberlehrling rief die Atomkraft. Wenige können sich vorstellen, wie man mit ihr leben soll oder wie man sie wieder los wird. Er erkannte die biologisch-genetischen Zusammenhänge. Kaum jemand weiß, wie man die Menschheit vor den Experimenten der Lehrlinge schützt. Er produziert Berge von Medikamenten. Weiß jemand, wie ihr Gift aus dem Menschen und seiner Umgebung je wieder hinauszubringen ist? Er erkannte die Psyche des Menschen und verwendet nun seine Erkenntnisse zur Werbung, manipuliert die Menschen, und keiner weiß, wie er von ihrem Terror wieder frei wird. Er entwickelte die industrielle Macht. Die ist dabei, die ganze Politik aufzukaufen ebenso wie die ganze Kultur. Wenige können sagen, wie man die Freiheit und die Normen des öffentlichen Handelns vor ihr schützt. Er schuf ungeheure Rüstungspotentiale, weil er den Frieden wollte; der Friede könnte heute erreicht werden, aber das Rüsten geht weiter.

Nur ungefähr kann man wissen, wie oft die Menschheit durch die Kräfte der vorhandenen Waffen vernichtet werden könnte oder was in fünfzig Jahren daraus werden soll. Alle reden vom Frieden. Aber die Mächtigen suchen ihn unverdrossen immer weiter auf dem Weg über ihre Kriege. Alle reden von Gerechtigkeit, aber die Interessen der Reichen setzen sich ganz selbstverständlich immer gegen das durch, was man angeblich sucht. Er schuf riesige Organisationen von Geheimdiensten, die Folge ist, dass als wahr nur noch gilt, was die Geheimdienste mitteilen, dass aber davon nichts kontrolliert werden kann. Der freien Publizistik gehen die Lügen oft bis zum Hals. Nur wenige wissen, was wirklich hinter den Kulissen geschieht. Man weiß im Blick auf die Umwelt recht genau, was geschehen müsste. Es liegt vor aller Augen und wird nicht gesehen. Man fasst Beschlüsse und weiß von Anfang an, dass nur wenige sie ausführen werden. Es wäre ein Bewusstseinssprung nötig vom Zauberlehrling zu dem Meister, der zuerst seine eigenen Wünsche und Bedürfnisse unter Kontrolle bekommt und dann hinschaut, was zu tun ist. Noch ist nicht viel von dem Menschen zu sehen, der sich selbst und sein Tun meistert, aber der Weg, der zu ihm hinführen könnte, ist im Grunde längst gezeigt. Ob man ihn sehen will? Zweifel sind erlaubt. Sieh!, sagt Jesus. Tu die Augen auf. Schau hin! Denk nach! Und dann setze alle deine Kräfte ein!

Es geht auch um die religiöse Erfahrung

Wenn Jesus sagt: »Sieh! Nimm wahr, was ist«, oder: »Nimm wahr, was ich dir zeige«, dann betritt er gleichnishaft die Ebene der sinnlichen Erfahrung. Wir müssen also klären, was wir unter Erfahrung, Lebenserfahrung, religiöser Erfahrung verstehen wollen.

Man weiß seit einigen Jahren, dass wir in der Theologie allzu lange die religiöse Erfahrung ausgeklammert haben. Heute, da wir darüber nachdenken, bemerken wir, dass wir eigentlich nur höchst ungenau sagen können, was damit gemeint sei. Was ist religiöse Erfahrung?

Sie widerfährt uns nicht unbedingt als das, was die Mystik die Schau Gottes nennt, sie erreicht uns nicht notwendig als Vision, als Ekstase, als Hören von Stimmen oder als spirituelle Überwältigung. Sie geschieht viel nüchterner, elementarer, näher an unserem Alltag. Irgendetwas um mich her geschieht, und ich erkenne blitzartig: Das geht mich an! Irgendein Glück erlebe ich, und ich bin mir plötzlich sicher: Das hat mir einer zugedacht! Religiöse Erfahrung trifft mich als Ahnung, dass etwas oder irgendeine Macht oder irgendein Wille hinter den Dingen und in den Dingen wirken. Sie trifft mich als ein Schock: So kannst du nicht weitermachen, du verfehlst die Absicht, die irgendjemand mit dir hat! Sie trifft mich als ein plötzliches Verstehen: Ach so! So ist es! Das ist ja alles ganz anders! Sie trifft mich als Einsicht in mich selbst und als das unvermittelte Wissen: Da ist einer, der mir sehr nahe ist, der kennt mich, der nimmt mich wahr! Ich erlebe, wie ich einer Gefahr entgangen bin, und ich verstehe: Das war kein Zufall. Da hat mich einer bewahrt! Ich beginne plötzlich klar zu sehen: Da ist eine Linie in meinem Leben und Schicksal! Da kommt eine Kraft auf mich zu, die nicht die meine ist. Da muss irgendwo ein Plan sein, der sich an mir erfüllt. Es erwacht etwas wie Dankbarkeit in mir, die sagt: Da ist jemand, der es gut mit mir meint. Ich kann also meinen nächsten Schritt im Vertrauen gehen. Ich komme auf einen guten, lebendigen, fruchtbaren Gedanken und erkenne: Der ist mir ein-gefallen. Aus irgendeiner Höhe. Wie ein Geschenk ist er mir zugefallen, und ich weiß: Da ist das in mich gefallen, was ich Wahrheit nenne. Ich kann auch in der Begegnung mit einer Situation oder mit einem bestimmten

Menschen plötzlich wissen: Das ist meine Aufgabe! Der kann ich nicht ausweichen! Sie will mich und meinen Einsatz, unabhängig von den Folgen, die daraus für mich entstehen! Es kann mir auch widerfahren, dass ich auf der zeitlichen Linie meines Lebens weitergeführt werde und erkenne: Da gibt es ja kein Ende! Mein Weg führt mich in eine unabsehbare Zukunft. Oder dass ich beim Abstieg in die Tiefen meiner eigenen Seele, durch alle Dunkelheiten dieser rätselhaften Landschaft meiner selbst, noch tiefer steige und dort, im Grund meiner Seele, einer auffangenden Kraft begegne, von der ich, ohne dass mir jemand etwas darüber sagen musste, weiß: Das ist Gott! Er ist nicht nur draußen in den Dingen und hinter den Dingen dieser Welt, er ist auch in mir selbst. Und es beginnt Licht zu werden tief unter den Dunkelheiten in mir. Ich weiß plötzlich: Du musst anbeten. Hier ist mehr als ein Gedanke! Hier ist eine Wirklichkeit. Hier ist die Wahrheit alles Wirklichen. Hier ist Gott! Und dieser Gott ist stärker. Er überwältigt mich. Er setzt einen Schlusspunkt hinter vieles, was mir bisher wichtig war. Er öffnet mir einen ganz anderen Weg. Diese Wirklichkeit muss ich niemandem beweisen, auch mir selbst nicht. Sie hat ihre eigene Reinheit.

Ich habe im Lauf meines langen Lebens unzählige wichtige Gespräche mit vielerlei Menschen geführt, und immer wieder und wieder wurden mir Erfahrungen dieser Art berichtet. Ich glaube, dass jeder Mensch, der überhaupt Erfahrungen machen und verarbeiten kann, zu solchen Erlebnissen und Einsichten fähig ist. Aber mir wurde unzählige Male auch gesagt: »Ich habe davon noch nie zu einem Menschen geredet. Das würde doch kein Mensch verstehen.« Beinahe könnte es scheinen, als werde unsere Welt darum so gottlos, weil wir einander verschweigen, was uns begegnet ist. Und fast scheint es, als hätten wir darum so viel Mühe mit unserem Glauben, weil wir solche Erfahrungen, solche Einsichten irgendwohin in unsere unbewusste eigene Tiefe verdrängen.

Nötig ist die Unterscheidung der Geister

Was nötig ist, ist auch hier ein genaues Hinschauen. Ein Prüfen: Was sind da meine eigenen Wünsche und Bedürfnisse? Was spricht sich da in meiner eigenen Seele aus? Und was ist das, was mir wirklich entgegenkommt? Was mich trifft? Was zu mir spricht? Nötig ist die Fähigkeit zu kritischem Unterscheiden. Das ist durchaus erreichbar. Danach aber wird uns, wenn uns eine Gnade widerfährt, deutlich sein: Was ich nun habe, ist nicht die Wahrheit. Wahrheit ist allein bei Gott. Was ich habe, ist ein Stück Wissen, ein Stück Weisheit, also eine vorläufige, korrigierbare Ahnung von Wahrheit. Und der wende ich nun mein ganzes Leben zu. Was ich künftig eine »Ethik« nenne, wird sich mir täglich neu ergeben. Es wird keine Ethik sein, die aus Regeln besteht, sondern eine offene Weisheitslehre, die Kriterien hat für die Unterscheidung von Wahrheit und Illusion, von Segen und Verderben, für die Unterscheidung dessen, was auf Leben zuführt und was den Tod in sich hat.

28 Der Weise sieht und respektiert die Widersprüche

Zuletzt aber wird Lebensklugheit daran kenntlich sein, dass sie vor den tiefen Widersprüchen des Daseins stehen bleibt und in diesen Widersprüchen nach Wahrheit sucht, ohne sie auflösen zu wollen. Denn nichts, was wir erfahren oder beobachten, gilt so einfach, wie es scheint. Einen solchen Widerspruch nimmt Jesus auf in seinem Wort:

> *»Wer hat, dem wird gegeben.*
> *Wer nicht hat, dem wird man auch nehmen,*
> *was er hat.«*

Er sagt: »Was ich euch zu tragen gebe, wiegt leicht«, und er sagt auch das Gegenteil:

> *»Die Tür ist eng, und der Weg ist schmal,*
> *die zum Leben führen.«*

Was gilt nun? Ist es leicht oder schwer? Was meint Jesus, wenn er zugleich sagt: Für Menschen ist das unmöglich. Und: Den Kindern gelingt es?

Dieses Denken in Widersprüchen treibt Paulus auf die Spitze, wenn er sagt:

> *»Schafft, dass ihr selig werdet, mit Furcht und Zittern.*
> *Denn Gott ist es, der beides in euch schafft,*
> *das Wollen und das Vollbringen.«*
>
> Philipper 2,12

Das heißt doch: Setzt alles ein, was ihr an Möglichkeiten und Kräften in euch habt, denn ihr könnt damit nichts anfangen. Übt alle eure Kraft, denn ihr könnt sie ebenso gut wegwerfen.

Menschliche Einsicht wird, wenn sie gründlich und ernsthaft gesucht wird, immer am Ende vor solchen Widersprüchen stehen. Das Dasein ist nun einmal ein Rätsel, das in keinen Verstand passt. Wer also nichts zur Hand hat als seinen »gesunden Menschenverstand«, wird es nicht entziffern. Was Jesus sagt, lässt sich am Ende nicht logisch katalogisieren, wohl aber mit dem Denken des Herzens ahnen, das sich der Wirklichkeit mit Liebe zuwendet. Vielleicht können wir sagen:

Selig sind, die die Widersprüche im Leben achten und schützen und nicht auflösen wollen, sondern sich ihnen anvertrauen. Ihnen wird sich die Fülle und die Ganzheit der Welt öffnen.

Es wird Zeit, dass wir auch als Christen an den Grenzen unseres Erkennens entlang denken

Denn überall, wo wir mit unserem Denken an die Grenzen stoßen, offenbart sich das Leben in seiner Widersprüchlichkeit. Niels Bohr, der Physiker, der den Gedanken der »Komplementarität« in die Naturwissenschaft eingeführt hat, erzählt einmal eine Geschichte:

Ein berühmter Rabbi hielt nacheinander drei Vorträge. Ein Hörer berichtet: Der erste Vortrag war brillant, ganz klar und einfach. Ich habe jedes Wort verstanden. Der zweite war noch besser, alles habe ich zwar nicht verstanden, aber dem Rabbi war alles klar. Der dritte war der beste, eine profunde, unvergessliche Erfahrung. Ich habe nichts verstanden, und der Rabbi auch nicht.

Komplementarität heißt: Eine Sache verhält sich so und so. Das ist gewiss. Dieselbe Sache aber verhält sich auch ganz anders, gegensätzlich zu der ersten Weise. Beides kann nicht gleichzeitig gelten. Aber beides ist wahr. Das Ganze der Sache wird erst erfasst, wenn beides gilt. Das erlaubt unser Verstand aber nicht. Er gibt nur ein widersprüchliches Bild wieder und keine Lösung.

Jeder Christ wird fordern, dass Gerechtigkeit auf der Erde geschaffen wird. Und er wird zugleich fordern, es müsse die Liebe zur entscheidenden Kraft werden. Aber er wird feststellen, dass in Situationen, die die strenge Anwendung von Gerechtigkeit erfordern, für Liebe kein Raum ist. Und wenn er liebt, wird er ein Verhalten fordern, das allen Vorstellungen von Gerechtigkeit widerspricht.

Wenn er über Gott nachdenkt, wird er mit dem Evangelium sagen: Gott ist Licht. Gott ist Liebe. Und er wird, wenn er sein Bild von Gott an der Wirklichkeit dieser Welt misst, sagen: Gott ist Licht und Finsternis. Gott ist gerecht und ungerecht. Nicht nur seine Liebe widerspricht seiner Gerechtigkeit, sondern auch die Ungerechtigkeit, die der Schöpfer seiner Welt eingestiftet hat.

Sowohl der Mensch als auch die Welt als auch Gott sind nicht zu verstehen, solange wir fordern, sie müssten irgendetwas von Eindeutigkeit an sich haben. Weisheit aber ist das ehrfürchtige Stehen vor den Widersprüchen, die auch Jesus nicht auflöst. Weisheit ist die Selbstbescheidung eines geistigen Fußgängers, als die wir unseren Weg durch diese Welt gehen. Weisheit ist auch der Verzicht auf jede Art dogmatischer Rechthaberei, die meint, ihre Deutung der Wahrheit Gottes und des Menschen könne auf irgendeine Weise vereinfachen, was Gott in der Form des unauflöslichen Widerspruchs ihr vor Augen stellt.

Es gab im Ausgang des Mittelalters einen sehr klugen Mann. Dieser hieß Nikolaus von Cues. Er war ein Gelehrter und Politiker. Der sah seine Welt voller Widersprüche. Er sah auch den Menschen und sich selbst voll von Gegensätzen, die er auf keine Weise ausgleichen konnte. Und er blieb dennoch in seinem Nachdenken und seinem öffentlichen Tun ruhig und gelassen. Er machte sich klar, dass unser Menschenverstand zu klein ist, um, was Gott denkt, oder mit seiner Welt will und vorhat, zu fassen. Und er sagte: Alle Widersprüche, auf die wir stoßen, finden sich in Gott vereint und ausgeglichen. Und wenn wir Menschen einmal Gott schauen werden, werden uns alle Widersprüche, die uns unser hiesiger Verstand vorgeführt hat, als die eine und ungeheuer große Fülle Gottes vor Augen stehen. Wir warten. Und wir vertrauen.

VIII.

Nichts muss bleiben, wie es ist

29 Uns sind Wachstum und Wandlung zugedacht

Greifen wir einen Augenblick über das hinaus, was uns Jesus sagt zu dem, was wir von Paulus hören. Paulus sieht eine kommende und heute schon entstehende neue Gestalt von uns Menschen vor sich.

Jesus hatte gesagt:

»Ich bin das Licht der Welt« und
»Ihr seid das Licht der Welt«.

Wie geht das zusammen?, fragt Paulus. Er antwortet:

»Wir alle spiegeln in unserem freien und offenen Gesicht
das Licht des Christus.
Er wandelt uns mehr und mehr in sein Ebenbild,
und wir werden durchscheinend für die Klarheit Gottes.
Der das aber an uns bewirkt, ist der Geist Gottes selbst.«

2. Korinther 3, 18

Und:

»Gott mache die Augen eures Herzens hell,
sodass ihr sehen könnt,
welche Fülle von Licht sich in euch spiegelt.«

Epheser 1,18

»Gott ist als heller Schein
in unseren Herzen aufgegangen und hat uns erleuchtet,
sodass wir nun die Herrlichkeit erkennen,
die uns auf dem Angesicht des Jesus Christus erscheint.«

2. Korinther 4,5–6

Paulus sagt:

> *»Wir schauen die Lichtfülle Gottes*
> *wie in einem Spiegel.*
> *Durch dieses Licht lassen wir uns wandeln*
> *in sein Bild. Und zwar in Stufen.*
> *Wir gehen also von einer Verwandlung*
> *in immer helleres Licht in die nächste,*
> *noch strahlendere Wandlung.«*
>
> 2. Korinther 2,18

Und endlich:

> *»Ich lebe.*
> *Aber in Wahrheit lebe nicht ich,*
> *sondern Christus lebt in mir.«*
>
> Galater 2,20

> *»Wie wir das Bild des irdischen Menschen*
> *getragen haben,*
> *so werden wir das Bild des himmlischen tragen.«*
>
> 1. Korinther 15,49

Wohl gemerkt: Das alles sagt Paulus, dem wir gerne vorwerfen, er nehme uns unsere Würde, indem er uns zu Sündern erkläre. Aber Paulus spricht in Wahrheit von uns in einer unglaublichen Höhe. Er zeigt unsere Würde in dem Bild des Christus, das uns prägt. Schaut hin!, sagt er. Und setzt euch dem aus, was ihr schaut! Was Paulus sagt, gehört zu den kühnsten Gedanken des christlichen Glaubens, und es macht die Vornehmheit dieses Glaubens aus, dass er sich mit weniger nicht begnügen will, und seine erlösende Kraft, dass es sich so verhält.

Gotteserfahrung jedenfalls ist die Erfahrung, dass uns zugewachsen ist, was das Evangelium zeigt: Befreiung, Entlastung,

Heilung, Ermutigung, Befähigung. Und mit all dem ein Auftrag: Nämlich im Namen Gottes zu leben, zu reden und zu handeln. Es ist die Erfahrung, dass unser Herz voll ist. Voll von dem, was größer ist als wir selbst, voll des Heiligen.

Es gibt ein Wort (Galater 6,2), mit dem Paulus diese Spiegelung des Gesichts Christi in uns praktisch deutet:

> *»Einer trage des anderen Last,*
> *so werdet ihr das Gesetz, das heißt die Charakteristik,*
> *des Christus erfüllen«.*

Des anderen Last, das heißt: seine Dummheit, seine Bosheit, seine Mutlosigkeit, seine Vorurteile, seine Herrschsucht, seine Rechthaberei. Das Wort eignet sich dafür, dass wir es umkreisen und seine Bedeutung nachsprechen.

30 Wir sind nicht, was wir sind, sondern was wir sein werden

Die Bibel spricht aber nicht nur von einer Wandlung, sondern auch von einem allmählichen Werden dieses kommenden Menschen in uns, von einem schrittweisen Werden und Wachsen.

Wir lesen Epheser 4, 13:

> *»Wir sollen alle zur Reife*
> *von Töchtern und Söhnen Gottes gelangen,*
> *bis wir das volle Maß*
> *des erwachsenen Christus erreichen.«*

Ein Wachstum ist uns bestimmt

Wir sind wie ein Baum, »gepflanzt an Wasserbächen, der seine Frucht bringt zu seiner Zeit«, sagt die Bibel (Psalm 1,3). Sie spricht an vielen Stellen vom Aufsprießen einer Pflanze als einem Bild für die aufbrechende Lebendigkeit eines Menschen oder von den Phasen des Wachstums in einem Menschen bis hin zur endlichen Frucht. Am Anfang liegt das Wort als Korn in der Erde, im Laufe seiner Kräftigung und Auswirkung und Bewährung wächst es heran zu einer Hoffnung. Es entfaltet sich über das ganze Dasein und wird zum Beweis, dass Gottes Geist einen Menschen auf dem Weg seines Wachstums erfüllt und begleitet habe. Schließlich ist die Auferstehung das Ziel dieses Wachstums. Nichts an uns braucht nach dieser Sicht zu stagnieren, zu verkümmern. Alles steht unter dem Gesetz des immer weiteren Ausschreitens und der Entstehung einer lebendigen Zielgestalt.

Alles, was ist, ist im Laufe der Zeit geworden. Nichts war immer so, wie es ist. Nichts entstand auf einen Schlag. Der heutige Zustand unserer Erde ist ein Zwischenergebnis aus Milliarden Jahren der Entwicklung, und das im Zusammenhang der Entwicklung des Universums. Der Mensch, wie wir ihn heute kennen, ist in einer durch lange Zeiträume fortgehenden Evolution geworden. Er ist, sagte Konrad Lorenz, ein Übergangsphänomen auf dem Weg zum Menschen. Sein Bewusstsein ist allmählich zu den Fähigkeiten gelangt, die es heute hat, und dieses Bewusstsein wird sich, wenn es eine weitere Geschichte des Menschen auf dieser Erde geben sollte, so ist zu hoffen, weiter klären, reicher werden und vertiefen. Und auch die Bibel spricht nicht von einer schlagartigen Verwandlung des Menschen.

Wenn es also darum geht, wie die Reifungsschritte aussehen, die wir Menschen etwa auf dem Felde unseres Liebens und unserer Liebeskraft tun könnten, so zeigen sich uns einige davon.

Um uns wächst der Raum

Wir sahen, dass die erste Richtung, in die Jesus uns weist, das Weitwerden unseres Lebensinteresses ist. Um uns soll der Raum wachsen, in den unsere Liebe sich eingibt. Von der Liebe zwischen zwei Menschen redet alle Welt. Von der Liebe zum Nächsten reden Christen seit alters. Von der Liebe zum Vaterland haben wir als junge Soldaten noch geredet. Unsere heutige Liebe wird sich allem zuwenden müssen, was ist. Sie wird uns hinaustreiben müssen über unseren kleinen Umkreis und über alles Partielle zu allem, was uns begegnet. Nicht nur das Wohlergehen in unserem Dorf oder Volk wird uns am Herzen liegen, sondern auch die Gerechtigkeit rund um die Erde, der Friede rund um die Erde, das Mitfühlen mit allem Lebendigen rund um die Erde. Das ist heute für jedermann offenkundig. Wir werden, das ist die Erfahrung vieler, einer Wirklichkeit begegnen, die uns nicht bedroht, sondern die uns reich macht und uns freundlich antwortet. Die Erde, dieser Planet mit seiner Schönheit und Lebendigkeit, seiner Qual und seinen Rätseln, wird uns in jeder Begegnung ansprechen, und wir können ihr unsere einfühlende, tätige und hilfreiche Antwort geben.

Alles fügt sich zu einem Ganzen

Ein zweites Merkmal könnte sein, dass unsere offenere Weise, der Wirklichkeit zu begegnen, dazu führte, dass sich uns mehr und mehr, was wir als Teil wahrnehmen, zu einem Ganzen fügt, dass uns also viele Gegensätze und Widersprüche als stimmige Ergänzungen deutlich werden. Dass wir einen blühenden Frühlingsgarten als Teil derselben Welt sehen, in der wir politisch zu handeln haben, dass, was wir an Gedanken in uns bewegen und was wir in unserem Beruf tun, gleicherweise unserer Welt angehört. Dass wir also in vielen Fällen, in denen uns die Wirklichkeit in Gegensätze auseinanderzufallen scheint, die Einheit des Wirklichen erkennen. Und wir werden Abstand nehmen von vielen Dualismen auch ethischer Art, die uns gewohnt und selbstverständlich sind. Das komplementäre Denken, das offenkundige Widersprüche als Element je eines Ganzen versteht, wird uns wichtiger sein als das Urteil über richtig und falsch, gut und böse. Komplementär denken heißt wissen, dass in unseren Gedanken viele Dinge so erscheinen, als sei nur die eine Seite ihrer Widersprüchlichkeit wahr oder erlaubt, und es heißt aushalten, dass beide Seiten zusammen erst eigentlich ihre Wirklichkeit ausmachen. Wir werden also die Wirklichkeit als ein großes lebendiges Netzwerk wahrnehmen, in dem alles seinen Zusammenhang hat.

Wir lernen gegenläufig denken

Ein drittes Merkmal betrifft die Weise, wie wir Erfahrungen machen. Um etwas von der Welt kennenzulernen, das ist uns heute selbstverständlich geworden, müssen wir aktiv auf sie zugehen, sie sehen, sie prüfen, sie untersuchen, sie verstehen und sie zu unserem Nutzen verwenden. Die Folge dieses erfolgreichen Verfahrens haben wir heute als die umfassende Gefahr auf vielen Feldern unserer Welterkenntnis vor Augen. Die Gewalttätigkeit solcher Erkenntnisweise und ihre zerstörenden Folgen können wir heute nicht mehr übersehen.

Wir werden künftig die beinahe völlig vergessene andere Weise, die Welt zu verstehen, wieder finden müssen. Sie meint, wir Menschen hätten uns nicht eigentlich der Wirklichkeit zu nähern, in sie einzudringen und ihr unsere Erkenntnis zu entreißen, sondern die Wirklichkeit komme auf uns zu, sie mache sich uns erkennbar, sie öffne uns ihre Geheimnisse, wir aber könnten sie verstehen nach dem Maß unserer Offenheit für sie. Unsere Aktivität aber habe nicht unserem Anspruch zu folgen, die Welt beliebig nach unserem Willen zu verändern. Sie bemesse sich vielmehr danach, wie viel und welcherlei Eingriffe des Menschen unsere Welt wünscht oder erträgt, und nach dem Maß, was zu ihrem und unserem Nutzen geschehen kann. Entsprechend wird sich uns das, was wir Ethik nennen, bemessen an unserer Aufmerksamkeit, unserer Behutsamkeit und am Verzicht auf ein zu schnelles Ausspielen unserer Kräfte.

Der christliche Glaube fußt vor allem auf dem zweiten Weg des Erkennens. Er spricht von »Offenbarung«. Er meint: Wir erkennen von Gott nur so viel, als uns Gott selbst zugänglich macht, als er aus sich heraustritt und uns anspricht. Damit sagen wir: Es führt zu nichts, wenn wir viele Jahre über Gott nachdenken. Sinn hat nur, zu warten und zu horchen, bis er sich uns erkennbar macht. Das heißt: Wir erkennen auch von unserer Welt nur so viel, wie unsere Welt unserem Verstand und unseren Sinnen zugänglich macht. So viel, als in unsere aufmerksame Offenheit einzugehen vermag. Das bedeutet auch: Ein Mensch muss sich uns öffnen, wollen wir ihn verstehen. Er muss sich »offenbaren«. Wir aber sind die, die offen sind für das, was von ihm zu uns kommen will. Die Bereitschaft, eine Offenbarung aufzunehmen, ist das grundsätzlich Andere an der Weise, zu Erfahrungen über unsere Welt zu kommen. Achtsamkeit, Behutsamkeit, Sorgfalt, Berührbarkeit und Mitleiden müssen und werden künftig die Elemente unseres Umgangs mit der Erde sein. Das christliche Wort »Offenbarung« könnte für eine künftige auch naturwissenschaftliche Erkenntnislehre als Modell stehen.

Wir lassen uns verändern

Ein viertes Merkmal wird, so meine ich, unsere Bereitschaft sein, uns selbst wandeln zu lassen. Es ist ja nicht so, dass wir Menschen der feste und unveränderliche Ausgangspunkt wären für alles, was geschehen soll. Wir werden aber rasch erkennen, dass wir an unserer Welt nur so viel zum Besseren verändern werden, wie wir uns selbst verändern zu lassen bereit sind. Unsere Liebesfähigkeit drängt in der Tat auf eine Wandlung aller Dinge und Verhältnisse. Zeitströmungen, Gedanken, Denkweisen, Handlungsmuster müssen, so sagt die Liebe, die sich der Wirklichkeit zuwendet, verändert werden. Die Wandlungsfähigkeit aber, die ich den äußeren Verhältnissen zumute, muss der Wandlungsfähigkeit entsprechen, die ich in mir selbst bereitstelle. Was heute noch Macht ist, Status, Besitz oder Geltung, wird sich vielleicht doch auch in mir wandeln können in Wissen, Verstehen, Einfühlung, Empathie, Offenheit und Bereitschaft zum Verzicht. Was Vorurteil, was Selbstdarstellung oder Maskenhaftigkeit, könnte sich in Selbsterkenntnis, Selbstannahme und Selbstkorrektur wandeln. Die Erwartung, der andere habe gerecht und selbstlos zu sein, wird sich wandeln müssen in eine Geduld, die ihm erlaubt, unfertig zu bleiben oder Versuche anzustellen, mit denen er scheitert. Ich werde in ihm wie auch in mir selbst ein werdendes Wesen erkennen und uns beiden so die Zukunft offen halten.

Es ändert sich unser Umgang mit der Wahrheit

Wende ich meine Liebe einem bestimmten Menschen zu, so wird mir rasch deutlich sein, dass in dieser menschlichen Beziehung über viel Wichtiges geschwiegen werden muss und über viel Verschwiegenes geredet. Dass aber, was immer gesagt wird, wahr sein muss. Aber nichts muss gesagt werden, nur weil es wahr ist. Es wird darauf ankommen, viel, was der andere verschweigt, zu hören, viel, was er an Unbedachtem äußert, nicht zu hören, und darauf zu vertrauen, dass viel Unausgesagtes unsere Aufmerksamkeit sucht und viel Gesagtes an der Wirklichkeit vorbeigeht.

Wir werden mit allen Urteilen über Menschen oder Vorgänge vorsichtiger werden. Wir werden in immer mehr Fällen darauf verzichten, zu behaupten, wir wüssten die Wahrheit. Wir werden das gemeinsame Urteil suchen. Wir werden genauer wissen, dass die Wahrheit als Ganze nichts ist, das uns je erreichbar wäre, dass aber von uns erwartet wird, dass wir, was uns als Wahrheit anvertraut ist, achtsam und bescheiden zum Ganzen beitragen. Die verbreitete Rechthaberei in Sachen des Glaubens und seiner Wahrheit wird uns keinen Schritt weiterbringen.

Der Rand unserer Wirklichkeit kann sich öffnen

Unsere Welt ist größer als das Universum und tiefer, als unsere Berechnungen reichen. Die vier Dimensionen, in denen wir uns orientieren, sind ein kleiner Teil der Wirklichkeit. Hinter ihnen liegt eine unendliche Welt ganz anderer Art, in die unsere Sinne und unser Verstand nicht eindringen. Man spricht heute mit Recht und aus gutem Grund von einem »transpersonalen Bewusstsein«, also einem Bewusstsein, das in allem und hinter allem, was geschieht, am Werk sei. Man spricht auch von einem kosmischen Gedächtnis, in dem alles bewahrt wird. Man spricht – und das ganz ohne »esoterische Phantasie« und ohne dabei irgendwelche bösen Mächte zu beschwören – von außersinnlicher Erfahrung, die es in großer Breite für viele Menschen gibt. Wir müssen endlich begreifen, dass zur Schöpfung Gottes sehr viel gehört, das über unseren Verstand hinausreicht. Der einzelne Mensch mit seinem Denkvermögen und seinen geistigen Fähigkeiten des Hörens und Schauens ist Teil eines spirituellen Ganzen, und was er denkt, spielt nicht nur in seinem Kopf, es geht auch in das Gesamtbewusstsein der Menschheit und der Erde ein und wirkt dort bereichernd, verändernd oder auch zerstörend. Mir will aber ohnedies scheinen, es werde sich uns im Laufe der Zeit immer mehr öffnen von den Wirklichkeiten, die uns umgeben, und wir hätten es dabei immer mit demselben Gott zu tun, dessen Wort wir in unserer kleinen Welt hören.

Die Zukunft öffnet sich

Ein sechstes Merkmal für ein künftiges Nachdenken: Offenheit für die Zukunft. Nichts war immer so. Alles ist Wachstum, Wandlung, Experiment, Entwurf, Durchgangsstadium. Alles kann gelingen oder nicht. Nichts also muss so bleiben oder weiter gelten, wie es ist und gilt. Unsere Aufgabe in unserer heutigen Welt, wie sie in irgendeine globale Katastrophe zu treiben scheint, wird sein, mit Gedanken zu experimentieren und von nichts anzunehmen, wir hätten es schon verstanden. Fassen wir diesen Glauben, so werden wir für jeden Menschen die Hoffnung bewahren, er könne sich ändern. Für jedes Problem die Hoffnung, es werde sich eine Lösung finden lassen. Für jede Katastrophe, sie werde sich abwenden lassen. Und was uns selbst betrifft: Die Hoffnung, der Weg zur Menschwerdung des Menschen in uns selbst sei noch begehbar. Und das alles aufgrund des Glaubens an den, der das weitere Geschehen auf dieser Erde in der Hand hat und uns Anteil gibt an seinem Geist. Die Zukunft pflegt unbekannt zu sein, und es gibt keine bessere oder sinnvollere Weise, ihr entgegenzugehen oder sie auf sich zukommen zu lassen als das Vertrauen, sie werde zu bestehen sein.

Wir gewinnen die Freiheit

Es kann uns dabei auch gewiss werden, dass uns wirklich eine Freiheit zugedacht ist, die aus der Freiheit Gottes kommt. Hier liegt das Ende jeder Ethik, die an Gebote, Ordnungen und Gesetze gebunden ist. Die Aufgaben des Tages erscheinen auf einem freien Feld. Was wir tun, muss uns in dem Augenblick einfallen, in dem wir zu einem Tun ansetzen. Es gibt kein Rezept. Keine Methode. Keine Richtlinie. Die ordnende und tragende Kraft ist der Glaube. Die sichtbare Gestalt für das richtige Handeln ist die Liebe. Die treibende Energie ist die Hoffnung. Hinweise, die uns zur Entscheidung helfen, können die Zeichen sein, die uns aus der größeren Wirklichkeit berühren oder anreden. Wir verstehen uns als Teil eines spirituellen Ganzen, dessen Energien wir aufnehmen, dessen Informationen uns finden. Was wir aber dann tun, ist ganz unserer eigenen Verantwortung anvertraut.

31 Ein Gewissen haben wir nicht. Es kann aber entstehen

Gewöhnlich denken wir so: Was uns die Richtung zeigt, was uns Orientierung gibt, was uns kritisch bei unserem Tun begleitet, ist das Gewissen. Auch wenn es am Himmel keine ewigen Werte gibt, die wie Sterne feststehen, wir haben noch immer unser eigenes Gewissen. Gut. Einverstanden. Aber ich frage mich, wer oder was denn eigentlich dieses Gewissen sei, nach welchen Maßstäben es seine Werte auswähle, in wessen Namen und Auftrag es seine Arbeit tue und was es am Ende bewirke.

Was ist denn das Gewissen?

Es ist ja kein Organ wie die Leber oder die Niere. Es ist auch kein Hirnbereich wie das Sehen oder das Rechnen. Es ist überhaupt nichts, was »im Menschen« ist, was er also »hat« oder nicht »hat«. Wenn wir eine Gewissensentscheidung, die einer getroffen hat, genau prüfen, dann bemerken wir, dass dieses Gewissen ein Sammelsurium von gelernten, übernommenen oder einer Situation entgegengesetzten Bedürfnissen ist. Mein Gewissen ist meine Erbmasse, die mich disponiert. Es ist meine Erziehung, die mich geprägt hat. Es ist meine ganze Lebensgeschichte mit allen ihren Erfahrungen, mit ihren hilfreichen oder störenden Begegnungen. Es ist die Menge der traumatischen Erlebnisse, die mein bisheriger Weg mir gebracht hat. Es ist meine Neurose oder meine geistige Gesundheit. Es ist der Stil, der in meinem Elternhaus gelebt wurde, den ich übernommen oder gegen den ich mich entschieden habe. Es ist die politische Überzeugung, die mir durch glaubwürdige Vertreter einer bestimmten Richtung beigebracht wurde. Es ist meine vorhandene oder nicht vorhandene Willens- und Durchsetzungskraft. Es ist meine Fähigkeit oder Unfähigkeit zu lernen, mein Nachdenken oder Verdrängen, mein Mitempfinden oder meine Stumpfheit, meine Freiheit und Selbstständigkeit oder mein Mitläufertum, die mir weitgehend in meinen Genen mitgegeben worden sind. Alles zusammen, was mich ausmacht, ist mein Gewissen. Ich entscheide mich, wenn ich mich von meinem Gewissen bestimmen lasse, mit allen meinen Kräften, mit meinem Verstand und meinem Herzen, mit Seele und Geist, und mit allen Faktoren, die auf mich eingewirkt haben. Mit allen meinen Schwächen auch. Mit allen meinen Ausreden und Vorlieben und Abneigungen. Das bedeutet: Das Gewissen sagt mir nicht, was objektiv gut und böse sei, sondern was dem von mir selbst festgestellten Sinn und Auftrag meines persönlichen Lebens gerecht wird und was nicht, was ich an mir richtig finde und gut, wie ich mich schützen und durchhalten kann gegen fremde Meinungen und Ansprüche. Es ist ein durchaus egozentrisches »Organ«. Ich bin es selbst in meiner Gänze.

Was ich mein Gewissen nenne, bin ich selbst

Das Gewissen kann also gerade nicht frei sein. Es ist ganz und gar an mich selbst gebunden. Es ist nicht autonom. Es bedarf selbst eines ihm vorgegebenen Maßes. Es muss wahrnehmen, was außer ihm gilt. Es muss sehen, was seinen eigenen Interessen nicht dient und das eigene Ich nicht bestätigt und was es vielleicht, gegen die eigenen ungereinigten Wünsche, zu tun gilt.

Es hat teil an der Unfruchtbarkeit, die dort einkehrt, wo ein Mensch sich in sich selbst zurückzieht, sich selbst und sonst nichts zu verwirklichen sucht, in sich selbst das Glück und das Heil vermutet. Wir brauchen die Familie der Menschen, die Schwestern und die Brüder, die Fernen und die Konkurrenten, die Freunde und die Gegner, um irgendetwas, was wir tun, verantworten zu können. Es ist einfach eine Wahrheit, eine unabweisbare, wenn der christliche Glaube sagt, dass es uns nicht gelingen werde, unser Leben selbst zu rechtfertigen, dass wir vielmehr aus der Begegnung und aus der Gnade lebten.

Das eigentliche Gewissen ist Hörsamkeit

Man mag mir entgegenhalten, das Gewissen Martin Luthers sei doch ein Beweis dafür, dass ein Gewissen Weisung geben könne, Richtung, Entscheidungskraft und Durchhaltevermögen. Aber was hat denn die Wendung in Luthers Leben und Denken gebracht? Was hat ihn widerstandsfähig gemacht gegen die Mächte seiner Zeit? War es nicht ein Wort, das ihn, sozusagen von außen, traf, das er hörte, ernst nahm und dem er sich verpflichtete? Das »Gewissen« Luthers bestand darin, dass er eine Wahrheit ergriff, die er in einem Buch fand, und für sie einstand. Sein »Gewissen« hatte ihn zuvor nur in die Ausweglosigkeit, in die Verzweiflung getrieben. Was ihn frei machte, war ein Wort, das er hörte. Es sagte ihm, er werde gerecht sein, ohne es selbst zu bewirken, allein durch den Glauben. Was ihm seine Standfestigkeit gab, war eine Erkenntnis, die das Evangelium ihm eröffnete. Es war ganz und gar nicht er selbst, der hier das Geschehen steuerte.

Es ist Erlösung von mir selbst

Das freie Gewissen ist ein schöner Wunschtraum, der nur dadurch entsteht, dass ich mir verschweige, was es denn sei, das mich in Wahrheit steuert. Was wir stattdessen als Schutz unseres Seins und Wesens in Anspruch nehmen können, ist nicht unsere Freiheit, sondern unsere von Gott geschenkte Würde. Wir können uns nicht selbst verändern. Wir können uns nicht selbst trösten. Wir können uns nicht selbst Mut zusprechen. Auch Schuld vergeben können wir nicht uns selbst. Dazu bedarf es einer anderen Stimme und einer Stimme von anderer Kraft als der unseren. Ein Mensch, der sich selbst zum Maßstab macht, lebt, wie die Reformation gesagt hat, »incurvatus in se ipsum«, eingekurvt in sich selbst. In sich selbst zurückgebogen.

Nein, der Mensch ist nicht das Maß aller Dinge. Er plant sich nicht selbst. Er schafft sich nicht selbst. Er stattet sich nicht selbst aus mit Kräften und Begabungen. Er beurteilt nicht sich selbst. Er empfängt sich vielmehr als den, der er ist. Das Maß aber, das für sein Handeln gelten soll, muss er sich geben lassen. Er ist nicht sein eigener Erfinder und nicht sein eigener Steuermann. Er wurde von einer ihm zunächst unbekannten Instanz in sein Leben hineingestellt, und die hat einen Weg für ihn. Diese Tatsache nimmt er an – oder er wird scheitern.

Die Bibel nennt das Gewissen das »Herz«

Was sagt denn die Bibel über das Gewissen? Das Alte Testament hat ein vergleichbares Wort nicht. Es spricht vielmehr vom »Herzen« des Menschen. Es meint damit aber genau nicht ein autonomes Organ im Menschen, sondern vielmehr die Fähigkeit, eine Stimme zu vernehmen, die ihn anspricht, und die Bereitschaft, sich vor dieser Stimme zu verantworten, sich ihrem Urteil zu fügen. Was das Neue Testament meint und syneidesis nennt, ist das Hörvermögen, das den Willen Gottes umzusetzen vermag in Normen des praktischen Verhaltens.

Das Hören ist das Ende des Selbstbetrugs

Eine der ältesten Geschichten der Bibel ist jene, die erzählt, wie Hagar, die zweite Frau Abrahams, aus den Schwierigkeiten ihrer Ehe in die Einsamkeit der Wüste flüchtete. Als sie dort durch einen Engel von Gott angeredet wurde, sagte sie das Wort: »Du Gott siehst mich.« Damit hatte sie eine Zukunft.

Kann man ein solches Wort sagen, so wird man eine tiefe Geborgenheit empfinden: Auch über meinem Leben waltet eine große Weisheit und Güte. Man kann zwar auch erschrecken über seine eigene Erkenntnis und fragen: »Wo soll ich hingehen, wenn du mich siehst?« Man kann aber auch frei werden und unabhängig von einem solchen Wort: Was geht mich an, was die Menschen über mich denken? Du Gott siehst mich. Und es kann sich etwas bilden wie ein Gewissen: Nicht ich beurteile mich: Vielmehr weißt du alles. Du prüfst, was ich tue. Du prüfst meine Gedanken und Absichten, meine Wünsche und meine Worte. Wer noch an sein Gewissen glaubt, der sage sich das Wort jener verlassenen Frau in der Wüste vor. Wichtiger als meine Gedanken über mich selbst sind die Gedanken Gottes. Wichtiger als meine Irrtümer über mich selbst ist die Wahrheit, die Gott sieht. So kann jene Freiheit entstehen, die das Ende des Selbstbetrugs ist, die am Anfang stehen muss, wo in mir etwas wachsen soll wie ein Gewissen.

Wer hört, hat das Recht, zu reden

Aber noch eine weitere Frage: Gibt es etwas wie ein kollektives Gewissen, aus dem sich etwas erheben könnte wie ein politischer Widerstand, wie er für uns Heutige immer wieder notwendig sein wird? Im Laufe der letzten dreihundert Jahre hat sich im Abendland eine »Kultur der Kritik« entwickelt. Sie gehört heute zentral zu den Grundregeln der öffentlichen Kommunikation. Sie ist heute etwas wie das öffentliche Gewissen. Diese Kultur der Kritik ist etwas wie die Brunnenstube für die Ausübung von Widerstand. Sie arbeitet nach bestimmten Regeln, heute etwa gemäß den Grundwerten, die in der Charta der Menschenrechte formuliert sind. Sie bildet ein Instrumentarium, dessen sich ein politisch agierender Christ bedient und das er mit anderen zusammen weiter entwickeln sollte. Und das auch innerhalb der Kirche und an ihren von dieser Zeit gestellten inneren Aufgaben, auch ihrer eigenen Veränderung. Das gemeinsame, klar und genau redende Gewissen, das die Dinge beim Namen nennt, kann zu einem Instrumentarium werden, das Raum schafft nicht für Meinungen allein, sondern für die Wahrheit.

IX.

Was haben wir heute zu tun?

Was an ethischen Zumutungen auf uns, die Menschen der reichen Länder ebenso wie auf die der armen, zukommt, wird der Weltöffentlichkeit heute in vielen grundlegenden Regelwerken ausreichend klar vorgeführt.

Als Beispiel mag uns die »Erdcharta« dienen

Seit dreißig Jahren wird nun global an diesem Projekt einer alle Problemfelder zusammenschließenden Ethik gearbeitet. 1972 meldete sich der Club of Rome zu Wort. 1982 kam die »Weltcharta der Natur« heraus. 1997 konstituierten die Vereinten Nationen die »Erdcharta-Kommission«. Michael Gorbatschow war es, der einen ersten Entwurf vorlegte. 1999 entstand ein zweiter Entwurf, 2000 wurde der Text festgelegt. Dieser weltweit anerkannte Text gibt ein Maß, das von großer Evidenz und Konkretion ist und das künftig an ethische Entwürfe anzulegen sein wird. Dennoch blieb er bis heute beinahe unbekannt. Er scheint den führenden politischen und wirtschaftlichen Kräften im globalen Spiel hinderlich zu sein.

Die Erdcharta fordert Achtung vor dem Leben, sie fordert Schaffung gerechter und nachhaltig lebender Gesellschaften, die Menschenrechte, soziale und wirtschaftliche Gerechtigkeit, Beseitigung der Armut, Gleichberechtigung der Geschlechter, Arbeit für alle, Transparenz und Rechenschaftspflicht bei der Ausübung von Macht, eine Kultur der Toleranz, der Gewaltlosigkeit und des Friedens.

Steven Rockefeller, der Vorsitzende der Internationalen Erd-Charta-Kommission, sagt dazu: »Die Vision der Erd-Charta reflektiert die Überzeugung, dass die Sorge für die Menschen und die Sorge für die Erde zwei voneinander abhängige Seiten einer Aufgabe sind. Wir können nicht Sorge tragen für die Menschen in einer Welt, in der das Ökosystem zusammenbricht, und wir können nicht Sorge tragen für die Erde in einer Welt mit weit verbreiteter Armut, Ungerechtigkeit, wirtschaftlicher Ungleichheit und gewalttätigen Konflikten.«

Solche Texte können uns als Muster dienen, an denen wir unsere eigene Sicht der Dinge prüfen. Eine christliche Ethik aber wird an diesem Entwurf zeigen müssen, was sie denn auf diesen verschiedenen, in sich verbundenen Feldern ethischen Tuns zu sagen habe. An ihr vorbeizugehen wird ihr nicht möglich sein.

Zu ähnlichen Modellen kam auch die Kirche

Die ökumenische Versammlung von Vancouver 1983, auf der die Arbeitsfelder Gerechtigkeit, Frieden und Bewahrung der Schöpfung als konkrete ethische Aufgaben ins Auge gefasst wurden, war dabei mit den der Kirche ureigensten Aufgaben beschäftigt. Die Kirchentage vom Hamburg 1981 und Hannover 1983, auf denen die christliche Friedensbewegung sich formierte, und Düsseldorf 1985, wo aus der Menge der Teilnehmer heraus ein Konzil zu eben diesen drei Themen gefordert wurde, waren Augenblicke einer seltenen Wachheit von Christen angesichts der Weltsituation, und ihre Zielangaben stehen heute noch ebenso dringend vor uns.

Inzwischen greift diese ethische Thematik über den Rand des Christentums weit hinaus in dem Projekt eines »Weltethos«. Aber wird oder kann es eine Ethos geben, das über das christliche hinaus die originalen ethischen Vorstellungen aller Religionen und Kulturen dieser Erde umgreift? Und wie soll es zustande kommen? Ich sehe bisher nicht, an welcher Stelle der offiziellen Weltpolitik sich Maßstäbe einer von den Völkern dieser Erde gemeinsam getragenen Verhaltenskultur bisher abzeichneten. Es läuft, so will mir scheinen, nur theoretisch auf eine solche zu. Ich weiß nicht, wann die Menschheit damit einen praktischen Anfang machen wird. Was ich jedoch weiß, ist: Es muss ein solches Weltethos gefunden werden, will die Menschheit auf diesem Erdball überleben. Wenn sie eine Zukunft haben will, gibt es keine dringlichere Aufgabe als die, es zu finden. Das Fremde in fremden Religionen zu verstehen, und sich von diesem Verstehen hinübertragen zu lassen über Vorurteile und Ängste bis hin zur gemeinsamen Verantwortung. Das wäre es.

An dieser Stelle steht als ethische Aufgabe vor uns Christen, was vor Menschen aller Zonen, aller politischen Systeme und aller Religionen steht und was von Christen, Hindus und Atheisten ein ähnliches Verhalten fordert, nämlich eine Fülle brennender Probleme:
Es brennt heute in der Frage nach dem Klima der Erde und ihrer Zerstörung und Ausbeutung. Es brennt, wo heute Aufgaben des Staates an private Geldgeber verkauft werden. Es brennt in der Gentechnologie und in der Frage, ob der Mensch tun darf, was er tun kann. Bei der pränatalen Selektion, also der Frage, wann das schützenswerte Leben beginnt, oder bei der Hilfe zum Sterben. Es brennt in der Wirtschaft im Konfliktfeld zwischen Gewinnmaximierung und Verantwortung. Es brennt überall, wo zwischen Krieg und Frieden entschieden werden soll. Es brennt in den Familien, wo auf Zeit geschlossene Bündnisse an die Stelle von Ehen treten oder homogene Partner eine Ehe schließen. Es brennt zwischen Reichtum und Armut, zwischen Sicherheit und Chancenlosigkeit, zwischen Arbeit und Arbeitslosigkeit. Es brennt, wo das Leben ferner Nachkommen in die tödlichen Spätfolgen der Atomtechnik gerät, und überall, wo wir vor der Fra-

ge stehen, wie denn das Leben der Menschen auf dieser Erde künftig ablaufen und geordnet werden soll.
Überall sind die Christen gefragt, was denn ihr Glaube in das Gespräch einzubringen habe und welchem Unheil sie mit wieviel Mut und Entschlossenheit entgegenzutreten gedächten. Nichts aber von alledem kann vertagt werden.

Hier auch liegt der Grund dafür, dass die Kirche politisch zu handeln hat, und zwar aus spirituellen und nicht allein politischen Gründen. Die geistlichen Meister der Christenheit haben immer wieder gesagt, der politische Auftrag für uns Christen laute: Vergiss, was du selbst leidest, steh auf und steh denen bei, die zu leiden haben. Tritt denen entgegen, die die Verhältnisse so bestimmen, dass sie Leiden erzeugen. Widerstehe der Gleichgültigkeit und Phantasielosigkeit derer, die alles so weiterlaufen lassen möchten, wie es läuft. Du bist niemandem Gehorsam und Ehrerbietung schuldig als Gott allein.

Wenn wir unsere Kirchen ansehen und ihre Kräfte mit dem Aufmarsch der Wirtschaftsmächte in der Welt und der militärischen Potentiale vergleichen, kann uns der Mut verlassen. Geringe, nahezu unwirksame und verwundbare Versuche unternehmen wir. Nicht mehr. Was wir tun können, ist einfache und unscheinbare Arbeit an den Menschen, auf der untersten Sohle der Nüchternheit. Und von diesem Auftrag befreit uns keine noch so übermächtige Präsenz derer, die das Geld und die Waffen besitzen.

Die Zukunft ist offen

Jeder weiß zum Beispiel, dass Hunderte von Millionen Menschen rund um den Erdball verhungern. Jeder weiß auch, dass Europa tief begraben liegt unter seinen Butter-, Weizen- oder Schweinebergen. Und jeder weiß, dass es genug Gründe gibt, warum das Meiste davon unmöglich zu denen kommen kann, die es brauchen.

Jeder weiß, dass Hunderte von Millionen Menschen unter Verhältnissen leben, die vom Unrecht herrschender Schichten oder von der Gleichgültigkeit der Zuständigen gekennzeichnet sind. Und jeder kann vermuten, dass es aus tausend traurigen Gründen bis ans Ende der Welt so bleiben wird, wenn niemand dagegen antritt.

Jeder weiß, dass die Umwelt des Menschen nicht mehr viel aushält, dass also ein Umdenken stattfinden muss im Hinblick auf die Produktion der Industrie und den Verbrauch der Völker. Jeder kann vermuten, dass die Katastrophe kommt, wenn nichts geschieht. Und jeder weiß auch, dass aus vielen Gründen nichts geschehen kann, das sie verhindert, und findet sich damit ab.

Jeder weiß, dass unter der Ungerechtigkeit der Verhältnisse für, fast möchte ich sagen, Milliarden Menschen ein menschenwürdiges Leben nicht erreichbar ist. Jeder kann Theorien schaffen, wie dem abzuhelfen sei. Und jeder wird im Grunde wissen, dass die Aufgabe über das Maß des heutigen Menschen geht.

Nein!, sagt uns Jesus. Nirgends sind die Verhältnisse so, dass nichts an ihnen zu ändern wäre. Wenn du aus den vielerlei Zwängen, die die Änderung der Verhältnisse blockieren, heraustrittst und dich auf deinen Auftrag, auf deine Kräfte und auch auf mein Wort besinnst, hast du Hände, abzureißen, was alt und brüchig ist, und aufzubauen, was künftig stehen muss.

Wenn einer zu Jesus kam, um sich ihm anzuschließen, stellte Jesus ihm die Frage, ob er denn eigentlich ein freier Mensch sei: Prüfe dich, woran du gebunden bist! Ist es die Meinung anderer Leute? Ist es deine Furchtsamkeit? Ist es dein Bedürfnis nach Glück und Wohlergehen? Ist es deine Position? Ist es dein Geld? Dann verkaufe, verschenke, verschleudere alles. Lass alles hinter dir und komm.

Das kannst du nicht? Natürlich – aus vielen guten Gründen wirst du es nicht können. Aber du kannst immer wieder irgendeinen kleinen Versuch unternehmen, etwas Vergleichbares zu tun. Du brauchst dich dabei nicht zu verachten. Du brauchst auch nicht zu befürchten, die Liebe Gottes wende sich von dir ab. Gott begleitet dich auch durch deine kleinen Versuche, durch deine Kompromisse, durch deine Unsicherheiten. Durch die Erfahrungen deiner Schwäche. Was aber an hilfreicher Kraft aus deinen Bemühungen hervorgeht, kannst du nicht immer wissen. Vielleicht ist es mehr, als dir bewusst ist. Wichtig allein ist, dass du dich deiner Situation und dem nahen Gott anvertraust.

34 Friede ist erreichbar auf dem Weg des Gewaltverzichts

Wie also nähere ich mich dem Versuch, eine ethische Situation zu verstehen, zu klären und ihr am Ende gewachsen zu sein? Wie nähere ich mich etwa der Aufgabe, Frieden zu schaffen und zu bewahren? Eine der Bedingungen dafür, dass es mir gelingt, ist wohl die, dass ich selbst mit mir Frieden geschlossen habe, mit meinem Schicksal und meiner Situation. Ich bin dann fähig, mir das Evangelium etwa so vorzusprechen und es immer wieder nachzubuchstabieren, ehe ich irgendetwas beginne zu tun oder zu entscheiden:

Mein Ausgangspunkt ist, dass ich mir sage:

Es steht einer zu mir. Der bejaht mich. Ich kann also zu mir selbst stehen. Ich kann mich annehmen. Ich lege meine Unsicherheit ab. Ich atme auf und lebe.

Ich bin gehalten. Mir geschieht nur, was Gott will. Ich kann also Mut fassen. Ich brauche mich nicht zu fürchten, und ich kann auch anderen Mut machen zu ihrem Leben.

Ich werde heil und ganz sein. Was ich in mir an Rissen und Brüchen kenne, soll geheilt werden. »Steh auf!«, sagt mir Jesus. Ich lasse mir also meine Schuld abnehmen und richte mich auf.

Ich kann meine Last ablegen. Ich kann vertrauen und meinen Weg sorglos und gelassen gehen. Ich lasse los, was mich bindet und zu Boden drücken will. Gott will mich leicht und fröhlich.

Ich bin ein freier Mensch. Niemand steht über mir außer Gott. Ich kann für meine Überzeugung gegen jeden Trend und gegen jede Macht stehen. Wenn meine Situation es erfordert, bin ich bereit, meine Freiheit abzugeben, ohne mich zu wehren.

Ich habe Augen und will sie offen halten. Ich will also in meinem Kopf für Klarheit sorgen. Ich kann unterscheiden, was wichtig und was unwichtig ist. Ich nehme die Zeichen der Zeit und meines Lebensweges wahr.

In mir ist Frieden, denn in mir ist Christus. Mein eigener Wille gibt dem Willen Gottes Raum. Ich übe mich darin, Frieden zu stiften.

Ich bin nicht allein. Ich bin zuhause bei Gott und bei den Menschen. Am Tisch ist ein Platz frei. Das Haus ist offen. Ich stelle mich zu denen, die mit mir zusammen das Haus dieser Erde bewohnen, zu ihrem Leid und ihrer Einsamkeit.

Mir ist ein Auftrag gegeben: Ich soll in der Liebe Gottes leben und sie für andere spürbar machen. Ich bin ein Saatkorn für das Reich Gottes und für seine Gerechtigkeit. Das ist der Sinn meines Lebens.

Ich sehe ein Ziel vor mir. Ich bin gerufen, und ich werde meinen Weg gehen in die größere Welt. Der Tod kann mir nichts anhaben. Christus lebt, und ich werde leben und glücklich sein.

Danach höre ich einige Weisungen Jesu

Etwa diese: Suche dir den unteren Weg. Wenn dir dein Leben gelingen soll, dann wolle nicht oben sein und nicht obenauf.

Sieh dir die Welt an: Alles, was Menschen erreichen wollen, den Sieg, den Erfolg, das Glück, die Sicherheit, den Gewinn, wollen sie damit gewinnen, dass sie mehr Macht, mehr Einfluss, mehr Gewalt ausüben. Aber dieses Verfahren glückt immer nur für die Wenigen und immer auf Kosten vieler.

Ich höre Jesus sagen: Ich selbst bin kein Gewaltherrscher. Ich bin aber auch kein Untertan. Vermeide auch du beides. Mach dich nicht zur Autorität für irgendeinen anderen. Wolle nicht Recht haben. Nimm die Schuld an allen Misshelligkeiten, in die du verstrickt bist, auf dich, und entlaste den, der sich als dein Gegner fühlt. Wenn du dich überlastet fühlst, dann prüfe, ob der Grund nicht der ist, dass du anderen zu viel nachträgst. Wo verziehen wird, ohne dass einer nach seinem Recht fragt, wird das Leben leichter, und es zeigt sich mehr Wahrheit. Wer Vorwürfe erhebt, kann irren. Wer Schuld übernimmt, irrt auf keinen Fall und in keinem Sinn.

Jesus spricht von unserem Glück und von der Erfüllung unseres Lebens

Er sagt: Vertraue dem Gelingen. Wie eine Auslegung dieser Zuversicht, es werde alles gut sein und es sei, jetzt schon, alles gut, stehen am Anfang der Bergpredigt die so genannten Seligpreisungen.

Sie beginnen damit, dass glücklich, getröstet, im Reinen mit sich, mit Gott und der Welt die geistlich Armen seien. Das heißt nicht die »geistig« Armen, die Dummköpfe, sondern die, die nicht meinen, Gott gegenüber irgendetwas vorweisen zu können oder sie schafften irgendetwas aus eigener Kraft.

Glücklich, selig sind die, die geduldig sind und warten können, die Sanften, die Freundlichen. Sie werden auf der Erde zuhause sein. Sie werden Grund unter den Füßen haben, wenn andere in ihrer Ungeduld stolpern. Sie wissen, wohin sie gehören. Denn die Erde lebt langsam. Glücklich also, die warten können, bis Frucht wächst. Die der schaffenden Kraft vertrauen und der Weisheit Gottes. Sie haben keine Gewalt nötig. Sie müssen nicht heute durchsetzen, was erst morgen reif ist. Sie leben im Frieden mit der Zeit.

Selig sind, die hungert und dürstet nach Gerechtigkeit. Sie sollen satt werden. Sie werden Gerechtigkeit empfangen und Gerechtigkeit schaffen für die, die das Unrecht der Menschen erleiden. Wer danach hungert, dass die Hungrigen essen, wird satt werden. Wer danach dürstet, dass die Durstigen trinken, wird seinen Durst löschen. Er wird denen Gerechtigkeit schaffen, die das Brot suchen oder die Freiheit. Wer hungert und dürstet danach, dass Menschen ihre Würde bewahren, wird seine Würde empfangen. Wer anderen Halt gewährt, findet Halt für sich selbst. Wer andere tröstet, findet Trost für sein eigenes Elend. Wer andere frei macht, wird ein freier Mensch sein.

Selig sind die Barmherzigen, denn sie werden Barmherzigkeit empfangen. Glücklich also, die ein Ohr haben für die Verzweiflung, ein Auge für die wortlose Klage, eine Hand für die hilflose Schwäche. Die das Leid der Menschen auf's Herz nehmen und das Leid aller Geschöpfe. Sie wissen, woher Barmherzigkeit kommt, wenn sie selbst sie brauchen.

Glücklich sind die reinen Herzen. Sie werden Gott wahrnehmen. Aber »rein« ist etwas anderes als »sauber«. Rein ist ein Herz ohne Angst vor dem, was verunreinigen könnte, vor Krankheit, Elend und Armut. Rein ist ein Herz, das sich nicht selbst wichtig nimmt. Es ist nicht mit sich selbst beschäftigt. Es schaut Gott.

Selig sind, die Frieden stiften. Sie sind Töchter und Söhne Gottes. Selig also ist, wer irgendeinen Krieg nicht führt oder dazu hilft, dass irgendein Krieg endet. Vielleicht bringt ihm das keinen Erfolg, aber er tut, was nötig ist.

Den Streit beenden

> *»Ihr habt gehört,*
> *dass eure Vorfahren ein Gesetz hatten:*
> *Auge um Auge, Zahn um Zahn.*
> *Ich aber sage euch:*
> *Ihr sollt dem Bösen nicht mit Gewalt widerstehen.«*
> Matthäus 5,38–39

Was meint Jesus? Er meint gewiss nicht: Du sollst das Böse gewähren lassen. Wohl aber: Du sollst im Kampf gegen das Böse auf das Mittel verzichten, dessen sich das Böse bedient, nämlich die Gewalt. Denn wer Gewalt mit Gewalt beantwortet, mag immer sagen, es gebe kein anderes Mittel. Er sagt damit jedoch nur, dass ihm kein anderes einfällt. Er überwindet das System von Gewalt und Gegengewalt nicht, sondern befestigt es. Es kann durch ihn etwas Neues nicht geschehen. Er wird weder die Situation verändern noch die Person des Gegners.

Um der Menschen willen nach Gerechtigkeit zu suchen, ohne Gewalt anzuwenden, ohne Gewalt in Worte zu fassen und ohne Gedanken der Gewalt zu denken, das ist die letzte und aussichtsreichste Form, Verantwortung für andere Menschen zu übernehmen. Wer das versucht, zeigt, dass er willens ist, diese Welt mit anderen zusammen im Frieden zu bewohnen.

Wer sich davor fürchtet, dies außenpolitisch anzuwenden, könnte ein ausreichend lohnendes Experimentierfeld immer noch innenpolitisch vor sich haben. Bürgerinitiativen gewinnen ihre Glaubwürdigkeit durch die Gewaltlosigkeit ihres Vorgehens. Der Rechtsstaat hat seine Glaubwürdigkeit daraus, dass er gewaltfrei reagiert. Das ist kein Traum, sondern an unzähligen Stellen der jüngsten Geschichte bewährte Praxis, die sich zudem als ungemein erfolgreich erwiesen hat.

In Worten Martin Luther Kings lautet das alles so:

Wir trennen nicht zwischen
guten und bösen Menschen,
sondern zwischen guten und schlechten Verhältnissen.
Wir trennen nicht zwischen
Gerechten und Ungerechten,
sondern zwischen Gerechtigkeit
und Ungerechtigkeit.
Wir hassen zwar die Ungerechtigkeit,
aber wir lieben die Menschen,
auch wenn sie Unrechtes tun.

Darum kämpfen wir nicht gegen Menschen,
sondern zeigen, was gerecht wäre,
und gehen dafür auf die Straße.
Unser Kampf für die Gerechtigkeit
ist nicht ein Kampf für die Macht der Schwarzen,
sondern Dienst an einer gemeinsamen Welt
für Schwarze und Weiße.
Wir können keine Feiglinge brauchen.
Der Weg der Gewaltlosigkeit ist der Weg der Starken.

Wir sind nur passiv, weil wir unsere Gegner
nicht mit körperlicher Gewalt angreifen,
aber die geistige Aktivität ist bei uns stärker
als bei unseren Gegnern.
Wir wollen unseren Gegner nicht vernichten

oder demütigen, sondern sein Verständnis
und seine Freundschaft gewinnen.

Wir sind bereit, Demütigungen zu erdulden,
ohne uns zu rächen,
und Schläge hinzunehmen, ohne zurückzuschlagen.
Vielleicht müssen Ströme von Blut fließen,
ehe wir Gerechtigkeit finden,
aber es muss unser Blut sein,
nicht das unserer Feinde.
Wer ins Gefängnis kommt,
soll sich nicht dorthin schleppen lassen.
Er gehe hinein wie ein Bräutigam
in die Kammer der Braut.

Die stärkste Kraft im Kampf um Menschen
ist das Leiden.
Unverdientes Leiden ist Erlösung.
Im Leiden liegt eine gewaltige, verwandelnde Kraft.
Leidensfähigkeit ist eine unendlich stärkere Macht
als das Gesetz des Dschungels.
Es kann den Gegner umwandeln
und ihm die Ohren öffnen,
die der Stimme der Vernunft sich nie öffnen würden.

Wir weigern uns, unseren Gegner niederzuschießen.
Wir weigern uns aber auch, ihn zu hassen.
Mit gleicher Münze zu vergelten
würde den Hass in der Welt nur vermehren.
Wir glauben, dass die Gerechtigkeit
einen stärkeren Verbündeten hat als das Unrecht.
Und darum denken wir an die Zukunft mit Geduld.

Dass man die Bergpredigt heute als rettenden politischen Weg entdeckt, das ist für viele so neu, dass uns das Umdenken, das dort verlangt ist, noch Jahrzehnte lang überfordern wird. Aber die Richtung ist klar: Mit jedermann reden, auch mit dem, der an Gewalt glaubt, und zwar ohne Hass. Mit jedermann leben, auch mit denen, die Macht haben und an ihre Macht glauben, und zwar ohne Überheblichkeit. Aber sich von jedermann unterscheiden, der noch seine Hoffnung auf Macht und Gewalt setzt. Das wäre zu versuchen.

Klar sprechen

In einer Welt, in der das Nuklearpotential von einer Million Hiroshima-Bomben nur darauf wartet, abgefeuert zu werden, um sich mit der Energie von drei Tonnen Sprengstoff pro Kopf der Bevölkerung der Erde zu entladen, kann man nicht erwarten, dass die Kirche den Weg zum Frieden immer und überall zeigen kann.

Aber man darf erwarten, dass sie den Verwechslungen ein Ende bereitet, den Verwechslungen von christlichem Glauben und westlicher Freiheit, von christlichem Glauben und europäischer Kultur, von christlichem Glauben und kolonialem Herrentum und den übrigen unzähligen Verwechslungen, die sich bisher angeboten haben. Die Kirche hat heute, will sie einigermaßen glaubwürdig bleiben, eine Bewegung auf Frieden hin zu sein.

Versuche nicht scheuen

Die Bergpredigt gibt die Richtung an. Die Richtung, in die wir heute zu denken haben, in der wir unsere Versuche anstellen müssen, unsere anfängerhaften und vielleicht nicht sehr erfolgreichen. Wir werden abwägen müssen, wie in diesem oder jenem Fall zu reagieren sei. Wir werden uns selbst nicht verachten, wenn uns kein anderer Weg einfällt als der der Gewalt, aber wir werden kritisch bleiben unserer eigenen Antwort gegenüber. Immerhin fehlt es uns bislang beinahe gänzlich an Übung und Erfahrung mit diesem Weg, einen Konflikt zu beenden. Aber immer wieder solche Alternativen zu versuchen, zu prüfen und einzusetzen, wird nicht utopisch, sondern notwendig sein, wollen wir erreichen, dass es künftig auf diesem Erdball einigermaßen menschenwürdig zugeht.

Insgesamt gilt: Wer will, dass diese Welt so bleibt, wie sie ist, der will nicht, dass sie bleibt.

35 Bewahrung der Schöpfung erfordert ein Denken in Zusammenhängen

Es ist deutlich, dass der große Organismus Erde, sein Klima, seine Pflanzen- und Tierwelt, das Verhalten des Menschen nicht mehr lange aushält. Es ist eine der dringendsten ethischen Aufgaben der Menschheit, ihr Verhalten auf vielen Feldern gründlich zu ändern und zu einem neuen Umgang mit der Schönheit und Lebendigkeit der Erde, ihren ihr eigenen Ordnungen und Gesetzen, ihren Rhythmen und ihren Ressourcen zu kommen. Daran ist heute kaum mehr ein Zweifel möglich, und kein Weg führt daran vorbei, sollte die Menschheit noch eine nennenswerte Zeit ihr Leben auf dieser Erde fortsetzen wollen. Die Fakten sind klar.

Es gibt bislang keine Umweltethik

Aber wer gibt uns die ethischen Richtlinien, wer einen neuen Katalog von Werten, die an dieser Stelle einzusetzen wären? Jesus hat keine Umweltethik. Er lebt völlig selbstverständlich in der natürlichen Umwelt der Dörfer von Galiläa. Er sagt zwar eine Reihe schöner Worte über die Achtsamkeit, mit der wir uns den Dingen und lebendigen Wesen nähern könnten, er redet von den Blumen auf dem Feld und von den Spatzen auf dem Dach, von den Schafen in der Wüste oder im Kulturland und verbindet damit jeweils einige Gedanken aus der deutenden Kraft solcher Bilder. Auch die übrige Kulturgeschichte des Abendlandes, aus der wir kommen und von der unsere Vorstellungen vom Handeln des Menschen mitbestimmt sind, hat zu Umweltfragen beinahe nichts beigetragen. Wir befinden uns hier auf unbegangenen Denkwegen. Menschen wie Franziskus, die in einer veränderten und sensibleren Weise mit der Erde umgingen, blieben die Ausnahme. Die Dichtung ergeht sich in Hymnen auf die Schönheit der Natur, aber sie sieht die Erde nicht bedroht. Es will sich mir der Eindruck aufdrängen, es gehe hier nicht mehr eigentlich nur um eine Ethik, sondern um eine weit umfassendere Hinwendung von uns Menschen zu dem, was »unter« und was »über« uns ist, was um uns ist und was wir selbst sind, soll eine rettende Kraft von uns ausgehen.

Zunächst ist alles an uns Erde

Was uns die Richtung angibt, ist eine Reihe von Tatsachen. Wir Menschen sind zunächst einmal leibliche Wesen. Wir stehen im Austausch mit Luft und Wasser, wir sind Erde, wir haben nicht nur einen Leib, wir sind Leib. Lange ehe wir feststellen können, wir seien Seele oder Geist, sind wir einfach Erde. Aus Erde entstanden, zur Erde zurückkehrend, eingebunden in den Zyklus dieses allem Erdhaften vorgegebenen Weges. Und es ist gut, wenn wir gerne Erde sind und dankbar für die kurzen Jahre, die wir uns aus ihr erheben dürfen. Erst unter dieser Voraussetzung kann gelten, dass die Erde an uns, unser Leib, durchlebt und durchwirkt ist von einer Seele und einem Geist, was immer wir uns unter Seele und Geist vorstellen mögen, und durchwirkt von einem Geflecht von Instinkten und unzähligen Kräften und Trieben. Wir haben Hände, die etwas tun, Sinne, die uns Orientierung geben. Wir haben ein Gefühl, mit dem wir reagieren auf das, was von außen auf uns zukommt, einen Willen, uns am Leben zu erhalten. Wir sind ein Organismus, den viele einzelne Organe miteinander bilden, der in vielen Weisen sich austauscht mit der umgebenden Lebenswelt, in dem jedem Organ ein spezielles Aufgabenfeld anvertraut ist. Kein Organ könnte leben ohne den ganzen Organismus, so wenig der Organismus leben und gedeihen könnte, fehlten ihm die Organe, die ihn ausmachen. Alles aber, alles Einzelne an uns und das Ganze, das wir sind, hat seine lange Entstehungsgeschichte in der Evolution der lebendigen Wesen dieser Erde.

Unser Leben ist ein Leben von Organen in einem Organismus

Dieses Bild vom Leib und seinen Organen, körperlichen, seelischen und geistigen, scheint mir nun eine Möglichkeit anzuzeigen, wie ein menschliches Verhalten im Zusammenhang seiner Umwelt angelegt sein könnte. Wenn wir gewöhnlich von einer Ethik reden, so denken wir an Gebote, Ordnungen, Richtlinien. Aber dieses Wort »Ethik« verändert heute seinen Sinn. Es ist, wie mir scheinen will, nicht mehr geeignet für weite Bereiche des menschlichen Denkens, Entscheidens und Handelns. Etwa gerade hier, wo es um eine neue, veränderte Lebensweise, Gesinnung und Kultur unseres Umgangs mit der Erde geht.

Denn gilt nicht das Bild vom Organ und vom Organismus auf allen Ebenen unseres Verhältnisses zur Erde? Wir haben Organe, und wir sind, wenn diese Organe bestimmungsgemäß zusammenwirken, ein Organismus. Wir sind aber als ganze Menschen wiederum Organe einer Familie, einer Stadt, eines Volkes. Ein Organismus wie eine Stadt lebt im Austausch und Zusammenwirken der vielen Menschen außerhalb ihrer so, wie Organe in einem Organismus zusammenleben. Und ein Land, ein Volk ist wiederum etwas wie ein Organ im großen Körper der Menschheit und immer deutlicher lebensfähig nur, solange der Austausch und das Zusammenwirken im großen Organismus Menschheit funktionieren. Und ist die Menschheit nicht eines der lebendigen Organe im Zusammenspiel mit der Welt der Tiere, der Pflanzen, der Elemente, der Kräfte und Gesetze des großen Organismus Erde? Hätten wir also unsere Erde nicht neu zu verstehen als einen lebendigen

Gesamtorganismus, in dem wir das Unsere beitragen? Und ist nicht unsere »ethische« Aufgabe die, im Großen und Kleinen für das genaue und verantwortbare Zusammenspiel unserer Kräfte und Fähigkeiten, wie sie für diesen großen Organismus gebraucht werden, zu sorgen?

Die Welt ist ein Biotop

Ich lebe als ein Mensch in einem aus Stadt und Land, aus Fluss und Wald und Klima zusammenwirkenden Biotop. Verhalte ich mich dort wie ein Organ in einem Organismus? Oder wie ein Krebsgeschwür? Lebe ich als Mensch in einer Gemeinschaft von Nutztieren, Wildtieren, Fischen und Vögeln, Käfern und Schmetterlingen und Fliegen, und verhalte ich mich dort wie eine Schwester oder ein Bruder oder wie ein primitiver Ausrotter? Ich lebe von dem Sauerstoff, den Pflanzen, Blumen oder Bäume mir zuatmen. Verhalte ich mich dort wie ein dankbarer Nutznießer oder wie ein gedankenloser Verbraucher?

Sollte ich eine Maxime formulieren, die eine künftige »Umweltethik« kennzeichnen könnte, so würde ich etwa so sagen:

Denke so, wie ein Organ in einem Organismus denkt.
Handle so, wie ein Organ in einem Organismus handelt.
Lebe so, wie ein Organ in einem Organismus lebt.

Denke so, wie ein Organismus denkt,
der für seine Organe denkt.
Handle so, wie ein Organismus für seine Organe handelt.
Lebe so, wie ein Organismus aus seinen Organen lebt.

Damit ist zwar keine Umweltethik geschaffen. Die müsste detaillierter sagen können, was praktisch dieses zusammenhängende Leben schütze und ordne. Aber eine Diskussion über eine künftige Ethik aus den Zusammenhängen der Schöpfung könnte in Gang kommen. Eine Diskussion über das, was zwischen Organ und Organismus hin und her geht an Austausch, an Stoffwechsel auch seelischer und geistiger Art, an Kräftewechsel, an Gestaltwechsel. Wie es aussehen mag im Lebensstil und Lebenszuschnitt, und welche Wege der Bescheidung wir Menschen zu gehen hätten, wollten wir das Leben der Erde und das unsere lebendig bewahren. Wollten wir die Maßstäbe bezeichnen, die wir finden müssen, so könnten wir von der unglaublich sinnvollen Weisheit sprechen, die im Austausch leiblicher Organe und ihres Gesamtorganismus vor aller Augen liegt.

Wir brauchen eine Umweltethik als Teil einer strengen Umweltkultur

Was für eine Kultur würde es bedeuten, wenn der einzelne Mensch oder die Menschheit eine solche Verantwortung einzuüben versuchten? Wie sähe das Leben aus? Ich bin mir darüber im Klaren, dass wir noch keine Vorstellungen haben auch nur von den Zusammenhängen und es uns nur schwer gelingt, da und dort von der künftigen Lebensweise einzelner Menschen oder der Menschheit konkret zu reden. Aber wir könnten von einer konkreten Feststellung von Tatsachen und Gefahren aus einer neuen Weise der ethischen Problematik eines heutigen Lebens, wie es sich nicht nur für Christen ergibt, ansichtig werden.

Wie etwas gut werden kann

Wer erfahren hat, dass über der Welt eine Güte waltet, wird das Leben gut finden können, auch was an ihm ganz und gar nicht gut scheint.

Wer das Leben gut findet, kann ihm gütig begegnen. Er kann mit dem Leben gut umgehen und gütig mit allem, was ist.

Wer das Leben liebt, muss nicht töten. Wer die Verletzlichkeit der Menschen kennt, kann nicht zuschlagen. Wer etwas bewundert, kann es nicht missachten. Wer seine Schönheit sieht, wird ihm nicht seine Würde nehmen.

Der Mut, zum Guten zu wirken, der Mut, die Schönheit des Seins zu schützen, ist der erkennbare Ausdruck der Güte.

Er macht das Denken weit wie die Welt. Er macht die Welt gut.

36 Eine Vision trifft auf Tatsachen, und die Tatsachen ändern sich

Oft könnte es so scheinen, als gehe das ganze christliche Ethos nur die einzelne Person an und meine es nur eben das, was wir die »Nachfolge Christi« nennen. Aber sie begleitet ihn jeden Tag an seine Arbeit, an seine politische Situation und Verpflichtung, in seine ungezählten Begegnungen mit Menschen. Sein Leben findet in bestimmten wirtschaftlichen und gesellschaftlichen Verhältnissen statt und wird immer von ihnen geprägt sein.

So bringt die Bergpredigt auch immer wieder eine Zuspitzung auf unser Leben im politischen Raum, die uns allerlei Schwierigkeiten bereitet.

Wir können ihr dreierlei Antworten geben: Das können wir nicht verstehen. Oder: Damit kann man keine Politik machen. Oder: Dazu reicht unsere innere Souveränität nicht aus. Und wir haben, so wie bislang auch von Christen Politik besprochen und betrieben wird, damit in allen drei Punkten Recht. Noch immer kann man hören, wie etwa Friedrich Naumann, der christliche Politiker, am Beginn des 20. Jahrhunderts, als alles auf die großen Katastrophen dieser Epoche zutrieb, gesagt hat: Was Jesus in der Bergpredigt anweist, das ist verständlich und praktikabel in seinem friedlichen Galiläa, aber für eine heutige Politik ungeeignet. Und ähnlich haben die Kirchen eben diesen Schwerpunkt und Kern der Bergpredigt kaum je wahrgenommen oder gar zum Maß ihres Handelns gemacht.

Das Kernproblem ist die Gewalt

Wir sollten also versuchen, ohne Gewalt auszukommen. Ohne das Bewusstsein irgendeiner Überlegenheit. Ohne Gewalt zu denken. Ohne Gewalt in Worte zu fassen. Ohne Gewalt auszuüben. Denn Gewalt trennt uns auf alle Fälle von dem Menschen, den wir vor uns haben, und die Probleme, die wir lösen wollen, werden durch die Gewalt, die wir ausüben, unlösbar. Solange wir in Gewalt denken, können wir für die Heilung der Verhältnisse unter den Menschen dieser Erde nichts tun. Denn was wir noch bekämpfen, können wir endgültig nicht mehr verändern oder verbessern. Wir stehen im Abseits.

Es scheint mir aber, dies alles seien Lebensgesetze, die wir nicht mehr ignorieren können, falls wir nämlich wollen, dass durch uns etwas geschieht, das zu irgendeiner besseren Erde führt.

Unser Leben findet auf zwei Ebenen statt

Damit stehen wir am entscheidenden Punkt unserer Überlegungen. Denn sobald wir den engen Raum unserer persönlichen ethischen Entscheidungen verlassen und den unserer öffentlichen Verantwortung betreten, bemerken wir, dass dort allenthalben eine andere Weise zu handeln geboten ist. Polizei und Strafjustiz können nicht gewaltfrei arbeiten. Die politische Szene erfordert noch immer auch im Frieden die Bereitstellung militärischer Macht. Die sozialen Aufgaben bedürfen verlässlicher Ordnungen und Rechte. Die Wirtschaft kann nicht darauf verzichten, die Ressourcen der Erde in Anspruch zu nehmen. Wird ein uns anvertrauter Mensch ohne Recht und Grund angegriffen, so werden wir handeln.

Die Reformation des 16. Jahrhunderts hat darum von zwei Bereichen gesprochen, in denen das Leben und Tun eines Christen sich abspiele. Sie sagte, Gott regiere die Menschenwelt auf zwei verschiedene Weisen und mit zwei verschiedenen Mitteln. Er regiere die Herzen der Menschen mit seinem Wort, und er regiere ihre Gemeinschaften mit Hilfe der Autorität eines Staates. Sie sprach von »Zwei Reichen«. Ihre damals wichtige Absicht war, das Ineinander und Gegeneinander von Staat und Kirche zu entflechten, den Staat zu entklerikalisieren und das Leben des Glaubens von politischem Zwang zu befreien. Sie beendete damit das unheilvolle Gegeneinander der Päpste und der Kaiser, das die ganze Zeit des Mittelalters beherrscht hatte.

Wir stehen zwischen zwei Bereichen

Die Reformation gab damit dem Christen die Orientierung, wenn er seinen Ort zwischen den beiden Mächten zu bestimmen versuchte. Suchte er etwa Frieden oder Gerechtigkeit, so wies die Reformation ihn an die »Obrigkeit«. Als nach dem grauenhaften Gegeneinander der ungezählten Fürsten und Kleinkönige im Dreißigjährigen Krieg das geschaffen wurde, was wir »Staat« nennen, und das Gewaltmonopol festgestellt wurde, das dem Staat zuzusprechen ist, befestigte sich diese Vorstellung von den zwei Herrschaftsweisen Gottes und von der Unabhängigkeit der beiden »Reiche« voneinander. Aber schon Luther hat gegen das Mittelalter die Eigenständigkeit weltlicher Autorität und weltlicher Lebensgestaltung entdeckt und damit Verwaltung, Staat, Wirtschaft und Beruf von klerikaler Bevormundung befreit und sie an das »Gesetz Gottes«, das auch dort gelte, verwiesen. Er verband beide Bereiche so, dass er sagte, der Christ stehe in drei »Ständen«, die ihm alle von Gott zugewiesen seien, dem politischen, dem wirtschaftlichen und dem kirchlichen. Aufklärung und Pietismus haben diese Verbindung auf je ihre Weise aufgelöst. Erst nach der Trennung von Kirche und Staat im 19. Jahrhundert entdeckte die evangelische Theologie diese Zweireichelehre neu. Sie überließ die öffentliche Gewalt immer mehr sich selbst und zog die Funktion des christlichen Glaubens in die Innerlichkeit des einzelnen Menschen zurück. Sie redete auch von der »Eigengesetzlichkeit« der weltlichen Dinge. Dieser Gedanke diente von der Zeit vor dem Ersten Weltkrieg an zur Rechtfertigung von Nationalismus, Krieg und Machtpolitik und machte es in der Zeit Hitlers der Kirche fast unmöglich, irgendwelchen Widerstand zu leisten. Denn der Christ hatte dem Staat Gehorsam zu leisten.

Es wurde in der langen Zeit seit der Reformation immer mehr vergessen, dass Widerstand gegen Unrecht und Gewalt zu den Grundmerkmalen eines christlichen Staatsbewusstseins gehört. Dass Empörung gegen das Unrecht, auch gegen das zum Recht erklärte, Empörung gegen den Missbrauch der Macht allem christlichen Glauben eingestiftet ist. Empörung auch gegen alle bloße Staatshörigkeit der Kirche und die Übernahme des persönlichen Risikos gehört zu seinem Wesen. Öffentliches Reden auch dort, wo eine Kirche den Eindruck erweckt, sie respektiere den gegenwärtigen Stand der öffentlichen Ordnungen als eine von Gott gestiftete, auf Ewigkeit angelegte, für dauernd verbindliche Gegebenheit.

Das Verhältnis zwischen beiden ist das einer ständigen Veränderung

Denn die geschichtliche Erfahrung spricht anders. Gerade und vor allem im Raum des christlichen Abendlandes und der USA hat sich an den Vorstellungen, was ein Staat sei, Entscheidendes verändert. Der Umgang etwa mit Straftätern geschieht heute völlig anders als vor fünfhundert Jahren oder noch vor zweihundert. Die Folter wurde abgeschafft. Die Lebensbedingungen von Strafgefangenen sind nach ganz anderen Vorstellungen geordnet. Die Verhörmethoden folgen heute nach der Regel, dass auch dem Straftäter das Menschenrecht und die Menschenwürde nicht genommen werden dürfen. Das vergeltende Recht hat sich weitgehend in ein therapeutisches gewandelt. Vor Gericht fragt man heute nach der persönlichen Situation und Biografie des Täters. Es gibt keine Leibeigenschaft und nicht zweierlei Recht für reich und arm, einflussreich oder abhängig. Die politische Welt wird immer mehr in ein internationales Recht eingebunden. Kriege liegen nicht mehr im Belieben von Fürsten. Sie gelten immer deutlicher als Merkmal einer unfähigen Politik. Ihre Abschaffung wird immer mehr zu einer selbstverständlichen Forderung. Was früher die stärkere Macht entschied, entscheidet heute immer mehr eine Versammlung, der mächtige und abhängige Völker gemeinsam angehören. Die Todesstrafe wird in immer mehr Staaten abgeschafft. Das Lebensrecht des einzelnen Menschen wird immer selbstverständlicher anerkannt. Ein Staat entsteht nicht durch die Macht, die sich ein Einzelner anmaßt, sondern aufgrund des Willens und der Entscheidung ganzer Völker.

Der Christ von heute steht einer völlig anderen Praxis der öffentlichen Gewalt und einer völlig anderen Rechtsordnung gegenüber als der Christ des 16. Jahrhunderts. Wer das sieht, dem drängt sich der Eindruck auf, hier müssten im Lauf der neueren Geschichte sehr viele nachdenkliche Menschen, und unter ihnen sehr viele Christen, an den Stellschrauben der Lehre vom Staat gedreht haben. Und dieser Eindruck verstärkt sich, wenn wir bedenken, dass etwas wie Humanismus und Aufklärung in unserem abendländischen freiheitlichen Sinn nur im Rahmen und auf der Grundlage der christlichen Überlieferung möglich geworden sind.

Staat und öffentliche Ordnung lassen sich verändern

Staat und öffentliche Ordnung also sind keine festen Größen. Sie entwickeln sich. Sie lassen sich verändern. Sie stehen in der öffentlichen Diskussion und im öffentlichen Streit. Sie stehen in einem dynamischen Entwicklungsprozess. Und dieser Prozess scheint sich immer mehr den Vorstellungen anzunähern, die uns das Evangelium vermittelt. Gewaltverzicht als Anforderung an das öffentliche Handeln eines Bürgers ebenso wie an das Reagieren eines Staates hat sich gerade in den letzten fünfzig Jahren immer deutlicher als realistisches Mittel zum inneren und äußeren Frieden erwiesen. Die Richtung geht rund um die Erde immer mehr auf eine Vorstellung vom Staat hin, die den Vorstellungen von Christen ähnlich sind. Was an den Weisheitsregeln Jesu illusionär scheinen wollte, wird immer »vernünftiger« und praktikabler.

Wir Christen haben eine Stimme

Für uns gilt es also, in der Diskussion mitzureden. Die christliche Publizistik etwa versteht sich mit Recht zu einer Kultur der gewaltfreien Kritik aufgerufen. Sie wird zeigen, an welchen Stellen im gesellschaftlichen Leben diese Entwicklung weitergeführt werden kann. Der Christ wird immer weniger der sein, der einfach hinnimmt, was ist und gilt, und immer mehr der, der Möglichkeiten, Mittel und Wege zur Veränderung des Geltenden und Bestehenden aufzeigt. In dieser Diskussion wird es zentral immer darum gehen, was wahr ist und was scheinbar, was Realität und was Traum oder potemkinsches Dorf. Der Christ wird für die Offenheit aller öffentlichen Vorgänge eintreten.

In den Zeiten der Friedensbewegung, in den achtziger Jahren, haben wir gesagt: Waffensysteme zur Verteidigung aufzustellen und das Bemühen um Gewaltfreiheit sind beide gefordert. Es gilt, die Spannung zwischen beiden immer neu zu justieren. Beide in der Waage zu halten. Heute sagen wir: Wichtig an diesem ständigen Neu-justieren ist, dass das doppelte Gelten und Wirken dieser beiden Bereiche ständig weiter verändert wird hin zu einem immer entschlosseneren Verzicht auf Gewalt. Wir schützen das Gewaltmonopol des Staates, und wir muten demselben Staat zu, er habe die tatsächlich ausgeübte Gewalt immer weiter zurückzunehmen. Und wie gerade diese zwanzig Jahre seither gezeigt haben, ist es durchaus realistisch, eine solche Veränderung zu wollen. Ein solches Neu-justieren geschieht im ständigen persönlichen und öffentlichen Gespräch zwischen den verschieden denkenden Menschen einer Gesellschaft und in immer neuen Versuchen, zu klären, was sich denn praktisch von den gemeinsamen Zielvorstellungen auf welche Weise besser und genauer erreichen lasse.

Wenn wir also von Gewaltverzicht reden, so lösen wir Ordnungen nicht auf. Wir verändern sie. Wir fordern von einem Staat nicht eine Praxis, die ihn an seinem verantwortlichen Tun und Entscheiden hindern würde. Was wir von einer öffentlichen Ordnung fordern ist nicht, dass sie das Reich Gottes spiegle, wohl aber fordern wir seine Bereitschaft, sich verändern zu lassen, und zwar im Frieden.

X.

Die Dynamik des Kommenden

37 Jesus zeigt uns das Bild vom »Reich Gottes«

Ich sagte schon: Es ist für Jesus charakteristisch, dass er mit allem, was er sagt, in die Zukunft greift. Was gestern war, kann wichtig gewesen sein. Es ist vorbei. Was heute ist, kann wichtig sein, es ist im nächsten Augenblick Vergangenheit. Dringlich ist allein, was aus der Zukunft in die Gegenwart hereindrängt. Die Zukunft kommt, erhellend oder zerstörend, auf dich zu. Sei wach!, sagt er. Erkenne ihre Zeichen! Sei bereit, es mit ihr aufzunehmen!

Wir hören Jesus vom »Reich Gottes« reden, was meint er damit?

Das Reich Gottes ist kaum zu beschreiben. Es ist für Jesus offenbar ein Rundumphänomen in vielen Gestalten. Es ist im Grunde ein Bild vom Ganzen des Daseins, vom Ganzen der Welt, es ist das Ziel der Schöpfung ebenso wie das Ziel aller Wandlungen der Wirklichkeit wie auch das Ziel der Erlösung und Vollendung aller Dinge. Vielleicht gelangen wir, wenn wir es prüfen, zu sieben Aspekten.

Alles, was ist, ist »Reich Gottes«

Beginnen wir mit der Suche nach dem Reich Gottes dort, wo es uns am nächsten ist und am leichtesten zu erkennen. Denn wenn Gott diese Welt geschaffen hat und erhält, dann ist sie sein »Reich«. Dann ist sein Reich in allem, was ist, vom Regenwurm im Acker bis zur letzten Milchstraße. Alles, was ist, ist ja durchwirkt von seinem Geist. Es wächst ohne ihn kein Grashalm auf dieser Erde. Es lebt kein Mensch ohne ihn. Alles, was ist, ist »Reich Gottes«. Alles, was ist, ist erfüllt von einer ungeheuren Dynamik, und mir will scheinen, diese Dynamik von Weltentstehung, von Weltentwicklung, Weltende und vielleicht Weltneubeginn sei der eigentliche Ausweis, dass alles aus Gott ist und Gott in jedem kleinsten Teilchen präsent. Das All ist die schaffende und verwandelnde Kraft Gottes. Sein Reich.

Es reicht über unser Universum weit hinaus

Die »Welt« ist ja größer als der Umkreis unserer Erkenntnis. In und hinter der Welt der sichtbaren Dinge ist wiederum Wirklichkeit, unseren Sinnen abgewandt. Die umgibt und durchdringt die Welt unserer Wahrnehmung, leuchtet durch sie hindurch, und wir ahnen Dimensionen der Wirklichkeit, die wir erst erfahren werden, wenn wir den Schritt über die Schwelle unseres Todes gegangen sind. Diese Wirklichkeit erscheint mir wie ein zartes Gewebe, das sich dem achtsamen Auge durchzeichnet durch die gröbere Struktur der Dinge. Denn es ist viel offener Raum in unserer Welt, und auf das weite Gottesreich schaffender Kräfte zu achten heißt gewiss auch, offen zu sein zu allem hin, was an Geheimnisvollem und Wunderbarem begegnen will, ob es sich unserem kleinen Menschenverstand erklärt oder nicht.

Es wächst in uns selbst

Das Reich Gottes wächst aber doch wohl zum dritten auch in uns selbst. In dem Maß, in dem wir Christus Raum geben, entsteht es in uns, nimmt es in uns Gestalt an. »Ich bin das Licht«, sagt Christus. »Ihr seid das Licht der Welt«, fügt er hinzu. Er sagt also: Ihr seid das Reich Gottes, indem ihr das Licht spiegelt, das aus Gott ist. Indem die Dynamik einer Wandlung in euch schafft und wirksam ist. Indem aus ihrer

Energie in euch immer wieder neue Lebens- und Geisteskräfte entstehen.

Es verwirklicht sich in unserem Umgang miteinander

Aber weiter: Das Reich Gottes erscheint auch in der Weise, wie wir Menschen miteinander umgehen. Im gemeinsamen Leben unter uns ist entweder Reich Gottes oder Reich des Bösen. Man kann ja nicht vom Reich Gottes reden und das Elend vergessen, das rund um unsere Erde erlitten wird; vergessen auch, was Jesus sagt: dort, wo gelitten werde, leide er selbst, und wo wir zu helfen und zu retten versuchten, sei er selbst gegenwärtig. Reich Gottes in diesem Sinn ist die energische Bewegung weg von uns selbst – hin zum anderen Menschen und zum gemeinsamen Leben, hin zu mehr Gerechtigkeit und mehr Frieden, zu mehr Güte.

Es nimmt die Gestalt einer Kirche an

Jesus sagt: »Wo zwei oder drei versammelt sind in meinem Namen, bin ich mitten unter ihnen.« Und Paulus fügt hinzu, er selbst sei Haupt und Herz der Gemeinschaft, die ihm auf dieser Erde nachfolge, es gebe also eine konkrete Gestalt des Christus auf dieser Erde, er habe sozusagen einen »Leib«. Das sei die Gemeinschaft derer, die ihn kennen, ihn lieben und ihm nachfolgen: die Gemeinschaft der Heiligen, die Kirche. Dann ist also die Kirche – so mühsam es gelegentlich sein mag, dies festzuhalten – eine der Gestalten des Gottesreiches. Und das in dem Maß, in dem sie »kommt«, wie Jesus vom Gottesreich sagt. In dem Maß, in dem sie zum Wort wird, das beglückend und hilfreich in die Seelen der Menschen fällt.

Das Reich ist künftig

Ein sechstes: Das Reich Gottes wird kommen, sagt Jesus. Es liegt also nicht in der Gegenwart, sondern in der Zukunft. Wenn er, der Christus, kommen wird, wenn die Menschengeschichte zu Ende gegangen sein wird, wird er das Reich aufrichten. Wie das zugehen wird, können wir nicht wissen. Aber das eine gilt: Die Welt, die uns aufnehmen wird, wird wiederum eine Gestalt des Gottesreiches, und unser Schicksal wird in ihm das von Heimkehrenden sein.

Es vollendet sich nach dem Ende aller Wirklichkeit, die wir kennen

Und noch eine siebte Gestalt haben wir vor Augen. Von der äußersten Zukunft redet Paulus so: Am Ende, wenn die Welt vergangen und der Tod nicht mehr sein wird und kein Leid mehr, dann wird Christus das Reich Gott, dem Vater, zurückgeben, »auf dass Gott alles in allem sei«. Da hört die Geschichte auf, da hört die Schöpfung auf, da hört die Zeit auf. Da müssen wir einander nichts mehr erklären und werden erkennen, dass wir es von Anfang an im Grunde immer nur mit Gott zu tun hatten in seinen vielen Gestalten. Auch in Jesus Christus. Und da gehen wir in Gott ein und sind in ihm alles in allem. Gott spricht, und es entsteht eine Welt. Er spricht, und sie vergeht. Er aber bleibt, und wir bleiben in ihm. Das Gottesreich also wird am Ende nichts sein als Gott selbst und das All in ihm.

Wir leben auf dieser Erde in einer Welt von Spiegelungen und von farbigem Abglanz. Wir reden von allem, was wahr ist, in Bildern, die sich zu einem einzigen Bild nicht fügen. So reden wir auch von den vielen Gestalten Gottes und wissen doch, dass er der eine ist. Wir reden von den sieben Farben des Gottesreiches und wissen doch: Es ist das reine Licht.

Wir schauen in die Zukunft mit Zuversicht

Ich stelle mir die Szene in jener Hütte, das Gastmahl Jesu, vor. Jesus sitzt in der Tischrunde mit seiner bunten Gesellschaft. Er fasst die Menschen bei ihrer Angst und ihren gehetzten Gedanken und wendet ihre Köpfe nach oben. Er sagt ihnen: Schaut in die Zukunft! Ich will euch zeigen, was aus dieser Welt wird! Was die Menschen in der Zukunft erwartet! Es ist ein Einbruch von Freiheit in diese Welt! Ein Einbruch von Gerechtigkeit! Es ist der große Umbruch! Schaut von euren kleinen Dingen weg und in die große Zukunft! Es geht nicht ums Maßhalten. Nicht ums Bescheidensein. Was da kommen wird, das ist das Reich Gottes. Es ist eure Befreiung. Es ist eure Lebenskraft. Euer Recht. Eure Freude. Eure Erfüllung. Schaut hinaus über eure kleinen Dinge! Schaut ins Große!

Wenn ich aber Jesus gefragt hätte: Wann kommt es wirklich? Jetzt oder nach dem Ende, wenn wir tot sind und die Welt untergegangen ist? Ich denke mir, er hätte geantwortet: Alles Jetzt und alles Später, das für andere Reiche gilt, gilt nicht für Gottes Reich. Du kannst nicht sagen: Ich sehe es. Dort ist es! Und doch ist es da. Nahe. Gegenwärtig wie Gott selbst. Du stehst mitten in der Veränderung aller Dinge.

Hoffnung verändert die Dinge dieser Welt

Aber was weiß ich denn über das Ziel dieser Bewegung? Sehr wenig. Was sagen mir meine Wünsche und Hoffnungen? Nichts. Hoffnung muss in der Einzahl stehen, sonst handelt es sich um Träume. Mein Glaube und meine Hoffnung sagen mir lediglich: Wir kommen irgendwoher. Wir gehen irgendwohin. Wir kommen zur Welt. Wir leben, sterben und erwachen. Was wir den Tod nennen, ist die Grenze zu einer ganz anderen Art von Leben, und wir werden beim Überschritt dort hinüber mit einer uns hier nicht vorstellbaren Klarheit uns selbst und die größere Welt zu Gesicht bekommen. Nicht das Leben währt, bis der Tod es beendet, sondern wir sind in der Hand des Todes, bis wir frei werden und ins Leben treten, hinüber in ein von Gottes Geist erfülltes Dasein ohne Raum und Zeit, das uns vorzustellen uns die Mittel nicht gegeben sind. Was uns tragen wird, wird der Wind sein, den wir den Geist Gottes nennen.

Wenn wir sagen: Wir werden in Gott sein – was mag uns nach unserem Hinüberflug erwarten? Wenn in Gott jene Dynamik, jene weiter- und vorwärtsdrängende Kraft ist, die uns von der Geschichte und Bewegtheit unserer Welt so eindrucksvoll vor Augen steht, dann heißt in Gott sein, teilzuhaben an dieser seiner Dynamik, und teilzuhaben an seiner verändernden und neu schaffenden Kraft.

38 Wir antworten mit unserer Arbeit für das Reich einer künftigen Erde

Es gilt wohl, zweierlei sorgsam zu unterscheiden. Das Reich Gottes mit seiner Ferne und Ungreifbarkeit und die Zielvorstellung für das menschliche Handeln auf dieser Erde. Das Reich Gottes herbeiführen zu wollen, ist Unsinn. Ein Reich des künftigen Menschen im Zusammenhang alles Lebendigen auf dieser Erde anzustreben, ist eine unausweichliche Aufgabe. Für dieses Reich einer künftigen Erde aber gilt, dass es das ferne Reich Gottes abzuspiegeln habe nach dem Maß einer menschlichen Weisheit

»Man kann nicht in die Zukunft schauen,
aber man kann den Grund für etwas Zukünftiges
legen – denn Zukunft kann man bauen.«
Antoine de Saint-Exupéry

Unsere Zukunft kann gelingen durch die Kraft von Utopien

Wenn wir nun Bilder vor uns sehen, die von einer besseren Zukunft sprechen, dann reden wir von Utopien. Utopien aber sind gegen die augenblickliche Wirklichkeit entworfene Gegenbilder, an denen sich Hoffnungen festmachen oder aus denen Energien zu schöpfen sind. Das Wort »Utopie« sagt: Hier ist etwas, das hat noch keinen Platz in der Wirklichkeit, keinen Ort, keinen Raum.

Man hat solche Zukunftsbilder von jeher gern mit Phantasien verwechselt, die leichter aus der Wirklichkeit hinausführen als in sie hinein. Aber echte Utopien haben den Sinn zu zeigen, in welche Richtung die Wirklichkeit zu verändern sei.

Gerechtigkeit für die Arbeiterklasse war zu Zeiten der frühen Arbeiterbewegung eine Utopie, aber über lange Zeiten des Streits und der Auseinandersetzungen hin hat sie unsere Welt nachhaltig verändert. Zu allen Zeiten haben Menschen sich Utopien vor Augen gestellt, haben sie in Dichtungen nachgezeichnet, in Gedankengebäuden oder in religiösen Ritualen, und ihnen nach hat sich die Wirklichkeit langsam verändert oder auch in Revolutionen plötzlich umgestaltet. Ob es die Freiheit der Rede war, die politische Gleichheit der Menschen, eine neue Staatsform, eine neue Kunstrichtung oder was immer: Mit etwas wie einer Utopie fängt es an, und am Ende verändert nichts die Wirklichkeit so gründlich, wie eine Utopie es tut.

Was muss eine Utopie heute zeigen?

Was in den letzten hundert Jahren anders geworden ist, wurde es durch Utopien. Nun ist eines der genauesten Merkmale dieser Zeit, dass sie keine überzeugende Utopie hat, die die Menschheit zusammenschließen könnte. Was sie an Zielen hat, führt meist in irgendwelche Sackgassen. Die Utopien der Aufklärungszeit, wie immer sie ausgesehen haben mögen, haben unsere Welt verändert. Aber sie scheinen verbraucht zu sein. Es schiene schon mehr Licht über der Landschaft dieser modernen Welt, gäbe es noch irgendein erträumtes Fernziel, auf das die Menschheit zugehen, das sie als Ganze ergreifen und verwirklichen könnte.

Eine Utopie ist Ausdruck eines Willens

Was wir dem Reich Gottes entgegen zu gestalten haben, dieses Reich des künftigen Menschen, steht im Rang einer Utopie. Nicht einer verträumten, sondern einer aufgeklärten. Einer zeitnahen und wirklichkeitstauglichen. Der Utopie vom Frieden, von der Gerechtigkeit, der Menschenwürde, auch dem Frieden zwischen den Menschen und der Schöpfung und wie immer man es beschreiben will. Utopien sind menschheitliche Träume. Aber Träume, auf die die Menschheit konkret zugeht. Utopien sind der Einstieg in jede entscheidende Veränderung des Bewusstseins und danach der Wirklichkeit. Alles, was sich in den vergangenen 150 Jahren zum Guten verändert hat, setzte mit einer Utopie ein.

Jesus sagt etwa so: Ich zeige dir ein fernes Zukunftsbild. Aber ich beschreibe es nicht. Lass es in dieser Unschärfe stehen. Aber stelle dir vor, worin es sich von dem Zustand abheben könnte, in dem die Welt im Augenblick steht. Lass es gelten als das Bild einer gewagten Hoffnung. Schau genau hin. Worin unterscheidet es sich von dem, was heute um dich her ist und geschieht? Geh ein paar Schritte in die Richtung, die dir dabei deutlich wird. Setze mit deiner Hoffnung nah bei dir selbst ein. Und strebe ein Reich an, das du mit den anderen zusammen gestalten kannst. Als Spiegelung deiner Hoffnung auf das Reich Gottes.

Dom Helder Camara hat gesagt: »Wenn einer träumt, ist es ein Traum. Wenn viele miteinander träumen, ist es der Anfang einer Wirklichkeit.«

Wir nehmen Unheilsprognosen ernst, aber wir lassen uns von ihnen nicht den Mut nehmen

Wir müssen wieder anfangen, von der Zukunft zu reden. Freilich anders, als man das in unserer Zeit zu tun gewohnt ist. Es war ja ein Merkmal früherer Zeiten, dass der Mensch sein Dasein zwischen einer festen Vergangenheit und einer festen Zukunft verortet hat. Die Familien- und Clanordnung war der Raum, aus dem er kam und von dem er geprägt war, die konkrete Zukunft der Familie oder des Familienverbandes war die Aufgabe, die die Zukunft stellte. Das Zeitalter des vereinzelten Menschen, in das wir hineinzugeraten scheinen, verzichtet sowohl auf diese Vergangenheit als auch auf diese Zukunft und lebt in sattsam bekannter ewiger Jugendlichkeit und Eintageorientierung, die oft genug am Ende in erstarrte Greisenhaftigkeit umschlägt. Zukunft wird kaum noch anders gedacht denn als verbesserte Fortschreibung der Gegenwart. Die immer mehr jeder Kontrolle entgleitende Geschwindigkeit des »Fortschritts« mündet, wie einige sagen, in einem »rasenden Stillstand« nach dem Motto: »Alles ist möglich, aber nichts geht mehr.« Andere sprechen von der »zukunftslosen Utopie der totalen Kommunikationsgesellschaft«, die »keine Idee mehr hat, worüber denn zu kommunizieren wäre«. Wieder andere fordern einen Glauben als »Abwehrmittel gegen die Melancholie«. Noch einmal andere sagen, die westliche Zivilisation habe sich von ihrer Wachstums- und Fortschrittsideologie zu verabschieden, weil diese mit klarer Sicherheit in die Katastrophe führe. Und schließlich macht sich ein Pessimismus breit, der zu wissen meint, es werde noch sehr gewalttätig auf diesem Erdball zugehen bis zu dem Zeitpunkt, an dem alles zusammenbreche, was bisher den Fortschritt trug. Das Ende der Menschengeschichte auf dieser Erde sei absehbar und unvermeidlich, und es werde sich in einem Meer von Elend, von Verzweiflung und Untergang verwirbeln. Wollen wir diesen Pessimismus nicht teilen, müssen wir von der Zukunft reden.

Es muss sich in uns noch viel ändern

Es ist durchaus keine esoterische Träumerei, wenn wir sagen, wir hätten zunächst und parallel zu unserer Arbeit für dieses kommende Reich konkrete Arbeit auch an uns selbst zu leisten. Die schöpferische Macht, die uns verändern kann, muss uns von innen ergreifen. Die heilenden Kräfte, durch die eine kranke Welt gesunden kann, müssen zuerst in uns entstehen. Wir haben sie nicht einfach. Der schützende Raum, dessen das Bedrohte bedarf, muss sich zuerst in uns selbst öffnen. Anders werden wir ihn nicht finden. Die Freiheit, aus der das Festgefahrene sich lösen und in Bewegung kommen kann, muss in uns selbst beginnen, soll sie übergreifen auf die äußere Welt.

Wir müssen das Hören, das Horchen üben, wollen wir verstehen, was uns gesagt wird. Wir müssen lernen zu schauen, was nicht zu sehen ist, zu erkennen, was nicht in unseren Verstand passt. Uns für Ekstasen und Visionen bereit zu machen, sodass sie uns nicht verwirren, sondern uns Klarheit geben. Wir müssen beginnen, die Kräfte unseres Willens mit dem Willen Gottes zusammenzuführen und sie, schrittweise, ihm einzugleichen. Die Zusammenhänge zu sehen und verstehen zu wollen, die uns mit allem verbinden, was lebt, in der sichtbaren wie in der unsichtbaren Welt.

Was entstehen muss, ist der geschützte Mensch in uns, der sich der Nähe Gottes anvertraut und sich in seiner Liebe birgt, der dann hinausgeht, sich dem wehrlos aussetzt, was draußen geschieht, und der dabei den Schutz Gottes um sich weiß in allem, was ihm widerfährt. Das ist jener Zusammenhang, den wir meinen, wenn wir von spirituellem Leben reden. Im Schutz des Geistes Gottes leben. Sich vom Geist Gottes hinausgeleiten lassen unter die Menschen. Dort aufmerksam werden auf alles, was ungeschützt ist, was Leid und Streit, Ausbeutung, Gewalt und Unrecht heißt unter den Menschen. Dort bereit sein für alle die praktischen Aufgaben, die die kleine und die große Welt der Menschen uns stellen.

Was also entstehen muss, wenn ich vom Reich einer künftigen Erde spreche, ist nicht nur ein Reich, das wir Menschen miteinander bilden und in dem Frieden, Gerechtigkeit und Freundlichkeit herrschen sollen, sondern darüber hinaus ein Reich, in dem wir Menschen mit allem zusammenleben, was lebt. Mit Tier und Pflanze. Darüber hinaus mit den Kräften und Elementen der Erde, mit ihrem Klima und ihren Ressourcen. Ein Reich, in dem es Rechte gibt für alles, was bedroht und gefährdet ist. In dem abgewogen wird zwischen den Interessen von Menschen und Tieren und allem Lebendigen sonst. Ist das utopisch? Ich meine, es sei unser konkreter Auftrag. Das Reich der Erde ist das, was wir dem Reich Gottes miteinander entgegengestalten.

Wir selbst werden dabei behutsamer und durchlässiger werden für das Leise und Schwebende. Die Welt in uns selbst wird reicher, sie wird lebendiger, erfüllt mit bisher unbekannten Bildern. Gott scheint in uns selbst auf als ein lebendiges, starkes, schimmerndes Licht. Und dieses Licht heilt. Es beglückt. Es macht frei. Es weckt Kräfte. Es weckt Vertrauen.

Es kann noch etwas aus uns werden

Wem es aber gelingt, das Leise und Schwebende in der inneren und äußeren Wirklichkeit zu erfahren, der wird zurückhaltender werden in seinem Urteil, geduldiger mit dem, was nicht zusammenstimmt, freimütiger mit dem in ihm, was er gern verbergen möchte. Wer warten gelernt hat, wer gelernt hat, wach zu sein für das Kommende, wird dabei gütiger werden auch sich selbst gegenüber. Er kann das Unfertige freundlich sehen und beinahe heiter sagen: Es muss in mir selbst und an den Menschen nichts fertig werden. Nichts muss am Ende fertig sein in dieser ganzen Welt. Er fühlt die Geduld Gottes und nimmt teil an ihr. Er weiß, dass in uns allen seine

Saat ruht und dass sie aufbrechen und Frucht tragen kann und wird. Er wird Bäume pflanzen, in deren Schatten erst die Enkel sitzen werden. Er hat Zeit, und in seinem geduldigen Sinn für das Werdende ist ihm die Zeit »erfüllt«, findet er seinen Frieden. Den Sinn seines Lebens. Und aus diesem Frieden gewinnt er die Kraft zu tun, was heute getan werden muss um der gemeinsamen Zukunft willen.

Der Traum eines Kindes

Zwanzig Jahre lang habe ich mit den Kindern einer Jugendfarm gelebt. Dort kam eines Tages ein Kind zu mir gelaufen, ein Mädchen, achtjährig: »Jetzt baue ich mir hier eine Hütte. Und drüben im Garten stecke ich einen Apfelkern in mein Beet. Dann kann ich mir immer einen Apfel holen, wenn ich arbeite.«

Das Kind hat, ohne es zu ahnen, ein unüberbietbares Gleichnis geschaffen. Es wollte bauen. Es wollte arbeiten. Und damit es die Kräfte für seine Arbeit erneuern konnte, wenn es hungrig wurde, steckte es einen Kern in die Erde. Es bezog seine Kraft aus einer Hoffnung, die es in die Erde setzte. Es bezog seine Energie von einem Baum, den es noch nicht sah, von einer Frucht, die in einer fernen Zukunft einmal reifen würde. Es begab sich an seine Arbeit, nahm Latten und Pflöcke, baute sein Haus und wohnte danach zusammen mit seinen Freundinnen glücklich darin.

39 Das Subjekt des christlichen Handelns ist die Gemeinschaft der Heiligen

Die erste Gemeinde, die sich nach dem Tod und der Auferstehung ihres Meisters versammelte, fragte sich, auf welche Weise er denn nun bei ihr sei, und ihr wurde ein großer, ein erlösender Gedanke eingegeben: Jesus ist gegenwärtig als geistige Kraft. Was in dieser Welt konkret geschehen muss, geschieht durch ihn, durch seinen »Leib«. Sein Leib aber sind wir. Durch uns muss nun geschehen, wonach er ausgeschaut hat. Wir repräsentieren ihn gemeinsam als seine leibliche Gegenwart.

Gilt das, so wird uns an der Kirche ihre Christusähnlichkeit wichtig sein. Ihre Einfachheit, ihre Armut, ihre Wehrlosigkeit und in allem ihre unvergleichliche Würde und Schönheit. Dann erwarten wir von der Kirche keine Zauberei und kein Überfliegen der Wirklichkeit, sondern eine bescheidene Arbeit an der Basis des Menschenlebens und eine heilende Bemühung um die Seele der Menschen. In dieser Einfachheit wird sie auf die Zukunft verweisen und auf das große Ziel, dem sie zuwandert.

Was ist denn das, was wir »Kirche« nennen?

Kirche ist und lebt überall, wo das Evangelium laut wird. Wenn das Wort von Christus in ihr verstummt, dann ist dort nicht sein Leib. Wenn außerhalb der Kirchenmauern dieses Wort laut wird, dann ist dort Christus. Und wo fängt die Kirche an? Wo hört sie auf? Antwort: Nirgends! Sie reicht so weit wie die Welt der Menschen. Sie lebt, wo das Wort von Christus ergeht.

Was kann an unserer Kirche anders werden?

Sie kann Raum und Freiheit gewinnen über ihren heutigen Stand hinaus. Dazu muss sie, was sie einengt, überwinden. Sie darf sich zum Beispiel weniger binden lassen von ihren Konfessionen. Sie muss in sich selbst viel Rechthaberei ablegen. Denn nicht die Konfessionen sind der Leib Christi, sondern die Kirche.

Und sie kann zum zweiten sehen, dass die Erde runder wird. Dass die Religionen der Erde näher zusammenrücken und sich in neuen gemeinsamen Verpflichtungen begegnen. Wir werden die globalen Aufgaben, die uns eine heutige Ethik stellt, nicht als Christen allein erfüllen können. Was heute einem Hindu kostbar ist, muss auch uns wertvoll sein. Anders werden wir zu der für die Menschheit lebensnotwendigen Zusammenarbeit mit ihm nicht gelangen. Längst ergeht eine Suche nach Werten und Maßstäben, die überall gelten müssen, wo Menschen leben. Längst muss nicht mehr unser europäisches Recht überall gelten, sondern ein Recht, das alle Menschen anerkennen. Wir werden also nicht die Wahrheit unseres Glaubens gegen den Irrtum der anderen stellen, sondern den Menschen aufsuchen, der sich auf seine Weise um die Wahrheit bemüht. Wir suchen den gegenseitigen Respekt.

Können die schwachen Religionen etwas erreichen?

O ja. Niemand außer den Religionen wird schaffen können, was sie können. Der Schritt in die Zukunft erfordert Kräfte, die außer den Religionen niemand anzubieten hat: die Kräfte der Liebe, der Selbstbescheidung und der Wahrheit.

Wollen wir etwas für den Frieden tun, den Frieden in unserem Land und den Frieden rund um die Erde, so werden wir nichts erreichen, wenn wir es nicht mit allen zum Frieden willigen Menschen zusammen tun. Auch unsere Kirchen müssen also eine Friedensfähigkeit erreichen, die bisher noch nicht von ihnen erwartet worden ist. Wollen wir etwas gegen Hunger und Elend unternehmen, so werden unsere Hilfsorganisationen immer hilfloser werden, wenn es nicht zu einem globalen Zusammenwirken zwischen all denen kommt, die noch von Gerechtigkeit wissen. Wollen wir etwas gegen die Zerstörung der Erde tun, so werden wir uns ungleich umfassender als bisher mit all denen verbünden müssen, die bereit sind, sich irgendwo auf der Erde gegen den heute grassierenden weltweiten wirtschaftlichen Fundamentalismus zu stellen. Wir können durchaus jedem Andersgläubigen sagen, dass wir Christen sind und dass die Wahrheit, die uns gilt, eine andere ist als für ihn, aber wir werden nicht als die Rechthaber auftreten, sondern als die glaubwürdigen Zeugen unseres christlichen Glaubens.

So überlege ich mir, was zu geschehen hätte, wenn mir während einer Abendmahlsfeier in irgendeiner Kirche ein Hindu gegenüberträte und sagte, er möchte gern am Abendmahl der Christen teilnehmen. Wenn ich mir klarmache, wie ohne Bedingungen und Voraussetzungen Jesus seine Gäste zu seinen festlichen Mahlzeiten in Galiläa eingeladen hat, werde ich unsicher, was er mir sagen würde. Würde er den Hindu vor der Tür stehen lassen? Wenn ich nicht unsere Kirchenordnungen, sondern Jesus frage, kann es sein, dass ich eine Antwort höre, die uns heute noch ganz und gar unmöglich scheint.

Eignen wir uns zu solcher Partnerschaft?

Vielleicht werden unsere Kirchen in Zukunft bessere Voraussetzungen dafür mitbringen. Unsere abendländischen Kirchen werden zur Zeit kleiner. Das ist gut. Das führt vielleicht zu mehr Glaubwürdigkeit. Sie werden ärmer. Das bedeutet, dass weniger Gefahr besteht, dass sie mit den mächtigen Staaten und Wirtschaftsmächten des Westens verbündet erscheinen. Sie werden an öffentlichem Einfluss, wie sie ihn in manchen westlichen Ländern ausüben, verlieren. Sie werden dabei lernen, genauer und unmittelbarer bei ihrer Sache zu sein. Sie werden mit mehr Freiheit wirken können. Und in dieser Freiheit – für unsere deutschen Kirchen einigermaßen neu und ungewohnt – werden sie für die Menschheit an Bedeutung gewinnen als Wirkkräfte für das Reich des künftigen Menschen.

Diese Gemeinschaft der Heiligen kann und wird sich nun an die Arbeit machen, eine Ethik, die sich über alle Lebensgebiete und Problemfelder erstreckt, zu entwerfen.

Die Kirche hat ihre primäre Aufgabe: mitzuleiden

Die geistlichen Meister der Christenheit haben immer wiederholt: Vergiss, was du selbst leidest, steh auf und steh denen bei, die zu leiden haben. Tritt denen entgegen, die die Verhältnisse so bestimmen, dass sie Leiden erzeugen. Widerstehe der Gleichgültigkeit und Phantasielosigkeit derer, die alles so weiterlaufen lassen möchten, wie es läuft. Du bist niemandem Gehorsam und Ehrerbietung schuldig als Gott allein. Du bist mit ihm allein auf dem Grund deiner Seele im Gespräch. Wenn dieses Gespräch mit Gott auf dem Grund der Seele hin- und hergeht, dann sprechen wir von Spiritualität. Was aber diesem inneren Gespräch seine Kraft und Wirkung gibt, ist die Gemeinschaft der Schwestern und Brüder.

Danach wird sie überall mitwirken

Worin könnte künftig die Bedeutung der Kirche für die Menschheit bestehen? Ich bin überzeugt, dass das Gelärme um die Spaßgesellschaft von heute sich in Kürze sehr abnützen und die Zukunft nicht einer glücklichen Menschheit gehören wird, sondern einer tief ratlosen, verängstigten, heimlich gesteuerten. Die Kirche aber könnte am Ende zu den verbleibenden Kräften gehören, die den Menschen noch Mut machen können, ihre Freiheit hochzuhalten und ihre eigenen Wege zu gehen.

Das Zeitalter der Singles und der beliebig zerfallenden Gemeinschaften könnte in der Beziehungslosigkeit auslaufen, und die Kirchen könnten zu den wenigen übrigbleibenden Kräften gehören, die noch sagen können, was Gemeinschaft ist, wie man sie findet, wie man sie schafft und wie man ihr angehört.

Was in der Zukunft immer mehr herrschend sein wird, ist das Elend einer tiefgehenden Verlassenheit und Angst. Und die Kirchen werden zu den wenigen Kräften gehören, die noch sagen können, wo wir Menschen Geborgenheit finden und was oder wer uns von unserer Angst freimacht. In einer Welt der Maßlosigkeit können sie zu den wenigen Kräften gehören, die noch wissen, wo das Menschenleben Halt und Maß findet.

Die Kirche wird in unseren Ländern zu den Minderheiten gehören, aber sie kann eine Minderheit sein, die den Menschen zum Überleben ihrer Seelen hilft. Eine Minderheit, aber eine, die noch weiß, auf welches Ziel die Geschichte der Menschheit hinausläuft.

Was wir einbringen, ist unsere Freiheit

Wir sind als Christen freie Menschen. Diese Freiheit bringen wir ein in die gemeinsame Verantwortung. Weil uns an Freiheit gelegen ist, kämpfen wir für die Freiheit der anderen. Weil uns an Gerechtigkeit gelegen ist, kämpfen wir nicht nur um das eigene Recht, sondern auch um das der anderen. Weil wir Respekt vor der Würde des Menschen fordern, respektieren wir die Würde derer, die uns für ihre Feinde halten.

Wir resignieren nicht, sondern sind bereit, dem Unheil zu widerstehen. Dieser Widerstand stellt bei aller Klarheit und Unbeugsamkeit die leise Frage, was denn auf dieser Erde mit Liebe zu erreichen sei, mit den Mitteln des Leidens und eines wehrlosen Wortes.

Wir glauben, dass die Schöpfung weitergeht und dass der Sinn unseres Bemühens der ist, als Instrumente des Geistes Gottes dem lebendigen Leben zu dienen. Und das ist in dieser Stunde, in der wir nach allen Seiten dem Tod ins Gesicht sehen und in der wir uns fragen, ob nicht schon alles zu spät sei, der Grund unserer Zuversicht.

Was wir dafür gewinnen müssen, ist eine Art von geistiger Sensibilität für das Kommende. Diese Feinfühligkeit ist eine nüchterne und keine verträumte Sache. Sie setzt Sachkenntnis und Zeitnähe voraus. Aber sie geht davon aus, dass Gott ist. Sie horcht, wie man horcht, wenn dieser Gott ein sprechender Gott ist. Sie sieht in die Welt, wie man in die Welt sieht, wenn Gott ein wirkender Gott ist. Sie denkt, wie man denkt, wenn die Gedanken Gottes mitgedacht werden können.

Sie geht davon aus, dass Gott gegenwärtig ist auch in den Menschen, und sie geht mit den Menschen um, wie man mit

Menschen umgeht, in denen Gott ist. Vielleicht können wir doch miteinander dazu helfen, dass die Angst des heutigen Menschen vor der Zukunft sich nicht umsetzt nur in das dumpfe Verlangen nach dem Gewesenen und Verlorenen.

Das Maß ist klar

Das Maß, das für uns gilt, ist kein anderes als die Menschengestalt des Christus. Seine Einfachheit. Seine Armut. Seine Wehrlosigkeit. Das Evangelium sagt: seine Knechtsgestalt. Wenn aber Christus das Maß ist, dann stört es uns nicht, wenn man uns für Träumer hält. Mit einem Träumer hat man auch ihn verwechselt. Dann mag unsere Bemühung so verletzlich und so zerstörbar sein wie der Mann, der am Ende am Kreuz starb. Dann mag, was wir tun, bestreitbar sein. Dann kann darüber gesagt werden, es sei alles ein Irrtum. Das hat man über sein Wort auch gesagt. Dann mag man sagen: Es hat alles keinen Wert, es ist alles verlorener Einsatz, wie es selbst seine Jünger zwischen Karfreitag und Ostern empfunden haben mögen.

Wir sind nicht die besseren Menschen

Wir sind Menschen wie andere, zerbrechlich und vergänglich und in uns selbst zerklüftet nach allen Richtungen. Das Gute und das Böse haben ihren Raum in uns, der Glaube und der Unglaube, die Liebe und die Aggression, das Hochgemute und das Törichte. Der Tod ist in uns an der Arbeit, und doch dienen wir dem Leben. Der Streit lässt uns nicht los, und doch wirken wir für den Frieden.

Hier trennen sich die Wege: Entweder wir hören die Botschaft immer dunklerer Prognosen und gehen in ein Ende hinein, das uns verschlingt, oder wir gehen durch die Dunkelheit auf das Licht zu im Vertrauen auf das leise Wort, das uns zugesprochen wird.

Wir tun dies und versuchen jenes und wissen, dass das Geringe, da und dort in aller Einfachheit getan, die Welt vom Tode zum Leben bringt. Und wenn wir brüchige Gefäße sind für das Licht, dann ist doch nicht mehr und nicht weniger von uns gefordert, als eben dies zu sein.

Aber wir haben einen Segen für die Menschen dieser Erde

Die Rede auf dem Berg endet mit dem Wort: Wer tut, was ich sage, der ist klug wie ein Mann, der sein Haus auf einem Felsen baute. Als nun ein schwerer Regen fiel, der Fluss über die Ufer trat, nach dem Haus griff, und die Stürme gegen das Haus stießen, blieb es unversehrt, denn sein Fundament war in den Felsen gehauen.

Darin liegt, was wir einen Segen nennen: die Zusage des Friedens. Du hast festen Grund. Du bist gehalten. Du bist geschützt. Du bist geliebt. Du sollst ein Segen sein für die Menschen. Geh deinen Weg im Frieden.

> *»Am Ende des Lebens ist man durch gar nichts mehr gerechtfertigt außer durch den Blick der Güte, der uns schöner findet, als wir sind und je waren.«*
> Fulbert Steffensky

40 Mut und Freiheit sind die Grundkräfte des christlichen Glaubens

Aber woher mögen diese Freiheit und dieser Mut kommen? Solange wir all unsere Sicherheiten und Lasten mit uns tragen, werden wir nicht fliegen können. Es gilt wohl ein großes Lassen: Hinter uns lassen, was nicht festgehalten werden muss. Weglassen, was entbehrlich ist. Unterlassen, was nicht sein muss. Loslassen, was unsere Hände füllt. Verlassen, was uns festhält. Freilassen, was angebunden ist in uns. Auslassen, was nur die Mode des Augenblicks ist. Uns dem überlassen, der uns tragen und führen will. Uns lassen mit einem ersten Ziel: einer tiefen christlichen Gelassenheit.

Die Energie, die eingreift, ist der Geist

Von der ersten Gemeinde der Christen wird erzählt, sie habe an dem Haus, in dem sie sich versammelte, die Türen abgeschlossen aus Furcht vor dem, was auf sie zukommen könnte, aber plötzlich habe sich ein Brausen vom Himmel her ereignet, ein Einbruch von Sturm und Feuer. »Und sie wurden voll des Heiligen Geistes« (Apostelgeschichte 2,1–3.14–17). Wer vom Geist bewegt war in der langen Geschichte der Kirche, geriet immer mit den Kräften der Bewahrung in Konflikt. Er war nie nur die Stütze der Gesellschaft, nie nur der Hüter der Tradition. Er oder sie forderte immer ein Wagnis. Ihm oder ihr war immer das gewagte Wort zur Situation anvertraut. Was wir heute wissen können, das ist, dass unsere westliche abendländische Kirche auf ihren bisherigen Wegen nicht mehr weit kommen wird. Dass die uns heute bedrängenden Probleme mit den bisherigen Mitteln nicht zu lösen sind. Dass die Kirche sich vom Geist Gottes ein neues Wort und eine neue Gestalt erbitten muss. Aber was ist das für ein

Geist? Ist er nur unsere Phantasie? Besteht er nur in unseren Einfällen? Paulus beschreibt ihn genau. Er sagt: »Der Herr ist der Geist« (2. Korinther 3,17). Er könnte auch sagen: »Der Geist ist kein anderer als der Christus.« Wo Jesus Christus, seine Gestalt, sein Wort, sein Weg, seine Wahrheit gegenwärtig und wirksam sind, da ist der Geist Gottes. Da ist der Geist des Gottesreiches. Da ist Kirche. Es ist entscheidend, ob und wie sie den Meister von Nazaret immer wieder, von Situation zu Situation, neu zu entdecken sucht. »Wo der Geist des Christus ist, da ist Freiheit«, fügt Paulus an.

Die Kirche muss ihre Christusförmigkeit wagen

Was die Kirche wagen muss, das ist, dass sie an Jesus Christus prüft, wie sie zu ihrer gegenwärtigen und zukünftigen Gestalt findet, wie sie ihr Wort sagt, welche Wege sie gehen will, was für eine Wahrheit vertreten. Je genauer ihr das gelingt, desto deutlicher werden wir miteinander nicht nur das ferne Ziel, das Gottesreich, ahnen, sondern auch das Reich des künftigen Menschen vor uns sehen. Je länger die Kirche ein solches Wagnis vermeidet, desto leichter, desto ruhiger, voraussagbarer, flacher und entbehrlicher wird ihr Leben und Wirken sein.

Aber was hören wir von Jesus und von der Stimme des Evangeliums? Jesus war offenbar der Meinung, wir seien unfrei, weil wir an der falschen Stelle angebunden seien. Er sagt ja nicht nur: Werde unabhängig! Er sagt auch: Binde dich dort, wo du um des Menschen und um Gottes willen gebraucht wirst, und löse dich von allem, was dich daran hindert. Der Halt, der dir gegeben ist, ist die konkrete Aufgabe jeden Tages und ihr Ziel. Für diese Aufgabe aber hast du mehr in dir, als du glaubst. Mehr Freiheit zum Beispiel. Du musst sie allerdings gebrauchen. Du hast mehr Kräfte, als du meinst, vielleicht sind sie nur gefesselt. Mehr Phantasie, als du für möglich hältst, du darfst dich nur nicht vor ihr fürchten. Du hast mehr Liebe, als du dir zutraust, du musst nur wegräumen, was ihr im Weg liegt.

Gott hat dir deinen Kopf und dein Herz, deine Füße und Hände gegeben, damit etwas durch dich geschieht. Er hat einen Plan mit dir.

Wir müssen uns dehnen, auf ihn zu

Und wenn du dich zu klein fühlst, dann höre Jesus sagen: Du musst nicht bleiben, was und wie du bist. Du kannst dich dehnen. Du kannst dich weiten. Aus deiner kleinen Zeit in eine große Zukunft. Aus dem engen Umkreis deines Lebens in das Gottesreich. Dehne dich schon hier. Maure dich nicht ein. Du wirst eines Tages Bürger einer größeren Wirklichkeit sein. Wenn du nicht weißt, was du tun sollst, dann tu etwas, durch das dein innerer Mensch an Raum gewinnt. Du wirst erkennen, dass du mehr kannst, als du bislang meintest. Dass du Kräfte hast, die du noch nicht kanntest. Fasse also den Mut, ein freier Mensch zu sein. Den Mut, in dieser Welt zu stehen, den Mut, dich dem unberechenbar Lebendigen zuzuwenden, den Mut, zu widerstehen, wo deformiert oder zerstört wird, das seine eigene Würde hat. Den Mut, deinen Glauben und dein Wissen dem Anspruch von Mächten aller Art entgegenzuhalten. Den Mut, ein »Liebhaber des Lebens« zu sein in dem Sinn, in dem der Dichter der »Weisheit Salomos« dies von Gott sagt. Mut, dein Leben aus der Hand des großen Liebhabers des Lebens zu nehmen und sein Werk mit ihm zusammen zu tun. Den Mut, auf das Reich des künftigen Menschen zuzuwirken, gewinnst du, indem du dir vor Augen hältst, was du nicht erwirken kannst: das Reich Gottes.

Und was mit dem Wort vom Reich Gottes gesagt ist, das ist auch, dass der Flug der Menschenseele, die der Geist trägt, weitergeht, wenn er hier auf dieser Erde zu Ende ist. Wie wir bisher durch das hiesige Land gegangen sind, so wird unser Weg oder unser Flug weitergehen über ein Meer, über Inseln und Kontinente anderer Art. Wir werden überwältigt sein von der Schönheit, der Kraft und Lebensfülle, die uns in Gottes Reich beglücken und erfüllen werden. Unser Flug geht weiter in Richtung auf eine neu gewordene Welt.

Einen Versuch zur »Ethik« haben wir miteinander unternommen. Einen Versuch, unserem Leben eine Gestalt zu geben, das Notwendige wahrzunehmen, das zu tun ist, und dabei einen Weg zum Glück, zur Erfüllung zu finden. All das mit eigener Kraft zu erreichen, haben wir uns aus dem Kopf geschlagen. Alles, was gelingen darf, gelingt aus der Güte Gottes. Alles ist Gnade.

Der Sinn unseres Lebens erfüllt sich, wo wir diese Gnade in uns aufnehmen, wo wir sie der Welt und den Menschen zuwenden und dabei immer tiefer hineinwachsen in Gott.

Glück liegt in den Kräften, die uns über uns selbst hinaustragen. Segen liegt darin, dass für irgendeinen Menschen durch uns die Last seines Lebens leichter wird und er an unserem Tun Gottes Güte wahrnimmt. Erfüllung begibt sich in unserer Dankbarkeit.

Wir sind Fußgänger

Eine Ethik macht uns deutlich, dass wir nicht irgendwo im freien Raum religiös herumträumen, sondern dass wir schlichte Fußgänger auf dieser Erde sind. Wir sind nicht berufen, uns über die Dinge zu erheben, auch nicht mit den

Flügeln unseres Glaubens. Wir vertrauen darauf, dass wir geführt sind, dass uns ein Weg gezeigt wird, von einem Schritt zum nächsten.

Freilich: Die Zukunft hat es an sich, dass das Land, durch das sie führt, für uns Menschen mit unserem kurzen Blick nicht kartografiert ist, dass es undeutlich bleibt, dass es darum auch keine vorgezeichneten Wege gibt, denen wir nachgehen könnten. Wege, die in die Zukunft führen, werden immer zu Wegen erst dadurch, dass wir sie gehen.

Bibelstellenregister

Altes Testament

Neues Testament